Jon et Myla Kabat-Zinn

Jon Kabat-Zinn, professeur émérite de médecine, est le fondateur et directeur de la Clinique de réduction du stress (Stress Reduction Clinic) et du Centre pour la pleine conscience en médecine (Center for Mindfulness in Medicine, Health Care and Society) de l'université médicale du Massachusetts. Auteur, notamment, de *L'Éveil des sens* (2009), il a coécrit *Être parent en pleine conscience : À chaque jour ses prodiges* (2012) avec son épouse, Myla. Ces ouvrages ont paru aux Éditions Les Arènes et sont repris chez Pocket.

Après une formation d'infirmière, **Myla Kabat-Zinn** a travaillé dans l'accompagnement à la naissance en milieu hospitalier et à domicile. Elle a également donné des cours d'éducation à la naissance, fondés sur la pleine conscience.

Myla et Jon sont parents de trois enfants et grands-parents. Ils animent des ateliers pour former les parents à la pleine conscience, aux États-Unis et en Europe.

Être parent en pleine conscience

DU MÊME AUTEUR
CHEZ POCKET

L'ÉVEIL DES SENS

ÊTRE PARENT EN PLEINE CONSCIENCE
(en collaboration avec Myla KABAT-ZINN)

Myla et Jon Kabat-Zinn

Être parent en pleine conscience

À chaque jour ses prodiges

Traduit de l'anglais (États-Unis) par Laurent Bury

Préface de Christophe André

LES ARÈNES

Titre original :
Everyday Blessings
The Inner Work of Mindful Parenting

Cet ouvrage a précédemment paru sous le titre :
À CHAQUE JOUR SES PRODIGES
Être parent en pleine conscience

MIXTE
Papier issu de sources responsables
FSC® C003309

Pocket, une marque d'Univers Poche,
est un éditeur qui s'engage pour la préservation
de son environnement et qui utilise du papier fabriqué
à partir de bois provenant de forêts gérées
de manière responsable.

ISBN 978-2-266-25490-8

PRÉFACE

Christophe André

CELA SE PASSE à l'âge où nos enfants quittent leur enfance.

Je suis en train d'aider ma plus jeune fille à ranger sa chambre, un dimanche d'hiver gris et lent. Elle m'a demandé de l'aider car la tâche est d'importance : elle souhaite se débarrasser de ses nounours, poupées et autres «jouets de petits». Il y a un mois ou deux, elle a installé discrètement, et pour la première fois, un petit miroir sur une étagère afin de jeter de temps en temps un œil sur son apparence (la salle de bains commune est souvent occupée par ses deux grandes sœurs). Bref, les adieux à l'enfance sont en marche.

Nous mettons donc, en bavardant, tous ces braves animaux en peluche dans une caisse. Chacun d'eux me rappelle un moment de vie : celui-ci offert par son parrain lors d'un anniversaire, celui-là gagné dans une de ces fêtes foraines où nous adorons aller ensemble, malgré la désapprobation maternelle.

Ma nostalgie n'échappe pas à ma fille, qui observe mon visage et me questionne : «Tu es triste, Papa ?»

J'hésite un peu à lui avouer que c'est vrai, pour ne pas l'attrister elle-même ; puis je choisis finalement de dire la vérité, mais tout entière, et pas seulement sa face mélancolique : « Oui, tu as raison, je suis un peu triste. Triste de me dire que je ne verrai plus ces vieilles peluches, je les aimais bien ; mais, en même temps, je ne suis pas complètement triste, parce que ça me fait plaisir que tu grandisses. Tu imagines si tu vivais encore au milieu de tous tes jouets à quatre-vingt-dix ans ? Voilà, je suis à la fois un peu triste et très content. C'est souvent comme ça dans nos têtes, des émotions qui se mélangent. »

Ma fille m'a écouté avec attention et se lance à son tour dans la révélation de ses états d'âme : « Ah, c'est drôle que tu me dises ça, parce que, moi aussi, je me sens un peu triste de me séparer d'eux. En vrai, ça fait un bout de temps que je voulais le faire, parce qu'ils prennent toute la place sur mon lit, je ne peux presque plus me retourner la nuit. Mais, chaque fois que je voulais les enlever pour toujours, j'avais l'impression qu'ils me regardaient avec leurs grands yeux et qu'ils me disaient : "Ne nous abandonne pas !" Je ne voulais pas leur faire de peine… »

Du coup, je me sens moins seul avec mon petit coup de nostalgie, j'ai moins peur de la gêner, et je recentre la conversation sur elle et sur le cap qu'elle est en train de franchir : « Eh oui, parfois c'est compliqué de grandir ! On est à la fois triste de ce qu'on laisse derrière nous, et joyeux de tout ce qui nous attend. » Je me sens prêt à une grande discussion sur la vie et sur le temps qui passe. Mais, pour ma fille, l'incident est clos, ou peut-être notre échange prend-il un ton trop théorique ; quoi qu'il en soit, elle souhaite conclure :

« Moui… Dis donc, elle est bientôt pleine, notre caisse, tu en as une autre ? Et, après, tu m'aideras à enlever toutes les affiches du mur, je veux mettre les nouvelles qu'on a achetées cet été. »

Elle a raison, nous n'avons pas que ça à faire, bavarder : le boulot de rangement est encore loin d'être terminé. Et beaucoup d'autres choses nous attendent en ce lent dimanche d'hiver.

Je ressens envers mes trois filles une dette immense et absolue, une reconnaissance infinie : elles m'ont rendu humain, bien plus humain en tout cas que je ne l'étais avant de les rencontrer et de vivre à leurs côtés. Elles m'ont aidé à progresser. Vers davantage de cohérence, de confiance, de force, de chaleur, de tendresse, de douceur, d'empathie, de compassion… La liste est interminable. Bien sûr, il n'y a pas que mes filles : mon épouse, mes parents, mes amis, mes patients et de nombreuses personnes dont j'ai croisé la route m'ont aussi aidé à grandir en humanité, et continuent de le faire. Mais le rôle de mes enfants est irremplaçable, pour de multiples raisons, dont je n'aborderai que les deux principales à mes yeux. L'une confortable et pleine de douceur, l'autre oppressante mais d'une incroyable force transformatrice.

La première est l'expérience de l'amour altruiste que la parentalité nous permet d'éprouver chaque jour : vivre un lien avec des êtres humains dont on veut plus que tout le bonheur, et pour lesquels on est prêt à mourir sans hésitation. Je suis persuadé que la présence en moi (comme en tout parent) de cet amour altruiste et la conscience de cette présence sont une grâce qui m'a peu à peu ouvert et préparé à la nécessité de travailler à le ressentir pour le plus grand nombre d'humains possible, le plus souvent possible, le plus sincèrement possible. Il me semble qu'à force d'avoir aimé mes filles j'ai aussi appris à mieux aimer tout le monde (certes un peu moins fort…).

La seconde raison est l'expérience de la responsabilité, de la cohérence et de l'honnêteté : on ne peut pas mentir à nos enfants, pas sur la durée. Chaque fois que nous les décevons, que nous sommes, sous leur regard, incohérents, lâches, impulsifs, c'est comme une blessure insoutenable, et nous n'avons qu'une envie : réparer notre erreur. Puis une autre, plus forte encore : ne plus jamais la commettre de nouveau. Cet inconfort du jugement filial aura représenté pour moi une grande source de motivation à m'améliorer. Le travail est évidemment très loin d'être terminé (demandez à mes filles !), mais, si je n'avais jamais été père, je crois que je serais très en retard sur mon programme de développement personnel.

Alors, inutile de vous dire que, quand j'ai lu ce livre un peu avant vous, grâce à la confiance de Myla et de Jon (que je remercie de tout cœur de m'avoir offert ce privilège), le ciel m'est tombé sur la tête : j'y retrouvais ce grand vertige et ce grand bouleversement de la condition parentale, que j'éprouve si souvent. Tout y est. La merveille d'être parent. Et aussi la responsabilité que cela représente, et la fatigue, et les inquiétudes, et les déceptions, et les crises qui laissent perplexe et désemparé (lisez par exemple la scène du coucher apocalyptique racontée par Myla). C'est pour tout cela que *À chaque jour ses prodiges* est un livre qui ne ressemble à aucun autre.

Il est d'abord un témoignage engagé et sincère sur une manière très particulière d'être parents. Les auteurs y racontent leurs choix radicaux : ils n'ont pas de télé à la maison (le lecteur français s'écrie : « Bravo ! »), ils ont fait lit commun avec leurs jeunes enfants (le lecteur s'écrie alors : « C'est quoi, ce délire !? »), et bien d'autres choses. À aucun moment ces choix ne sont présentés comme des conseils, encore moins comme des règles ou des obligations : mais simplement comme des décisions réfléchies et cohérentes, dont on nous explique le pourquoi (être en accord avec ses valeurs) et le comment (avec tout ce qui peut en découler de simple et de compliqué, de gratifiant et de déstabilisant).

Ce livre est aussi un étonnant manuel de pleine conscience à l'usage des parents. La pleine conscience, dont Jon Kabat-Zinn est à mes yeux le plus grand pédagogue et le plus grand praticien, est à la fois une technique de méditation et un art de vivre. Une démarche qui peut nous aider à habiter différemment notre quotidien : avec plus de présence, de cohérence, d'intelligence. Ces trois qualités sont indispensables pour que l'expérience de la parentalité prenne dans notre vie toute l'importance qu'elle mérite, pour nos enfants et pour nous-mêmes.

Ce livre est enfin, tout entier, une célébration du métier de parent, de son rôle sur les personnes et sur la société. Une célébration pleine de spiritualité aussi, car nos enfants sont un livre ouvert sur la vie et sur la mort.

En lisant les pages que vous allez bientôt découvrir, j'ai souvent pensé aux personnes qui n'ont pas d'enfants :

chanter le pouvoir transformant et éclairant de la parentalité, n'est-ce pas une offense infligée à ceux qui ne sont pas des parents ? Et surtout à ceux qui n'ont pas pu l'être, alors qu'ils le voulaient ? C'est possible. Mais je pense que les messages contenus dans cet ouvrage peuvent aussi nous aider à développer, avec tous les enfants que nous pouvons rencontrer dans nos vies – petits-enfants, nièces et neveux, enfants de passage que l'on ne croise que quelques instants… –, des rapports de nature différente. La grâce transformante d'un lien sincère avec eux est toujours là, à portée de main.

En lisant ce livre, j'ai aussi pensé, plus fort encore, aux parents d'enfants handicapés (dont on sait qu'ils ne seront jamais comme les autres), ou d'enfants condamnés (dont on sait qu'ils vont mourir bientôt). Ceux que j'ai pu rencontrer, ou parfois soigner, ont toujours terriblement souffert de ce que vivait leur enfant ; ils auraient été prêts à tout pour lui éviter cela. Mais, une fois qu'ils avaient fait leur possible, et plus encore, il ne leur restait plus qu'une attitude vivable : renoncer à une partie de ce que font tous les autres parents. Renoncer à espérer pour son enfant des lendemains heureux ou conformes : études, amours, rencontres, vie dense, pleine et joyeuse. Renoncer à espérer tout cela, pour se recentrer sur l'attitude inverse : vivre dans le présent, dans une présence sans attente. Dépouillée de toute espérance concrète mais pleine d'amour et seulement d'amour, sans exigence envers la vie autre que celle d'être l'un avec l'autre, ici et maintenant, pour aujourd'hui encore. Chaque jour profiter de la présence de son enfant, de son regard, de ses sourires, de son odeur, de ses câlins, des échanges avec lui, quels qu'ils soient. Ne plus vivre qu'au présent, puisque l'avenir se dérobe. Mais vivre ce présent de toutes ses forces et de tout son cœur. Chaque fois que ces parents y parviennent, ils sont exactement dans ce que raconte et propose cet ouvrage : ils comprennent que nos vies touchent à ce qu'il y a de plus grand et de plus profond lorsque nous sommes dans une présence sans attentes.

Christophe André est médecin psychiatre à l'hôpital Sainte-Anne.
Il est l'auteur notamment de Méditer jour après jour, 25 leçons de pleine conscience, *paru aux éditions de l'Iconoclaste.*

Lorsque l'on a pris conscience de la distance infinie qu'il y aura toujours entre deux êtres humains, quels qu'ils soient, une merveilleuse « vie côte à côte » devient possible : il faudra que les deux partenaires deviennent capables d'aimer cette distance qui les sépare et grâce à laquelle chacun des deux aperçoit l'autre entier, découpé dans le ciel.

Rainer Maria RILKE, *Lettres à un jeune poète.*

PROLOGUE

Jon Kabat-Zinn

IL EST 1 H 30 DU MATIN quand notre fils aîné, en première année d'études universitaires, rentre à la maison pour la fête de Thanksgiving. Un ami l'a ramené en voiture. Quand il a téléphoné pour dire qu'il n'arriverait pas à temps pour le dîner, comme nous l'espérions, nous avons tous été déçus, et, pendant quelques instants, j'ai même été passablement agacé. Comme prévu, nous n'avons pas verrouillé la porte et nous lui avons dit de nous réveiller en arrivant. Pas la peine : nous l'entendons entrer. Il déborde de l'énergie vitale de la jeunesse, même quand il essaie de ne pas faire de bruit. Il monte l'escalier. Nous l'appelons, en chuchotant, pour ne pas réveiller ses sœurs. Dans la pénombre de notre chambre, nous l'embrassons. Du côté du lit où je dors d'habitude, je suis plus près de lui que Myla, mon épouse. Il se couche contre ma poitrine, s'étire et nous tient tous les deux dans ses bras, il nous étreint de tout son être. Il est heureux d'être à la maison. Il reste étendu, allongé contre mon corps, comme si c'était la chose la plus naturelle au monde. Toute trace d'agacement et de déception disparaît aussitôt.

Je sens qu'il irradie le bonheur. Il n'y a là rien de frénétique, de trop exubérant. Son énergie est joyeuse, satisfaite, calme, joueuse. Ce sont un peu les retrouvailles de vieux amis et, par-delà, une fête de famille. Il est rentré, il est ici, dans notre chambre obscure. Il est chez lui. Le lien est palpable entre nous trois. La joie qui emplit ma poitrine s'accompagne d'une série d'images de ma vie avec lui, dans la plénitude de cet instant. Ce grand gaillard de dix-neuf ans, couché contre moi, que j'ai tenu dans mes bras autant que je l'ai pu jusqu'à ce qu'il s'échappe dans le vaste monde, avec sa barbe de trois jours et ses muscles puissants, c'est mon fils. Je suis son père. Myla est sa mère. Nous le savons sans passer par les mots. Quelle bénédiction, de baigner ainsi dans nos bonheurs divers !

Au bout d'un moment, il s'en va regarder un DVD. Il a trop d'énergie pour dormir. Nous tentons de nous rendormir, mais c'est impossible. Nous passons plusieurs heures à nous agiter, épuisés mais incapables de sommeil. J'envisage un instant de le rejoindre pour rester plus longtemps avec lui, mais je ne le fais pas. Il n'y a là rien à traquer, ni lui ni même le sommeil nécessaire. Les profondeurs de notre satisfaction finissent par l'emporter, et nous dormons un peu. Le lendemain matin, je pars travailler bien avant qu'il se réveille. Toute ma journée est marquée par la perspective de le retrouver quand je rentrerai.

Ces moments, lorsqu'ils ne sont pas subvertis par nous-mêmes, comme cela aurait pu arriver avec mon agacement initial, et quand ils ne passent pas entièrement inaperçus, comme c'est si souvent le cas, font partie du bonheur d'être parent. Sont-ils exceptionnels ?

Surviennent-ils seulement lors d'un retour, quand un enfant revient pour la première fois de l'université, à la naissance, au premier mot ou au premier pas, lorsque nous éprouvons une relation si forte ? Ou bien sont-ils plus fréquents que nous ne le soupçonnons ? Ne seraient-ils pas abondants plutôt que rares, pratiquement disponibles dans toutes les circonstances, même les plus difficiles, si nous restons à l'écoute de nos enfants et de l'instant présent ?

Dans mon expérience, ces moments sont innombrables. Mais je trouve qu'ils passent trop facilement inaperçus, négligés, sauf quand je fais un effort pour les voir et pour en être pleinement conscient. Je dois constamment y travailler parce que tant d'autres choses dissimulent à mon esprit la plénitude de chaque instant.

Selon moi, quel que soit l'âge des enfants, tout parent est embarqué dans un voyage ardu, une sorte d'odyssée, que nous le sachions ou non, que cela nous plaise ou non. Bien sûr, ce voyage n'est autre que la vie, avec ses virages et ses tournants, ses hauts et ses bas. La qualité et la signification de ce voyage dépendent énormément de la manière dont nous appréhendons, dans notre esprit et dans notre cœur, toute la diversité de notre expérience. Celle-ci influe sur l'endroit où nous allons, sur ce qui arrive, ce que nous apprenons et ce que nous ressentons en chemin.

Une aventure pleinement vécue requiert un type particulier d'engagement et de présence, une attention qui me semble délicieusement tenace, mais douce et réceptive. Souvent, le voyage même nous apprend à nous montrer attentifs, à nous éveiller. Parfois, ces leçons sont le fruit d'incidents douloureux ou terribles, que nous aurions préféré éviter. Pour un parent, le défi consiste, selon moi, à vivre chaque instant aussi pleinement que possible, à cartographier son périple du mieux possible, et surtout à aider ses enfants à grandir, tout en grandissant lui-même. De ce point de vue, nos enfants et le voyage proprement dit nous offrent des possibilités infinies.

De toute évidence, c'est le travail d'une vie entière, et nous l'entreprenons pour la vie. Comme nous le savons tous jusque dans la moelle de nos os, il ne s'agit pas de l'accomplir à la perfection, de toujours réussir. Il s'agit plutôt d'une quête. L'idée de « perfection » n'a rien à faire ici, quel que soit le sens que cette notion aurait par rapport au métier de parent. L'essentiel est d'être authentique, d'honorer de notre mieux nos enfants et nous-mêmes, avec pour le moins l'intention de ne pas nuire.

Il me semble que ce travail réside tout entier dans l'écoute, dans la qualité d'attention que j'apporte à chaque instant, et dans ma volonté de vivre et d'être parent de la façon la plus consciente qui soit. Nous savons que l'inconscience chez l'un des parents ou chez les deux, surtout lorsqu'elle prend la forme d'opinions rigides et inébranlables, de l'égocentrisme ou du manque de présence et d'attention, débouche invariablement sur la tristesse de l'enfant. Ces caractéristiques sont souvent les symptômes d'une tristesse sous-jacente chez les parents, même si elles ne sont pas forcément perçues ainsi sans expérience profonde de l'éveil spirituel.

Chacun de nous à sa façon donne peut-être raison à Rilke lorsqu'il estimait qu'il existait toujours des distances infinies, même entre les êtres les plus proches.

Si nous comprenons vraiment cela et si nous l'acceptons, si terrifiant que cela puisse paraître, nous pouvons peut-être choisir de vivre de manière à ressentir dans sa plénitude cette « merveilleuse vie côte à côte » qui se développe si nous utilisons et aimons cette distance qui nous permet de voir l'autre tout entier se détacher contre le ciel.

C'est là selon moi notre travail de parent. Nous devons aider nos enfants à grandir, les protéger, les guider, jusqu'à ce qu'ils soient prêts à s'élancer sur leur propre chemin. Nous devons aussi être nous-mêmes entiers, chacun étant sa propre personne, avec une vie à soi, de sorte qu'en nous regardant ils puissent nous voir entiers contre le ciel.

Ce n'est pas toujours facile. Être parent en pleine conscience est une tâche redoutable. Nous devons nous connaître nous-mêmes de l'intérieur et travailler à l'interface où notre vie interne rencontre la vie de nos enfants. C'est particulièrement difficile à notre époque, où la culture dominante s'introduit de plus en plus chez nous et dans la vie de nos enfants, grâce à tant de nouveaux supports.

Si je pratique la méditation, c'est notamment pour maintenir mon propre équilibre et ma clarté d'esprit face à de tels défis, et pour rester plus ou moins dans la course malgré tous les bouleversements climatiques que je rencontre chaque jour au cours de mon voyage de parent. En me réservant chaque jour, le matin en général, une période de silence et d'immobilité, même pendant quelques minutes, je suis plus calme et plus équilibré, j'ai une vision plus claire et plus large, je suis plus constamment conscient de ce qui est vraiment important, et je peux faire et refaire le choix de vivre dans cette conscience.

Cultivée dans des périodes de calme et pendant la journée, à travers mes différentes activités, la pleine conscience me permet une sensibilité attentive à l'instant présent, qui m'aide à garder le cœur un tout petit peu plus ouvert et l'esprit un tout petit peu plus clair, de sorte que je peux voir mes enfants tels qu'ils sont ; cela me rappelle que je dois leur donner ce dont ils ont le plus besoin venant de moi, et leur laisser toute la place de trouver leur propre moyen d'être dans le monde.

Je pratique la méditation, mais cela ne signifie pas que je suis toujours calme, doux et gentil, ou même toujours présent. Il m'arrive souvent de ne pas l'être. Cela ne signifie pas que je sais toujours quoi faire et que je ne me sens jamais désemparé ou perdu. Mais être un peu plus conscient m'aide à voir des choses que j'aurais pu ne pas voir et à faire de petits pas en avant, parfois décisifs, que j'aurais pu ne pas faire.

Après un atelier où j'avais lu le texte ci-dessus quand il n'existait encore que sous forme manuscrite, j'ai reçu cette lettre d'un homme d'une soixantaine d'années : « Je veux vous remercier pour ce que vous m'avez offert ce jour-là en nous lisant le récit du retour de votre fils pour Thanksgiving. Cela m'a touché très profondément, surtout quand vous avez raconté comment il vous avait enveloppé de tout son être, quelque chose comme ça, quand il s'est couché contre votre poitrine sur le lit. Depuis, j'ai éprouvé mes premiers authentiques sentiments d'amour pour mon propre fils depuis très longtemps. Je ne sais pas exactement ce qui s'est passé, c'est comme si jusqu'ici j'avais eu besoin d'un autre genre de fils à aimer, mais plus maintenant. »

En tant que parents, peut-être éprouvons-nous tous le désir d'avoir un autre genre d'enfant à aimer, quand la situation nous paraît particulièrement désespérée. Parfois, si nous ne l'examinons pas, cet élan éphémère peut se changer en déception constante, en aspiration à une chose que nous croyons ne pas avoir. Mais, si nous y regardons de plus près, comme l'a fait ce père, nous découvrons peut-être qu'après tout nous pouvons connaître et aimer les enfants qui sont les nôtres.

PROLOGUE

Myla Kabat-Zinn

C’EST L’AMOUR FAROUCHEMENT PROTECTEUR que j’éprouve pour mes enfants qui m’a incitée à accomplir ce travail intérieur qu’on nomme « être parent en pleine conscience ». J’en tire des plaisirs et des bienfaits imprévus. Il m’a aidée à voir mes enfants plus clairement, tels qu’ils sont, sans les voiles qu’interposent mes craintes, mes attentes et mes besoins, et il m’a permis de voir ce qui pourrait être nécessaire à chaque moment. Être parent en pleine conscience, c’est aussi un moyen de me voir moi-même, de travailler sur les moments difficiles et sur les réactions automatiques qui naissent alors si aisément en moi, réactions qui sont souvent dures, restrictives ou destructrices pour le bien-être de mes enfants.

Même si je n’ai jamais pratiqué la méditation « formelle », j’ai toujours eu besoin de temps et d’espace pour l’inaction, l’immobilité, le silence. C’était particulièrement difficile quand mes enfants étaient très jeunes. Les moments de solitude et de réflexion me venaient dans mon lit, le matin, quand j’étais réveillée mais que je ne voulais pas me lever, consciente des images surgies de mes rêves, parfois claires, parfois insaisissables, quand j'étais réceptive à toutes les pensées qui m'arrivaient, entre la veille et le sommeil.

Telle était la méditation interne qui m'alimentait. Elle contrebalançait mes méditations externes, la conscience continue de chaque instant, l'écoute, la réponse, l'emprise et le lâcher prise dont mes enfants avaient besoin.

Les moments méditatifs peuvent prendre de nombreuses formes : assise en pleine nuit, un nouveau-né sur les genoux, m'imprégnant du silence et du calme, quand je nourrissais mon bébé tout en étant nourrie par la douceur de son être ; debout, un bébé en larmes dans les bras, quand je cherchais le moyen de l'apaiser et de le consoler, tout en chantant, en le berçant et en travaillant avec ma propre fatigue ; face au visage d'un adolescent malheureux, en colère, quand je tâchais d'en discerner la cause et de deviner de quoi il avait besoin.

La pleine conscience consiste à prêter attention, et prêter attention demande de l'énergie et de la concentration. Tous les instants diffèrent par ce qu'ils apportent et par ce qu'ils exigent de moi. Tantôt j'ai la chance de comprendre, tantôt je suis perdue, troublée, déséquilibrée, je ne sais pas vraiment mais j'essaie d'avoir une réaction instinctive, créative, face à ce qui se présente à moi. Il existe des moments de pur bonheur, profondément satisfaisants, où un enfant va bien et rayonne de bien-être. Il existe quantité de moments difficiles, contrariants, pénibles, où je ne fais rien de bon, voire pire. Je trouve particulièrement difficile d'y voir clair avec des enfants plus grands. Les problèmes sont beaucoup plus complexes, et les réponses sont rarement simples.

Mais voici ce que j'ai fini par remarquer : chaque fois que j'ai l'impression de ne plus savoir où j'en suis de mon rôle de parent, quand je me perds dans une forêt sombre, au sol irrégulier, froide et inhospitalière, il y a souvent quelque chose dans ma poche qui me permet de retrouver mon chemin. Je m'oblige à m'arrêter, à respirer, à plonger la main dans ladite poche et à regarder de près ce qu'elle contient.

Chaque moment difficile est susceptible de m'ouvrir les yeux et le cœur. Chaque fois que je comprends une chose à propos d'un de mes enfants, j'apprends aussi sur moi-même et sur l'enfant que j'étais, et cette leçon me sert de guide. Quand je suis capable d'empathie et de compassion face à la douleur de l'enfant, quand j'accepte le comportement d'opposition, agaçant, exaspérant que mes enfants adoptent de manière plus ou moins consciente, le pouvoir guérisseur de l'amour inconditionnel m'apaise en même temps qu'il les aide à grandir. Je grandis en même temps qu'eux. Mes transformations sont internes.

Loin d'être un désavantage, ma sensibilité est devenue une alliée. Avec les années, j'ai appris à utiliser mon intuition, mes sens, mes antennes affectives pour tenter de lire dans le cœur de ceux qui m'entourent. Chose essentielle, il faut tenter de voir du point de vue de l'enfant. Je trouve ce travail intérieur très important. Quand je peux choisir d'être bonne et non cruelle, de comprendre au lieu de juger, d'accepter plutôt que de rejeter, j'aide mes enfants à grandir et à devenir plus forts, quel que soit leur âge.

Être parent en pleine conscience, c'est construire la confiance. Je m'efforce de maintenir cette confiance et les liens tissés au fil de tant d'années de dur labeur affectif et physique. Les moments de négligence, ceux où réapparaissent les vieux comportements destructeurs, sont des trahisons envers la confiance de mes enfants, et je dois ensuite travailler à reconstruire notre relation.

Avec le temps, j'ai essayé d'apporter la conscience à mon expérience de parent, instant après instant : j'observe, j'interroge, je regarde ce qui me paraît le plus précieux et ce qui me paraît le plus important pour mes enfants. Même s'il existe des milliers d'aspects que ce livre n'aborde pas, j'espère qu'en décrivant ce processus interne nous pourrons partager cette richesse, ce potentiel de développement et de changement que détiennent ceux qui veulent être parents en pleine conscience.

Première partie

Le danger et la promesse

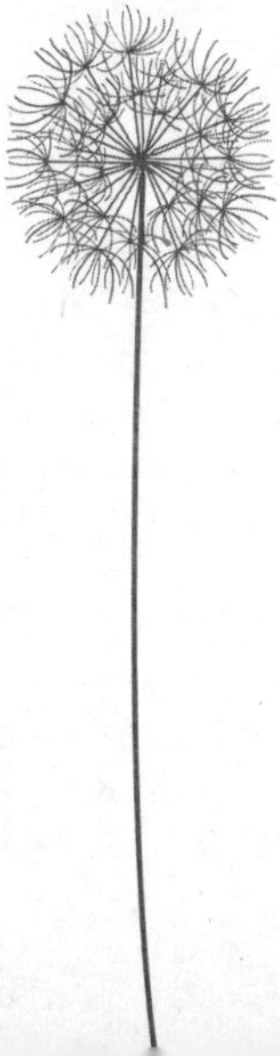

ÊTRE PARENT, UN DÉFI

DE TOUS LES MÉTIERS AU MONDE, celui de parent est l'un des plus difficiles, des plus exigeants et des plus stressants. C'est aussi l'un des plus importants, car la façon dont nous l'exerçons a des conséquences considérables sur le cœur, l'âme et la conscience de la génération qui nous suit ; nous modelons ainsi, chez nos enfants, leur expérience du sens et des relations, leur palette de compétences essentielles, leurs sentiments les plus profonds sur eux-mêmes et sur leur place possible dans un monde en pleine transformation. Pourtant, lorsque nous devenons parents, c'est à peu près sans aucune préparation ni formation, pratiquement sans conseils ni soutien, dans un monde où produire compte bien plus qu'éduquer, où faire compte bien plus qu'être.

Les meilleurs manuels destinés aux parents peuvent parfois être une référence utile. Ils nous permettent d'envisager autrement les choses. En nous montrant qu'il y a plus d'une manière de gérer une situation et que nous ne sommes pas seuls, ils nous rassurent, surtout dans les premières années ou quand nous affrontons des problèmes spécifiques. Ils peuvent aussi nous aider à comprendre les grandes étapes du développement de l'enfant, et donc à avoir des attentes plus réalistes.

Mais, souvent, ces livres n'abordent pas l'expérience intérieure du métier de parents. Qu'est-ce qui se passe dans notre tête, par exemple ? Comment éviter de nous laisser engloutir et submerger par nos doutes, nos insécurités, par les problèmes que nous rencontrons dans notre vie, par les moments où nous nous sentons en conflit intérieur, ou en conflit avec les autres, y compris avec nos enfants ? Ces manuels n'indiquent pas non plus comment nous pourrions devenir plus sensibles à l'expérience intérieure de nos enfants, comment nous pourrions l'apprécier à sa juste valeur.

Pour être des parents en pleine conscience, nous devons procéder à un travail intérieur sur nous-mêmes et nous lancer dans le travail extérieur consistant à éduquer et à aimer nos enfants. Aux conseils de « savoir-faire » que nous pouvons tirer des livres pour aider notre travail extérieur doit s'ajouter l'autorité intérieure que nous ne pouvons cultiver en nous qu'à travers notre propre expérience. Cette autorité intérieure se développe uniquement quand nous comprenons que, même s'il nous arrive quantité de choses qui échappent à notre contrôle, nous restons malgré tout en grande partie les « auteurs » de notre vie, à travers notre choix de réponse à ces incidents, à travers tout ce dont nous avons l'initiative. Au cours de ce processus, nous découvrons notre propre manière d'être au monde, en puisant dans ce qu'il y a de plus profond, de meilleur et de plus créatif en nous. Quand nous comprenons cela, nous pouvons voir à quel point, pour nos enfants comme pour nous, il est important d'assumer la responsabilité de nos choix de vie et des conséquences de ces choix.

Si nous accomplissons ce travail intérieur, nous pouvons développer en nous l'autorité et l'authenticité intérieures. Nous gagnons en authenticité et en sagesse lorsque nous appliquons délibérément l'attention à notre propre expérience à mesure qu'elle se déploie. Avec le temps, nous apprenons à mieux percevoir ce que sont nos enfants et ce dont ils ont besoin, nous prenons l'initiative lorsqu'il s'agit de trouver le moyen adéquat de les éduquer et de favoriser leur croissance et leur développement. Nous apprenons aussi à interpréter les très nombreux – et parfois mystérieux – signaux qu'ils nous envoient, nous nous fions à notre faculté d'offrir la réponse la plus adaptée. L'attention, l'étude et la réflexion de chaque instant sont essentielles.

Avant tout, être parent est une activité tout à fait personnelle. En fin de compte, tout doit venir de notre for intérieur. Chacun a sa façon d'agir, qui ne saurait convenir à quelqu'un d'autre. Chacun doit trouver sa manière propre, en s'inspirant en chemin de toutes les sources utiles. Nous devons apprendre à écouter nos propres instincts, tout en continuant à les étudier et à les contester.

Mais, pour un parent, même ce qui « fonctionnait » dans ce que nous faisions et disions hier ne nous aidera pas forcément aujourd'hui. Nous devons rester dans l'instant présent pour pressentir de quoi nous aurons besoin. Et, quand nos propres ressources intérieures sont épuisées, il nous faut une méthode efficace et saine pour les regarnir, et nous reconstituer.

Devenir parent peut être un acte délibéré ou le fruit du hasard, mais, dans tous les cas, c'est une vocation, qui nous impose de recréer chaque jour notre univers, de le redécouvrir à chaque instant. Cette vocation n'est en réalité rien d'autre qu'une rigoureuse discipline spirituelle, une quête visant à réaliser notre nature la plus profonde et la plus vraie en tant qu'êtres humains. Le fait même d'être parent exige continuellement que nous trouvions et que nous exprimions tout l'amour, toute la sagesse, toute la capacité d'éducation qui est en nous. Dans la mesure du possible, chacun doit être ce qu'il peut être de mieux.

Comme pour toute discipline spirituelle, être parent en pleine conscience véhicule une promesse et un potentiel énormes. En même temps, cela nous met au défi d'accomplir le travail intérieur sur nous-mêmes pour être pleinement à la hauteur de la tâche, afin de nous impliquer pleinement dans ce voyage héroïque, dans cette quête de chaque heure qu'est une vie humaine.

Ceux qui choisissent de devenir parents entreprennent ce périple des plus ardus sans contrepartie, souvent à l'improviste, à un âge relativement jeune et inexpert, et souvent dans des conditions de tension et d'insécurité économiques. En général, on s'embarque dans ce voyage sans stratégie claire, sans vision d'ensemble, avec à peu près la même approche intuitive et optimiste que face à bien d'autres aspects de la vie. On apprend sur le tas, en cours de route. Il n'y a d'ailleurs pas d'autre solution.

Mais, au départ, nous ignorons parfois combien le statut de parent introduit dans notre vie tout un nouvel ensemble d'exigences et de changements, qui nous impose de renoncer à beaucoup de nos habitudes pour nous élancer dans l'inhabituel.

Tant mieux, sans doute, puisqu'en fin de compte chaque enfant est unique, chaque situation différente. Chaque parent doit se fier à son cœur, à ses plus profonds instincts humains et à ce que lui a légué sa propre enfance, en bien comme en mal, pour explorer ce territoire inconnu, avoir et éduquer des enfants.

Dans la vie, nous sommes confrontés à toute une série de pressions familiales, sociales et culturelles qui nous poussent à nous conformer à des normes souvent implicites et inconscientes, face au stress inhérent à l'éducation des enfants ; de même, en tant que parents, et malgré nos meilleures intentions et notre profond amour pour nos enfants, nous fonctionnons souvent plus ou moins en pilote automatique, liés aux errances de notre esprit, en général excessivement réactif et pris dans une réflexion imperceptible mais incessante.

Dans la mesure où nous souffrons de préoccupation chronique et où le temps nous manque constamment, il nous arrive de perdre contact avec la richesse du moment présent, ce que Thoreau appelait la « fleur » de l'instant présent. Cet instant peut paraître trop ordinaire, trop banal, trop fugitif pour retenir notre attention. Lorsque l'on est pris dans de telles habitudes mentales, on fonctionne dans une sorte d'automatisme inconscient qui peut très facilement contaminer notre métier de parent. Peut-être pensons-nous que tout va bien du moment que nous aimons fondamentalement nos enfants et que nous souhaitons leur bien-être. Nous pouvons rationaliser ce point de vue en nous disant que les enfants sont des êtres résistants et que les petits incidents qui leur arrivent ne sont rien d'autre que de petits incidents qui n'auront peut-être aucun effet sur eux. Les enfants acceptent beaucoup de choses, pensons-nous. Et ce n'est pas faux.

Mais, comme me (jkz[1]) le rappellent sans cesse les gens qui racontent leur histoire à la Clinique de réduction du stress, au cours des ateliers de pleine conscience ou lors de retraites, l'enfance est souvent vécue comme une époque de trahisons plus ou moins avouées, une époque où l'un des parents ou les deux, ayant plus ou moins perdu les pédales, faisaient subir à leurs enfants un imprévisible mélange de terreur, de violence, de mépris et de méchanceté, à cause de leur propre expérience traumatique de la négligence, de la dépendance et du malheur. Par une ironie étonnante, ces trahisons s'accompagnent parfois de déclarations d'amour parental, ce qui rend la situation encore plus aberrante, encore plus difficile à comprendre pour les enfants. Certains adultes souffrent encore d'avoir été invisibles, inconnus, négligés et mal aimés dans leur enfance. Alors que le stress monte sur pratiquement tous les fronts, face à une sensation croissante d'urgence et d'insuffisance, la tension atteint un point tel que les familles se brisent ou sont sur le point de se briser, et cela va en empirant de génération en génération.

Lors d'une retraite de pleine conscience de cinq jours, une femme confia :

> Voici ce que j'ai remarqué cette semaine, quand je méditais. J'ai l'impression qu'il me manque des pièces, qu'il y a des parties de moi que je ne parviens pas à trouver quand je fais silence pour regarder sous la surface

---

1. NdE : chaque fois que Jon Kabat-Zinn prend la parole en son nom propre, il le signale par ses initiales (jkz).

de mon esprit. Je ne sais pas trop ce que cela signifie, mais ça m'a rendue un peu inquiète. Quand je me mettrai à pratiquer la méditation un peu plus régulièrement, je découvrirai peut-être ce qui m'empêche d'être entière. Mais je sens vraiment dans mon corps et dans mon âme des lacunes qui m'obligent à pousser des montagnes devant moi, où que j'aille. Mon mari me dit : « Mais pourquoi as-tu fait ça ? Il y a une porte grande ouverte à côté. » Et je réponds : « Je ne sais pas, mais dès qu'il y a un moyen de tout bloquer, c'est pour moi. » J'ai l'impression d'être un gruyère. Je ressens ça depuis que je suis petite. J'ai subi des pertes dans mon enfance. Je pense que certaines parties m'ont été retirées par ces décès et par d'autres gens ; ma sœur est morte quand j'étais jeune, et mes parents ont fait une sorte de dépression, qui a duré jusqu'à leur mort, je pense. Je crois que certaines parties m'ont été retirées pour les nourrir. C'est ce que je ressens. Quand j'étais jeune, j'étais très vive, très gaie, j'ai senti que certaines parties m'étaient retirées, et je ne parviens pas à les récupérer. Pourquoi ne puis-je plus être comme avant ? Qu'est-ce qui m'est arrivé ? Des parties de moi ont été perdues, et en méditant ici, tout à l'heure, j'ai compris que je cherchais ces parties, sans savoir où elles étaient. Je ne sais pas comment je pourrai redevenir entière tant que je n'aurai pas retrouvé ces parties perdues. À présent toute ma famille est morte. Ils ont emporté toutes ces parties et ils ne sont plus là, et je me retrouve comme un gruyère.

Image terrifiante que cette femme, dont certaines parties ont servi à nourrir ses parents. Mais cela se produit parfois, et, pour les enfants, les conséquences se font sentir toute la vie durant.

Pour aggraver encore les choses, les parents font parfois beaucoup de mal à leurs enfants, comme lorsqu'ils les frappent pour leur donner une leçon, en disant des choses comme : « C'est pour ton bien », « Ça me fait plus de mal qu'à toi » ou « Je fais ça uniquement parce que je t'aime », propos qu'ils ont entendus dans leur enfance lorsque leurs propres parents les frappaient, comme l'a montré la psychiatre suisse Alice Miller. Au nom de l'« amour », la colère incontrôlée, le mépris, la haine, l'intolérance, la négligence et les insultes pleuvent sur les enfants, parce que les parents n'ont pas conscience de l'impact de leurs actions ou parce qu'ils ne s'en soucient plus, alors qu'ils ne traiteraient jamais ainsi des amis ou des inconnus. Et cela se produit dans toutes les classes de la société.

Que le métier de parent se manifeste dans une violence déclarée ou non, l'approche automatique, machinale, réduite au plus petit dénominateur commun, laisse des séquelles graves et souvent durables sur les enfants et sur leur développement. Ne pas être un parent conscient, voilà qui contribue aussi à bloquer notre propre potentiel de développement. Cette inconscience se traduit trop souvent par de la tristesse, des occasions manquées, des blessures, de la rancœur, des reproches, une perception restreinte, amoindrie, de soi et du monde, jusqu'à l'isolement et à l'aliénation des uns et des autres.

Si nous restons conscients des défis que pose le métier de parent, il est possible d'éviter ces conséquences. Nous pouvons même profiter de toutes ces occasions pour renverser les barrières dressées dans notre esprit, pour y voir plus clair en nous, et pour être plus effectivement présents pour nos enfants.

Nous vivons dans une culture qui ne reconnaît pas le métier de parent comme activité valide et importante. Il paraît tout à fait acceptable que les gens se consacrent à cent pour cent à leur carrière professionnelle, à leurs relations amoureuses, ou à « se trouver », mais non à leurs enfants. Accorder la priorité à un enfant, avec cohérence, dévouement et attention, ce serait le « gâter ».

La société dans son ensemble, ses institutions et ses valeurs, qui créent et reflètent à la fois le microcosme de nos propres conceptions et valeurs individuelles, contribuent largement à ce travail de sape. Qui sont les gens les mieux payés ? Certainement pas les puéricultrices ou les enseignants dont les efforts complètent ceux des parents. Où sont les modèles, les réseaux de soutien, les congés parentaux payés, les emplois à temps partiel pour ces mères et ces pères qui veulent rester à la maison pendant plus de quelques semaines après la naissance de leurs enfants ? Où sont les cours destinés aux jeunes parents ? Tous ces avantages, s'ils existaient, nous montreraient que le métier de parent est de la plus haute importance et que l'ensemble de notre société l'apprécie hautement. Mais ils sont hélas bien rares.

Bien sûr, il existe des raisons d'espérer. D'innombrables parents voient leur métier comme un devoir sacré, et ils parviennent à trouver des méthodes créatives pour guider et élever leurs enfants, souvent face aux pires obstacles. Quantité de gens font preuve d'imagination pour enseigner l'art d'être parent, favoriser la communication, éviter la violence, réduire le stress, conseiller les parents et les familles. Il existe de nombreux groupes qui se consacrent à la construction de la communauté et au lobbying politique en faveur des enfants. *The Baby Book*, de William et Martha Sears, offre un cadre pour honorer les besoins des tout jeunes enfants. Le livre de Daniel A. Hughes, *Attachment-Focused Parenting : Effective Strategies to Care for Children*, et *Parenting from the Inside Out*, de Daniel J. Siegel et Mary Hartzell, associent conscience, neurosciences interpersonnelles et recherche sur l'attachement. L'ouvrage de Nancy Bardacke, *Mindful Birthing : Training the Mind, Body and Heart for Childbirth and Beyond*, est une étude pionnière sur l'accouchement en pleine conscience. De nouveaux livres, de nouvelles recherches ne cessent d'apparaître sur ces questions.

Les problèmes sont cependant énormes et omniprésents. Nous vivons à une époque où les familles ont de plus en plus de mal à élever des enfants sains. Aujourd'hui, dans de nombreux foyers, il n'y a pas d'adultes à la maison quand les enfants rentrent de l'école. Les parents et les voisins sont ailleurs, en train de gagner leur vie. Les enfants sont souvent livrés à eux-mêmes. Ils ont parfois plus de contacts avec le monde de la télévision et d'Internet qu'avec des adultes aimants. Les expressions tangibles et quotidiennes d'amour, de soutien, d'énergie et d'intérêt de la part d'adultes vivants et d'aînés respectés deviennent de plus en plus rares dans nos foyers et dans nos quartiers.

Nous sommes tous soumis à d'importantes forces sociales qui modèlent notre vie et celle de nos enfants, mais nous pouvons aussi, en tant qu'individus, faire des choix conscients et délibérés quant à notre rapport avec nos conditions d'existence et avec l'époque où nous vivons. Nous avons tous le potentiel nécessaire pour examiner de plus près la voie que nous avons empruntée, pour voir comment elle reflète nos priorités et nos attentes. Nous avons toujours la possibilité d'accorder plus d'attention et d'intentionnalité à notre vie, surtout quand il s'agit de nos enfants. Définir cette voie est plus facile et plus significatif lorsque nous disposons d'un cadre plus large au sein duquel examiner et comprendre ce que nous faisons et ce qui doit être accompli, un cadre qui nous aide à maintenir notre cap, même si tout change constamment autour de nous, même si nous ne voyons pas clairement quelle doit être la prochaine étape. La pleine conscience nous offre ce cadre.

Par exemple, de nouvelles portes s'ouvrent dans notre esprit dès lors que nous admettons la possibilité d'autres moyens de percevoir la situation, la possibilité d'autres options insoupçonnées qui s'offrent à nous à tout moment.

Aborder dans la pleine conscience les divers aspects de notre quotidien à mesure qu'il se déroule, voilà une alternative pratique et profondément positive au « pilote automatique », ce mode selon lequel nous opérons la plupart du temps sans même le savoir. C'est particulièrement important pour les parents, quand nous essayons chaque jour de jongler avec toutes les exigences et responsabilités contradictoires, tout en gagnant de quoi élever nos enfants et en leur donnant de quoi satisfaire leurs besoins spécifiques, internes et externes, dans un monde de plus en plus stressant et complexe.

ÊTRE PARENT EN PLEINE CONSCIENCE, QU'EST-CE QUE C'EST ?

Être parent en pleine conscience, c'est s'éveiller aux possibilités, aux avantages et au défi du métier de parent, avec une attention et une intentionnalité nouvelles, non seulement comme si ce que nous faisons comptait vraiment, mais comme si cette implication consciente dans le métier de parent était pratiquement la chose la plus importante pour nos enfants comme pour nous-mêmes.

Ce livre propose une série de méditations sur divers aspects du métier de parent. Il s'agit de satisfaire aussi pleinement que possible les besoins de nos enfants tout en cultivant un certain type de conscience. Cette « pleine conscience » nous permet de mieux comprendre nos enfants et de mieux nous connaître nous-mêmes. La pleine conscience permet d'aller au-delà des apparences et des comportements de surface pour voir plus clairement nos enfants tels qu'ils sont réellement, pour voir l'intérieur aussi bien que l'extérieur, et pour agir avec sagesse et compassion sur la base de ce que nous voyons. Être parent en pleine conscience peut enrichir et transformer l'enfant autant que l'adulte.

Comme nous le verrons dans la quatrième partie, du point de vue de la pleine conscience, le métier de parent peut être envisagé comme une sorte de retraite de méditation élargie et parfois ardue, qui dure pendant une bonne partie de notre vie. Et nos enfants, de leur naissance jusqu'à l'âge adulte et au-delà, peuvent apparaître comme des professeurs à domicile qui ne cessent de nous lancer des défis, qui nous offrent d'innombrables occasions d'accomplir le travail intérieur nécessaire pour comprendre qui nous sommes et qui ils sont, afin de rester en contact avec ce qui est important et de leur donner ce dont ils ont le plus besoin pour grandir et s'épanouir. Nous pourrons ainsi découvrir que cette conscience constante, de chaque instant, peut nous libérer de certaines habitudes qui contraignent nos perceptions et nos relations, camisoles de force et prisons de l'esprit dont nous avons hérité ou que nous nous sommes construites. Par leur existence même, souvent sans le biais de la parole, nos enfants peuvent nous inciter à accomplir ce travail intérieur. Plus nous avons à l'esprit l'intégrité et la beauté inhérentes à nos enfants, surtout lorsqu'elles sont difficiles à voir, plus nous sommes capables de pleine conscience. En voyant plus clairement, nous réagissons plus efficacement et avec plus de générosité, nous devenons des parents plus sages.

Tandis que nous nous consacrons à les élever et à comprendre qui ils sont, ces professeurs particuliers – surtout pendant les dix ou vingt premières années de notre « formation » – nous offrent des moments infinis d'émerveillement et de bonheur, des occasions d'éprouver l'amour et l'attachement les plus profonds. Selon toute vraisemblance, ils nous pousseront à bout, ils aggraveront tous nos doutes, testeront toutes nos limites, ils nous confronteront à toutes nos peurs, à toutes ces circonstances où nous craignons de ne pas être à la hauteur, ou pire. Si nous restons à l'écoute de toute cette gamme d'émotions, ils nous rappelleront à maintes reprises ce qui compte le plus dans notre vie, notamment son mystère, alors que nous partageons leur vie, que nous leur offrons une éducation, un refuge et un amour, en les guidant de notre mieux.

Être un parent est une tâche intense et exigeante, en partie parce que nos enfants peuvent nous demander ce que personne d'autre ne pourrait ou ne voudrait nous demander. Ils nous voient de plus près que quiconque, ils nous tendent constamment un miroir où nous regarder. Ce faisant, ils nous donnent la chance de nous voir autrement, de nous interroger consciemment sur ce que peuvent nous apprendre nos rapports avec eux. Cette conscience nous permet alors de faire des choix qui favoriseront la croissance interne de nos enfants et en même temps la nôtre. Notre interdépendance nous permet d'apprendre et de grandir ensemble.

POUR INTRODUIRE LA PLEINE CONSCIENCE dans le métier de parent, il est bon de savoir ce qu'est la pleine conscience. Vivre en pleine conscience, c'est être à l'écoute, moment après moment, sans jamais juger. On cultive la pleine conscience en affinant ses facultés d'attention à l'instant présent, puis en s'efforçant de prolonger cette attention de son mieux. Cela nous permet d'être en contact avec notre vie alors même qu'elle se déroule.

Nous vivons la plupart du temps en pilote automatique, notre attention se manifeste de façon sélective, au hasard, elle considère bon nombre de choses importantes comme allant de soi. Nous ne les remarquons même pas et nous jugeons tout en fondant des opinions rapides sur ce que nous aimons ou non, sur ce que nous désirons ou non. La pleine conscience apporte au parent une méthode et un cadre permettant de prêter attention à chacune de nos actions et de voir une réalité plus profonde à travers le voile des pensées automatiques.

La pleine conscience est au cœur de la méditation bouddhiste, qui consiste essentiellement à cultiver l'attention. Depuis plus de deux mille cinq cents ans, la pratique de la pleine conscience est entretenue et développée dans toute l'Asie par différentes traditions de méditation. Elle pénètre à présent la société occidentale dans divers contextes, dont la médecine, les neurosciences, la psychologie, l'éducation et l'aide sociale.

La pleine conscience est une discipline méditative. Il en existe de nombreuses. On peut se les représenter comme les différentes portes donnant toutes sur une même pièce. Chaque porte offre un point de vue unique sur la pièce ; pourtant, une fois à l'intérieur, la pièce est la même, quelle que soit la porte par laquelle on y accède. Quelle que soit la méthode ou la tradition, la méditation révèle l'ordre et le calme qui se cachent derrière toute activité, si chaotique qu'elle puisse paraître, en recourant à notre faculté d'attention.

Bien qu'elle soit surtout mise en avant par la tradition bouddhiste, la pleine conscience est une partie importante de toutes les cultures et elle est véritablement universelle, puisqu'il s'agit simplement de cultiver la capacité de conscience, de clarté et de compassion dont nous disposons tous en tant qu'êtres humains. Il y a bien des manières de cultiver cette faculté. Il n'existe pas une unique bonne méthode, tout comme il n'existe pas une unique bonne méthode pour être parent.

Être parent en pleine conscience suppose de garder à l'esprit ce qui compte vraiment dans notre vie quotidienne avec nos enfants. La plupart du temps, nous avons besoin de nous rappeler ce qu'est l'essentiel, nous pouvons même avouer que nous n'en avons aucune idée, car nous perdons facilement de vue le sens de notre existence. Pourtant, même dans les moments les plus éprouvants de notre vie de parent, nous pouvons tout reprendre de zéro, en nous demandant comme si c'était la première fois : « Qu'est-ce qui compte vraiment ici ? »

En fait, il s'agit de voir si nous pouvons, face à nos enfants, nous *souvenir* d'aborder chaque instant avec ce genre d'attention, d'ouverture et de sagesse. C'est une authentique *pratique*, une discipline interne, une forme de méditation. La pleine conscience apporte aux enfants comme aux parents des bienfaits considérables, qui se découvrent dans la pratique elle-même.

Si nous voulons nous instruire au contact de nos enfants, nous devons nous montrer attentifs, apprendre le silence intérieur. Dans le silence, nous sommes plus à même de voir à travers la confusion endémique, la brume et la réactivité de notre esprit, nous pouvons cultiver la clarté et le calme, mieux percevoir les choses, qualités dont profite directement notre attitude en tant que parent.

Comme tout le monde, les parents ont leurs besoins, leurs désirs et leur vie, à l'instar des enfants. Pourtant, trop souvent, sur des détails comme pour l'essentiel, les besoins des parents peuvent être tout à fait différents de ceux des enfants. Ces besoins, tous valides et importants, diffèrent simplement, et sont parfois en conflit. L'affrontement des besoins peut déboucher sur un conflit de volontés, et c'est à qui imposera son point de vue, surtout si les parents sont stressés ou épuisés.

Au lieu d'opposer nos besoins à ceux de nos enfants, la pleine conscience nous rappelle que nos besoins sont *interdépendants*. Indéniablement, nos vies sont étroitement liées. Le bien-être de nos enfants affecte le nôtre, et le nôtre affecte le leur. Quand ils vont mal, nous souffrons, et quand nous allons mal, ils souffrent.

Cela signifie que tout le monde est bénéficiaire quand nous sommes conscients des besoins de nos enfants comme des nôtres, besoins affectifs comme physiques, et selon leur âge, quand nous tâchons de trouver une solution pour que tout le monde obtienne un peu de ce dont il a le plus besoin. Cette sensibilité nous permet de nous sentir plus attachés à nos enfants. Par la qualité de notre présence, notre engagement en leur faveur se fait sentir, même aux heures les plus difficiles. Dans les moments où les besoins sont en rivalité, nos choix seront alors le fruit de ce lien profond, ils contiendront donc plus de sagesse et de bonté.

Le métier de parent nous apparaît comme une responsabilité sacrée. Les parents protègent, éduquent, rassurent, enseignent, guident, ils sont des compagnons, des modèles, des sources d'amour et d'acceptation inconditionnelle. Si nous gardons à l'esprit cette notion de responsabilité sacrée, si nous suivons en pleine conscience le processus qui se déroule d'instant en instant, nos choix en tant que parents résulteront de notre conscience de ce que tel enfant, à telle étape de sa vie, attend de nous, à travers son être et son comportement. En relevant ce défi, nous ferons ce qui est le mieux pour nos enfants, mais nous pourrons aussi découvrir, pour la première fois peut-être, ce qu'il y a de meilleur en nous.

Être parent en pleine conscience nous oblige à identifier les défis que nous affrontons chaque jour. La conscience doit tout englober : être pleinement conscient, c'est reconnaître nos propres frustrations, nos insécurités, nos défauts, nos limites, même nos sentiments les plus négatifs, tout ce qui nous accable ou nous déchire. Cela nous impose de « travailler avec » ces énergies, de manière délibérée et systématique.

Cette tâche est extrêmement exigeante. Car, par bien des côtés, nous sommes nous-mêmes les produits et, jusqu'à un certain point, les prisonniers des événements et des circonstances de notre propre enfance. Puisque l'enfance modèle la vision que nous avons de nous-mêmes et du monde, notre histoire modèle inévitablement la vision que nous avons de nos enfants et de « ce qu'ils méritent », la manière dont il faut les aimer, les élever et les « socialiser ». En tant que parents, nous avons tendance à défendre nos conceptions vigoureusement et souvent inconsciemment, comme si nous étions envoûtés. Dès lors que nous prenons conscience de l'influence de notre passé, nous pouvons nous appuyer sur les côtés positifs de l'éducation que nous avons reçue pour en dépasser les aspects destructeurs et limitatifs.

Pour ceux d'entre nous qui ont dû se fermer, pour « ne pas voir », pour éliminer leurs sentiments afin de survivre à leur propre enfance, la pleine conscience peut être particulièrement douloureuse. Dans ces moments où nous sommes gouvernés par de vieux démons, quand reviennent des croyances dangereuses, des schémas destructeurs et des cauchemars de notre enfance, quand nous sommes harcelés par des sentiments négatifs ou par des pensées manichéennes, il est particulièrement difficile de voir les choses d'un œil neuf.

Nous ne suggérons nullement qu'il existerait une norme idéale selon laquelle nous devons nous mesurer ou à laquelle il faudrait s'efforcer de parvenir. Être parent en pleine conscience est un processus continu d'approfondissement de notre capacité à être présent et à agir sagement. Il ne s'agit pas de vouloir atteindre un but fixé, si admirable soit-il. Une partie importante du processus consiste à nous voir avec une certaine compassion. Voir et accepter nos limites, nos aveuglements, notre humanité, notre faillibilité, travailler de notre mieux avec ces déficiences. Ce que nous pouvons toujours faire, même dans les moments de désespoir où nous croyons ne rien savoir, c'est repartir de zéro. Chaque instant est un nouveau commencement, une nouvelle occasion de nous mettre à l'écoute, et peut-être d'arriver – à cet instant précis – à nous voir, à nous sentir, à nous connaître, nous et nos enfants, d'une façon neuve et plus profonde.

Car notre amour pour nos enfants est exprimé et ressenti dans la *qualité* des relations que nous avons avec eux à chaque instant. Il se renforce au quotidien quand nous sommes conscients de ces instants et que nous les habitons. L'amour s'exprime dans notre manière de passer le pain, de dire bonjour, et pas seulement lors d'un voyage à Disneyland. Il se trouve dans la gentillesse de tous les jours, dans notre compréhension, dans notre ouverture d'esprit. L'amour s'exprime dans nos actions. Que nous traversions des moments heureux ou difficiles, la qualité de notre attention et de notre présence est le reflet de notre affection et de notre amour pour nos enfants.

Ce livre s'adresse aux gens soucieux de la qualité de leur vie de famille et du bien-être de leurs enfants, nés ou à naître, jeunes ou adultes. Nous espérons qu'il aidera les parents dans leur volonté de manifester leur amour à travers leur attitude et leurs actes quotidiens. Nous ne pourrons y parvenir si nous ne sommes pas authentiques dans notre propre vie, en contact avec toute la gamme de sentiments que nous éprouvons, à l'écoute.

Le métier de parent est un miroir dans lequel nous voyons le meilleur de nous-mêmes, et le pire ; les moments de vie les plus enrichissants et les plus effrayants. Traiter ce sujet de manière sensée est intimidant. Nous avons parfois l'impression que tout est fondamentalement sain dans notre famille. Nos enfants paraissent heureux, solides, équilibrés. Le lendemain, ou l'instant d'après, c'est l'enfer. Notre univers n'est plus que confusion, désespoir, colère, frustration. Ce que nous pensions acquis ne sert plus à rien. Toutes les règles semblent avoir changé du jour au lendemain ou en un instant. Nous ne savons plus ce qui se passe ni pourquoi. Nous avons une impression d'échec complet, comme si nous ne savions ni ne comprenions plus rien.

Mais, même dans ces moments, nous essayons de nous rappeler qu'il faut s'accrocher à une certaine conscience de ce qui se passe, si désagréable ou si douloureux que soit l'événement. Si difficile que cela soit, nous essayons de voir ce qui se produit vraiment, ce que l'on attend réellement de nous. L'alternative serait de nous laisser entraîner par notre propre réactivité, par nos comportements automatiques, d'abandonner la compassion et la clarté pour céder à la peur, à la colère ou au déni. Et, même dans ces cas-là, qui sont inévitables, nous essayons de réexaminer la situation par la suite, à tête reposée, dans l'espoir d'en tirer une leçon.

Ce livre est le fruit de notre expérience en tant que parents. Indubitablement, notre expérience diffère par bien des aspects de la vôtre en tant que personne et parent. Vous trouverez peut-être certaines de nos méthodes bien différentes des vôtres, différentes de la façon dont vous avez été élevé ou de la façon dont vous élevez vos enfants. Vous réagirez peut-être à certaines choses que nous dirons, à certains choix que nous avons faits. L'art d'être parent est un sujet qui nous touche, parce qu'il est très étroitement lié à notre conception de nous-mêmes et à nos choix de vie.

Nous ne suggérons pas que vous deviez nous imiter en tout point, ni que vous soyez déficient si vous avez procédé autrement. Comme nous le savons tous, il existe bien peu de réponses évidentes ou de solutions simples lorsque l'on est parent. Nous ne disons pas non plus que la pleine conscience soit la réponse à tous les problèmes de la vie ou à toutes les questions que se posent les parents. Nous essayons simplement de suggérer une manière de voir et une manière d'être que vous pouvez, de bien des façons, intégrer à *votre* manière d'être parent et à votre vie. En fin de compte, nous devons tous prendre nos décisions personnelles quant à ce qui est le meilleur pour nos enfants et pour nous-mêmes, en puisant surtout dans nos réserves de créativité et de conscience.

Nous partageons avec vous notre expérience et cette orientation qu'on appelle « la pleine conscience », dans l'espoir qu'une partie de son potentiel entrera en résonance avec vos valeurs et vos intentions et vous sera utile pour définir votre propre chemin dans le métier de parent.

Enfin, être parent en pleine conscience consiste à voir nos enfants avec une plus grande clarté, à écouter notre propre cœur et à lui faire confiance. Cela permet de donner une forme et un appui au travail quotidien de parent. Cela nous aide à trouver le moyen d'être pour nos enfants une source d'amour inconditionnel, à chaque instant, jour après jour.

COMMENT PUIS-JE FAIRE ?

CHAQUE FAMILLE affronte une situation particulière, avec des ressources qui lui sont propres. Mais, quelles que soient les circonstances, nous pensons que toutes les familles et tous les individus, parce qu'il s'agit d'êtres humains, disposent de ressources internes qui peuvent être exploitées et cultivées, ressources qui peuvent énormément nous aider à faire des choix importants quand nous nous efforçons d'introduire l'équilibre dans notre vie et dans notre famille.

À tous les niveaux du bien-être économique et social, et quelles que soient les énormes difficultés matérielles qu'elles rencontrent, certaines personnes parviennent à faire passer leurs enfants en premier. Nous pensons absolument que les enfants le méritent. Mais qu'est-ce que cela signifie ? La question vaut la peine qu'on y réfléchisse. Bien sûr, le sens de cette expression changera selon l'âge de vos enfants, et il peut varier d'un enfant à l'autre. Cela ne veut certainement pas dire qu'il faille être obsédé par ses enfants et les surveiller constamment (à la manière de ceux qu'on appelle des « parents hélicoptères »). Cela ne signifie pas non plus qu'il faille sacrifier ses propres besoins, choix aberrant et potentiellement malsain pour tous les intéressés. La pleine conscience ne consiste pas à être tellement concentré sur son enfant qu'on se perd soi-même. Il s'agit avant tout d'équilibre.

La pleine conscience nous aide à développer et à approfondir notre niveau d'attention à l'intérieur de nous-mêmes, l'expérience vécue d'être enraciné dans notre corps et dans notre vie. Comme une course de relais où la transmission du témoin durerait très longtemps – au moins dix-huit ans –, notre travail de parent est de préparer nos enfants à exécuter efficacement leur parcours en solo. Pour cela, nous devons leur donner le maximum tant que nous courons avec eux. Il y a bien des façons d'y parvenir. Il n'y a pas de « bonne » façon de faire, il n'y a pas de formule toute prête. Et il ne s'agit pas simplement de « faire ». À long terme, notre manière d'être compte plus que notre façon de faire. Mais, quelles que soient nos conditions de vie, si la volonté, la motivation et l'amour sont là, nous pouvons apprendre à exploiter les ressources de force et de sagesse, de créativité et d'affection qui sont en chacun de nous. Chaque instant nous en offre de nouvelles occasions, il est donc important de prendre le rythme et de comprendre que nous devons nous ménager, puisqu'il s'agit d'un parcours d'endurance. C'est ce que nous permet la pratique du métier de parent en pleine conscience.

Cela requiert de l'énergie et un certain engagement, comme toute pratique spirituelle, comme toute discipline reposant sur la conscience. Nous nous demandons parfois si nous sommes capables de mener à bien une mission qui est réellement le travail d'une vie : « Comment puis-je faire ça en plus de tout ce que je fais déjà ? » Nous trouvons alors rassurant de découvrir que les éléments essentiels de la discipline systématique et des méthodes de la pleine conscience nous sont déjà familiers en tant que parents. Cette discipline interne est possible et pratique parce qu'elle naît naturellement de l'expérience et des défis de notre quotidien de parents.

Par exemple, en tant que parents, notre attention est constamment sollicitée, et nous sommes déjà très disciplinés. Nous devons être concentrés et disciplinés pour nous lever à l'heure tous les matins, pour réveiller les enfants, les nourrir et les préparer pour l'école, nous préparer nous-mêmes et partir travailler si nous exerçons une activité à l'extérieur de chez nous. Nous sommes disciplinés et attentifs lorsque nous devons organiser l'emploi du temps de nos enfants et le nôtre, prévoir et accomplir toutes les tâches nécessaires, les courses, la cuisine, le ménage, les innombrables activités répétitives du quotidien d'une famille.

Et nous sommes déjà très au point. Nous affrontons chaque jour des crises, nous concilions des exigences contradictoires, nous utilisons cet incroyable sixième sens que les parents acquièrent très vite pour toujours savoir où sont nos enfants à chaque moment de danger potentiel. Nous sommes en mesure de bavarder tout en faisant autre chose, nous tolérons les interruptions constantes alors que nous tentons de suivre le fil de notre réflexion. Les gens se sentent parfois blessés quand ils ont l'impression que nous ne leur accordons pas toute notre attention, mais, en tant que parents, nous devenons capables de prêter attention à beaucoup de choses à la fois ; nous parlons avec eux tout en surveillant notre enfant, en boutonnant son vêtement, en le rattrapant quand il s'approche d'un danger. Ces compétences, cette discipline sont liées au territoire des parents. Plus nous les utilisons, comme nous y sommes obligés, mieux nous en jouons. Elles deviennent une manière d'être.

Si nous voulons être parents en pleine conscience, nous pouvons faire un extrêmement bon usage de cette discipline qui nous est devenue si familière. L'une est le prolongement naturel de l'autre. Pour être parents en pleine conscience, nous devons diriger une partie de notre énergie vers l'intérieur, vers notre esprit, notre corps, notre expérience, pour prêter plus systématiquement attention à la vie interne et externe de nos enfants, aux besoins de leur âme autant qu'à leur besoin de vêtements, de nourriture et d'un toit.

Nous pouvons introduire la pleine conscience à tout instant, si bref ou si stressant qu'il soit. Mais, pour cela, il faut résolument nous engager à cultiver la pleine conscience par une pratique quotidienne.

La plupart des milliers de gens qui ont participé aux programmes proposés par la Clinique de réduction du stress à l'université du Massachusetts sont des parents. Beaucoup ont des problèmes médicaux très graves, ou de sérieux problèmes sociaux, économiques ou personnels. Certains ont une histoire familiale épouvantable. Beaucoup font déjà des miracles au quotidien pour affronter des situations extrêmement difficiles, passées ou présentes. Au cours d'un programme de huit semaines, ils apprennent à cultiver la pleine conscience dans leur vie, en construisant sur les bases de ce qu'ils font déjà pour préserver leur bien-être et celui de leur famille. Leur vie, leur attitude, leur façon de voir les autres, y compris leurs enfants, en sont souvent transformées de manière profonde et durable. Malgré les défis inévitables lorsque l'on cherche à développer la discipline de la pleine conscience dans les situations quotidiennes, beaucoup de gens affirment qu'en prêtant davantage attention ils se sentent plus détendus, plus optimistes, qu'ils résistent mieux au stress à la maison et au travail, qu'ils éprouvent un plus grand sentiment de calme et d'assurance. Ils découvrent dans leur vie de nouvelles ouvertures, grâce à la pratique de la pleine conscience. Certains disent ressentir un plus grand sentiment de liberté, de maîtrise intérieure et de sécurité qu'ils ne le croyaient possible jusque-là.

Dans ces programmes, les instructeurs présentent les différents aspects de la pratique méditative et avancent des suggestions générales sur son application au quotidien et aux situations problématiques. Mais ce sont en général les participants eux-mêmes qui découvrent comment appliquer la pleine conscience aux circonstances spécifiques de leur vie. Ce processus créatif et intuitif se dégage naturellement de la pratique.

Il en va de même pour le travail de parent en pleine conscience. Nous ne vous disons pas ce que vous devriez faire, quels choix seraient préférables. Vous êtes les seuls à pouvoir en décider parce que vous êtes les seuls à vivre votre vie, à connaître les exigences de votre situation particulière. Nous ne vous dirigeons même pas dans l'application de cette pratique, sauf dans les termes les plus généraux. L'application détaillée de la pleine conscience et les choix spécifiques que vous serez entraînés à faire ne peuvent venir que de votre propre motivation, de votre propre volonté d'honorer chaque instant en y apportant votre pleine attention, et des aspirations de votre propre cœur. Les choix conscients résulteront des situations où vous vous trouvez avec vos enfants. Ils résulteront de votre créativité, de votre imagination, de votre amour et de votre génie, qui sont profonds et pratiquement illimités, puisque nous sommes humains.

Par ailleurs, il n'existe pas une seule méthode qui puisse se révéler utile et pertinente dans toutes les circonstances, compte tenu de l'évolution des mœurs : multiplication des familles monoparentales, où un seul parent porte toute la responsabilité ; partage de la parentalité dans les familles divorcées ; naissances de plus en plus tardives, quand les parents ont déjà de grands enfants, les grands-parents servant parfois de parents pour les enfants de leurs enfants ; couples âgés ayant des enfants pour la première fois ; couples homosexuels ; couples qui fonctionnent et qui sont d'accord sur la manière d'éduquer les enfants, couples dysfonctionnels et en désaccord sur la manière d'éduquer les enfants ; couples où la répartition des tâches et des responsabilités est très déséquilibrée ; familles où les deux parents travaillent à plein temps et davantage ; familles où les enfants souffrent de maladies graves, de handicaps physiques ; familles aux enfants d'âges voisins ; familles aux enfants d'âges très divers ; jumeaux, triplés, familles nombreuses ou enfants uniques ; parents du même sexe ou de sexe différent…

Pourtant, précisément parce qu'elle n'est pas une formule, et parce qu'elle est liée à la qualité de notre expérience humaine et à notre degré d'attention, la pleine conscience a réellement une portée universelle et se révèle pertinente dans presque toutes les circonstances. Tout le monde a un esprit, tout le monde a un corps, tout le monde peut prêter attention, tout le monde vit instant après instant. La pleine conscience ne nous dit pas quoi faire, mais elle nous offre un moyen d'écouter, un moyen de prêter attention à ce qui nous paraît important, et d'élargir notre vision de ce que cela pourrait être dans n'importe quelle situation, dans n'importe quelles circonstances.

En tant que parents et en tant qu'êtres humains, quoi que nous ayons à affronter dans notre vie, nous sommes tous capables de nous développer et de nous transformer si nous apprenons à reconnaître nos ressources internes pour y puiser et définir un cheminement conforme à nos valeurs et à notre cœur. Cela demande du travail, mais pas beaucoup plus que nous n'en accomplissons déjà. Cela suppose une rotation de notre conscience, une nouvelle façon de voir ce qui émerge de notre attention à l'instant présent. Cette attitude mentale invite et fait surgir ce qu'il y a de meilleur en nous et en nos enfants.

POUR ENTRER DANS LE MONDE de la pleine conscience, pour présenter ce qu'elle exige de nous et ce qu'elle peut nous offrir à nous, parents, nous commencerons par une histoire. Nous allons sortir du temps pour pénétrer dans le domaine du mythologique, de la psyché, d'où nous reviendrons peut-être avec une meilleure compréhension de ce que signifie voir plus en profondeur, et plus confiants dans le mystère de nos cœurs. Et n'oublions pas que, dans ce royaume, tous les personnages de l'histoire peuvent être interprétés comme différents aspects de notre être ; le masculin et le féminin, la beauté et la laideur, la gentillesse et la méchanceté résident en chacun de nous, à divers degrés.

DEUXIÈME PARTIE

Sire Gauvain et la dame hideuse : l'histoire est la clef

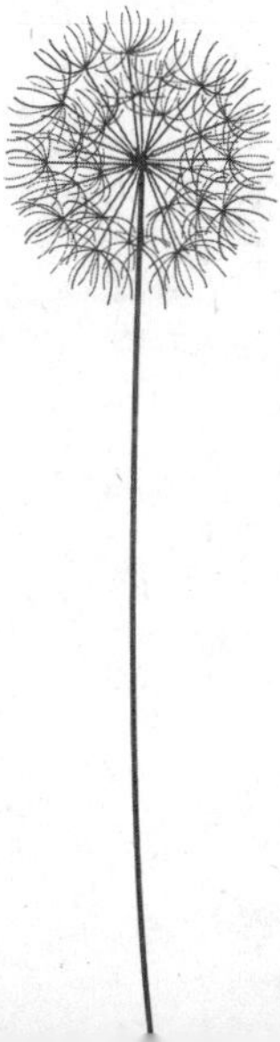

SIRE GAUVAIN
ET LA DAME HIDEUSE

Il y a bien longtemps, au temps du roi Arthur, pour des raisons que nous n'avons pas à expliquer ici, ce dernier fut contraint, le jour de Noël, de défendre une juste cause qui le mit face à sa propre impuissance malgré son titre de souverain. Il reçut la visite du chevalier de Tarn Wathelan, « immense au-delà de la taille d'un mortel et vêtu de la tête aux pieds d'une armure noire, monté sur un destrier géant à l'œil rouge, de la couleur de minuit ». Quand Arthur s'avança pour se battre dans la plaine, devant le sombre château du chevalier, celui-ci lui jeta un sort qui priva le roi et son cheval de toutes leurs forces. « Comme une ombre glacée, une grande terreur s'abattit sur lui, d'autant plus étrange que ce n'était ni terreur du chevalier ni de quoi que ce soit sur terre ; une terreur noire de l'âme qui vint entre lui et le ciel, le vidant de sa force si bien qu'il baissa le bras du sabre et le bras du bouclier, incapable de bouger. »

« Que veux-tu de moi ? », demanda Arthur.

Au lieu de le tuer ou de le jeter dans un cachot pour l'y faire « pourrir parmi d'autres vaillants chevaliers, et de confisquer son royaume par magie », le chevalier de Tarn Wathelan lui laissa sa vie et sa liberté à condition qu'il lui apporte sept jours plus tard, le jour de l'an, la réponse à cette question : « Qu'est-ce que toutes les femmes désirent le plus ? »

Plein de rage et de honte, mais dans l'impossibilité de faire autre chose qu'accepter, Arthur conclut le marché et partit.

Il passa la semaine à parcourir son royaume pour poser la question à toutes les femmes qu'il croisait, gardeuse d'oies, tavernière ou grande dame, et nota leur réponse, même s'il savait qu'aucune ne paraissait juste. C'est ainsi que le jour de l'an, le cœur gros, il mena son cheval vers le château du chevalier, sa seule chance de survivre lui ayant échappé, sachant qu'il devrait se soumettre et mourir sous les coups du chevalier.

« Les collines semblaient plus sombres qu'à son dernier passage, et le vent semblait plus mordant. Le chemin semblait plus long et plus pénible qu'auparavant, mais il passa bien trop vite. »

Non loin du château du chevalier, alors qu'il chevauchait tête baissée à travers d'épais fourrés, Arthur entendit une voix de femme le héler doucement : « Dieu vous bénisse, mon seigneur roi Arthur. Dieu vous garde. »

Il se retourna et vit une femme vêtue d'une robe écarlate, de la couleur des baies de houx, assise sur un tertre, près de la route, entre un chêne et un buisson de houx. S'attendant à lui trouver le visage aussi charmant que la voix, il fut choqué de voir la créature la plus affreuse qu'il ait jamais vue. Un visage de cauchemar, tel qu'il supportait à peine de le regarder, au long nez tordu couvert de verrues et au long menton poilu. Elle n'avait qu'un œil, enfoncé sous son front en saillie. Sa bouche n'était qu'une fente informe. Ses cheveux pendaient en mèches grises emmêlées, et ses mains n'étaient que des griffes brunes, même si les bijoux qui brillaient à ses doigts étaient dignes d'une reine.

Frappé par ce spectacle, Arthur en oubliait le code de la chevalerie et le respect qu'un chevalier doit à une dame. Curieusement, elle savait où il allait et pourquoi. Elle savait qu'il avait demandé à bien des femmes ce que celles-ci désiraient le plus, sans qu'aucune ne lui donne la bonne réponse. Elle déclara alors au roi stupéfait qu'elle seule connaissait la réponse qu'il cherchait. Pour qu'elle la lui révèle, il devrait jurer solennellement de lui accorder tout ce qu'elle voudrait en échange. Arthur accepta volontiers. Elle lui fit signe de se pencher vers ses lèvres et lui murmura la réponse, tout bas, « pour que même les arbres ne l'entendent pas ».

En l'entendant, Arthur sut au fond de son âme que c'était la vraie réponse. Il se retint de rire, car c'était une chose tellement simple, après tout !

La réponse à la question : « Qu'est-ce que toutes les femmes désirent le plus ? » était : « La souveraineté ».

Arthur demanda à la dame ce qu'elle exigeait en retour, mais elle refusa de le lui dire tant qu'il ne serait pas allé porter cette réponse au chevalier de Tarn Wathelan. Arthur partit donc et, après avoir bien ri aux dépens de l'énorme chevalier, il finit par lui donner la bonne réponse et gagna ainsi sa liberté. Puis il revint là où la hideuse dame l'attendait.

À son retour, dame Ragnelle – car tel était son nom – demanda au roi de lui amener en récompense l'un des chevaliers de la Table ronde, courageux et courtois, aimable à regarder, qui la prendrait pour épouse légitime. Ébranlé, dégoûté par cette requête inconcevable, Arthur dut se rappeler qu'il lui devait la vie sauve et qu'il était engagé par sa promesse de roi.

Bien sûr, il ne pouvait lui-même attribuer cette tâche à l'un de ses chevaliers, car c'eût été bafouer leur souveraineté. Le choix devait être fait librement. Quand Arthur, à sa cour, raconta toutes ses aventures devant un auditoire ébahi, son neveu Gauvain proposa d'épouser la dame, par bonté naturelle et par loyauté envers son royal oncle. Honteux et le cœur gros, Arthur ne voulait pas laisser Gauvain s'engager sans avoir vu d'abord sa future.

Le lendemain matin, les chevaliers partirent donc vers les bois et, après un moment, ils aperçurent un peu de rouge entre les arbres. Sire Kay et les autres furent écœurés à la vue de dame Ragnelle, et certains l'insultèrent même. D'autres se détournèrent, pris de pitié, ou s'affairèrent avec leurs chevaux.

Mais sire Gauvain regarda fixement la dame ; son orgueil pathétique et sa façon de dresser sa tête hideuse évoquaient un cerf harcelé par les chiens, et son regard vitreux était comme un appel au secours.

Il s'adressa alors aux autres chevaliers. « Allons, pourquoi ces regards en biais, ces mines gênées et ces mauvaises manières ? Il n'y avait pas l'ombre d'un doute. N'ai-je pas dit hier soir au roi que j'épouserais cette dame ? Et je l'épouserai en effet, si elle veut de moi ! » Sur ces mots, il sauta à bas de son cheval et s'agenouilla devant elle, disant : « Dame Ragnelle, acceptez-vous de me prendre pour époux ? »

La dame le contempla un moment, de son œil unique, puis répondit, de sa voix étonnamment douce :

« Pas vous aussi, sire Gauvain. Vous plaisantez, comme les autres.

– Jamais je n'ai moins eu envie de plaisanter », protesta-t-il.

Elle tenta de le dissuader. « Réfléchissez avant qu'il soit trop tard. Épouserez-vous vraiment une femme aussi vieille et aussi contrefaite que moi ? Quelle sorte d'épouse serai-je pour le neveu du roi ? Que diront la reine Guenièvre et ses dames d'honneur quand vous reparaîtrez à la Cour ? Et qu'éprouverez-vous en secret ? Vous aurez honte, à cause de moi », dit la dame, qui versait des larmes amères. Son visage bouffi en devenait plus affreux encore.

« Dame, si je peux vous protéger, soyez bien sûre que je saurai aussi me protéger, dit Gauvain en lançant des regards noirs aux autres chevaliers. À présent, venez avec moi au château, car notre union y sera célébrée ce soir même. »

À quoi dame Ragnelle répondit, pleurant de son seul œil : « En vérité, sire Gauvain, même si cela paraît difficile à croire, vous n'aurez pas lieu de regretter ce mariage. »

Quand elle se leva pour s'approcher du cheval qui lui était destiné, ils virent que, par-dessus le marché, elle avait une bosse entre les épaules et qu'elle boitait.

Gauvin l'aida à se mettre en selle, il enfourcha sa monture, et tout le groupe repartit pour le château du roi.

Dès leur arrivée, la nouvelle se répandit à travers la ville, et les badauds vinrent admirer la fiancée de Gauvain. Tous furent encore plus horrifiés qu'ils ne s'y attendaient.

Ce soir-là, le mariage fut célébré dans la chapelle, la reine elle-même assistant la fiancée, et le roi faisant office de garçon d'honneur. Sire Lancelot fut le premier à venir embrasser la joue flétrie de la mariée, mais les compliments de tous ceux qui l'imitèrent leur restèrent en travers de la gorge. « Et la pauvre Ragnelle vit les dames venir lui toucher le bout des doigts aussi brièvement que possible, tête baissée, sans avoir la force de la regarder ou de lui embrasser la joue. Seul Cabal, le chien, vint lui lécher la main de sa langue chaude et humide, et fixa sur elle ses yeux d'ambre qui ne tenaient aucun compte de sa laideur, puisque les yeux d'une bête ne voient pas comme les yeux d'un homme. »

Au dîner, la conversation fut malaisée, anxieuse, chacun feignant la gaieté. Sire Gauvain et son épouse se tenaient très raides, assis à côté du roi et de la reine. Quand les tables furent enlevées pour faire place à la danse, beaucoup pensèrent que Gauvain abandonnerait sa femme pour se mêler à ses amis. Mais il déclara : « Le marié et la mariée doivent ouvrir le bal », et il offrit son bras à dame Ragnelle. Elle l'accepta avec une grimace horrible en guise de sourire et boitilla pour entamer la première danse. Au cours des festivités, comme le roi et Gauvain avaient l'œil sur la compagnie, tout le monde fit semblant de rien.

Enfin, les réjouissances forcées arrivèrent à leur terme, il était temps pour les jeunes mariés de se rendre dans la chambre nuptiale. Gauvain se jeta dans un profond fauteuil, au coin du feu, et s'abîma dans la contemplation du foyer, sans adresser un regard à son épouse. Un soudain courant d'air fit pencher les flammes des bougies, et les créatures ornant les tentures parurent comme dotées de vie. Très loin, comme venant du cœur de la forêt enchantée, il crut entendre les échos d'un cor de chasse. Il y eut un léger mouvement au pied du lit, le crissement d'une robe de soie, et une voix douce demanda :

« Gauvain, mon seigneur, mon ami, n'aurez-vous pas un mot pour moi ? Ne pouvez-vous même supporter de regarder de mon côté ? »

Gauvain s'obligea à tourner la tête, puis bondit de stupeur, car entre les chandelles se tenait la plus belle femme qu'il ait jamais vue.

« Madame, dit-il à mi-voix, ne sachant s'il rêvait ou s'il veillait, qui êtes-vous ? Où est mon épouse, dame Ragnelle ?

– Je suis votre épouse, dame Ragnelle, que vous avez trouvée entre le chêne et le buisson de houx, et épousée tout à l'heure pour régler la dette de votre roi, et peut-être un peu par bonté.

– Mais… je ne comprends pas. Vous êtes si changée !

– Oui, je suis transformée. J'étais victime d'un sortilège, dont je ne suis qu'en partie libérée. Je puis du moins passer quelques moments avec vous sous ma vraie forme. Mon seigneur est-il content de son épouse ? »

Elle s'approcha, et il la prit dans ses bras.

« Content ? Oh, mon très cher amour, je suis l'homme le plus heureux qui soit au monde, car je croyais avoir sauvé l'honneur du roi mon oncle, et j'ai gagné ce que mon cœur souhaitait le plus. Pourtant, j'ai tout de suite senti qu'il existait entre nous un lien… »

La dame posa les mains sur sa poitrine et le fit taire.

« Écoutez, un choix difficile se présente à vous. Comme je vous l'ai dit, je ne suis qu'en partie libérée du sortilège. Comme vous m'avez prise pour épouse, il est à demi rompu, mais pas plus qu'à demi. »

Dame Ragnelle expliqua qu'elle pouvait désormais se montrer sous sa véritable apparence pendant la moitié de chaque jour ; Gauvain devait choisir s'il la voulait belle le jour et laide la nuit, ou laide le jour et belle la nuit.

« Le choix est difficile en vérité, dit Gauvain.

– Réfléchissez. »

Et sire Gauvain s'empressa de dire :

« Oh, mon cher amour, soyez laide le jour, et belle pour moi seul !

– Hélas ! Est-ce là votre choix ? Dois-je être hideuse et difforme parmi les belles suivantes de la reine, essuyer leur dédain et leur pitié, alors que je suis réellement aussi belle qu'elles ? Oh, sire Gauvain, est-ce là votre amour ? »

Gauvain baissa la tête.

« Non, je ne songeais qu'à moi. Si cela vous rend plus heureuse, soyez belle le jour et prenez à la Cour la place qui vous revient. La nuit, j'entendrai votre douce voix dans le noir et je m'en contenterai.

– Voilà une vraie réponse d'amant. Mais je préférerais être belle pour vous, et non seulement pour la Cour et pour ces gens qui comptent tellement moins que vous pour moi.

– Quoi que je choisisse, c'est vous qui souffrirez le plus. Étant femme, vous devez avoir plus de sagesse là-dessus que moi. Faites le choix vous-même, chère amie, et, quelle que soit votre décision, je serai content. »

Dame Ragnelle posa la tête au creux de son épaule, pleurant et riant à la fois.

« Oh, Gauvain, mon cher seigneur, en comprenant que ce choix me revenait, en me laissant faire à ma guise, en m'accordant cette souveraineté qui était la réponse à la question première, vous avez entièrement brisé le sortilège, et je suis désormais libre d'être moi-même de jour comme de nuit. »

Pendant sept ans, Gauvain et Ragnelle connurent un grand bonheur ensemble. Gauvain fut plus tendre, plus aimable et plus fidèle qu'aucun homme avant lui. Mais, au bout des sept années, la dame s'enfuit. Personne ne sait où elle alla. Et Gauvain perdit un peu de lui-même en même temps qu'il perdit son épouse.

Troisième partie

Les bases de la pleine conscience parentale

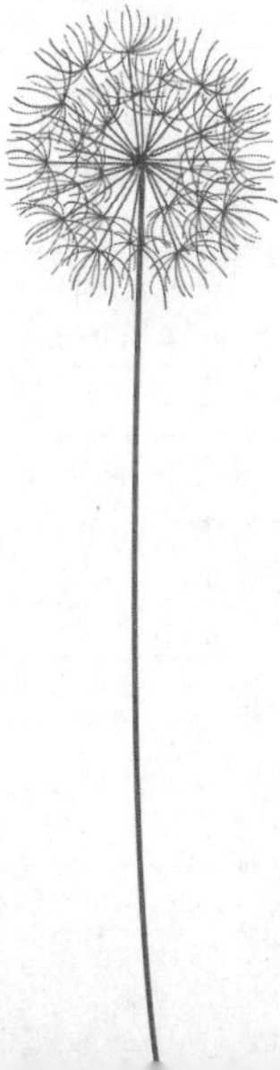

LA SOUVERAINETÉ

EXAMINONS LE MYSTÉRIEUX JOYAU niché au cœur de l'histoire de Gauvain. C'est le concept de *souveraineté*, proposé comme réponse à la question : « Qu'est-ce que les femmes désirent le plus ? »

En tant que mot, « souveraineté » sauva Arthur d'une mort certaine. Mais une meilleure compréhension du concept put en fait résoudre un problème qu'aucune réflexion n'aurait pu régler. En laissant à Ragnelle la liberté de choisir, Gauvain lui accordait (littéralement, ouvrait son cœur à) sa souveraineté, d'où sa transformation.

Telle est la clef pour devenir parent en pleine conscience. En honorant la souveraineté de nos enfants, nous leur permettons d'accomplir deux choses : se montrer sous « leur vraie forme » et trouver leur propre voie. Les deux sont nécessaires pour devenir un adulte à part entière.

Combien de fois nos enfants ne nous semblent-ils pas victimes de sortilèges, captivés par des énergies qui les entraînent, transformés en démons, en sorcières, en trolls, en ogres et en lutins ? En tant que parents, pouvons-nous comme Gauvain dépasser des apparences peu attrayantes pour voir l'être véritable, trouver en nous de quoi les aimer tels qu'ils sont, sans les obliger à changer pour nous plaire ? Et, en tant que parents, combien de fois ne sommes-nous pas également victimes de sortilèges, qui nous poussent à montrer à nos enfants notre côté féroce, l'ogre ou la sorcière qui est en nous ? Ne désirons-nous pas secrètement être acceptés comme nous sommes et trouver notre voie dans la vie ?

Dans *Reviving Ophelia*, Mary Pipher souligne que la réponse à la question condescendante de Freud, « Que veulent les femmes ? », est sans cesse révélée durant ses séances de thérapie avec des femmes et que, même si chacune veut « une chose différente et spécifique [...], toutes les femmes veulent la même chose : être qui elles sont vraiment, devenir qui elles peuvent devenir », occuper la position « de sujet dans leur propre vie et non [simplement] d'objet dans la vie des autres ».

Si la souveraineté, c'est être qui on est vraiment et devenir qui l'on peut devenir, ne serait-elle pas alors la réponse à cette question plus large : « Qu'est-ce que chacun désire le plus ? » Et même : « Qu'est-ce que chacun mérite le plus ? »

À nos yeux, la souveraineté, ainsi comprise, n'est pas une quête externe de pouvoir, même si elle confère une puissance suprême. On peut la concevoir comme profondément liée au concept bouddhiste de *Nature de Bouddha*, ce qui est une autre façon de désigner notre vrai moi. Bouddha représente l'incarnation d'un état de l'esprit et du cœur, où l'on est en contact avec soi-même, conscient, éveillé, à l'écoute. Notre esprit individuel et l'esprit de Bouddha ne sont fondamentalement qu'un, et notre tâche suprême en tant qu'humains est de prendre conscience de cette unité essentielle. La Nature de Bouddha est partout sous-jacente. Chaque chose est parfaitement et uniquement ce qu'elle est, mais rien n'est distinct et isolé du tout. La vraie nature de chacun est donc la Nature de Bouddha, et en cela nous sommes tous les mêmes. La vraie nature de chacun est souveraine. Nous n'avons qu'à en prendre conscience et à l'honorer chez les autres, dans tous les êtres, en nos enfants et en nous-mêmes.

Bien sûr, n'avoir « qu'à en prendre conscience » n'est pas si facile. C'est l'œuvre d'une vie. Nous ne savons pas ou plus toujours ce qui est le plus fondamental en nous, nous perdons parfois contact avec notre nature, avec ce qui nous interpelle au plus profond. Quand nous vivons loin de notre vraie nature, nous risquons de créer beaucoup de souffrance pour nous et pour les autres.

> Le Bouddha est parfois appelé « Celui qui a la souveraineté sur lui-même ». Les événements nous entraînent, et nous nous aimons. Méditer en marchant nous aide à retrouver notre souveraineté, notre liberté d'être humain. Nous marchons avec grâce et dignité, comme un empereur, comme un lion. Chaque pas est la vie.
>
> THICH NHAT HANH, *La longue route se transforme en joie.*

Honorer ce qu'il y a de profond dans les êtres, c'est ce qu'on fait symboliquement lorsque l'on se prosterne devant eux. Dans de nombreux pays, au lieu de se serrer la main, les gens joignent les mains devant leur cœur et se penchent légèrement l'un vers l'autre. Cela signifie : « Je me prosterne devant la divinité qui est en vous. » Chacun reconnaît l'intégrité intrinsèque de l'autre, ce qu'il a de plus profond et de plus fondamental, déjà et toujours présent. Ma vraie nature se prosterne devant celle des autres, en se rappelant qu'au niveau le plus profond ils ne font qu'un, même si nous reconnaissons que, sur d'autres plans, nous sommes tous différents, nous sommes les expressions uniques de cette unité. Parfois, on se prosterne devant les chats et les chiens, devant les arbres et les fleurs, devant la pluie et le vent. Et parfois les chats et les chiens, les arbres et les fleurs, la pluie et le vent se prosternent en retour. Car chaque chose a sa nature intrinsèque qui la fait telle qu'elle est et qui l'aide à trouver sa place au sein du tout. Les relations sont toujours réciproques. J'aime à me prosterner ainsi devant les bébés, et devant mes enfants. Parfois je le fais quand ils dorment. En général, je me prosterne intérieurement.

À DES ÂGES DIFFÉRENTS, avec des enfants différents, et dans des circonstances différentes, nos choix en tant que parents différeront beaucoup quant à la manière d'accorder la souveraineté. Mais ce qui ne change pas, espérons-le, c'est notre profonde volonté de la reconnaître et de l'honorer comme un droit et un attribut fondamental de chaque enfant. Cela suppose que nous ayons cette souveraineté à l'esprit et que nous ayons confiance en la bonté intrinsèque de nos enfants, même quand nous n'avons aucun contact avec elle ou quand elle est le moins manifeste.

Comme le sait ou l'apprend vite tout parent, chaque enfant vient au monde avec ses propres attributs, son tempérament, son génie. En tant que parents, nous devons reconnaître en chacun d'eux un être unique et l'honorer en l'accueillant tel qu'il est, sans vouloir le changer, si difficile que cela soit parfois pour nous. Puisqu'ils sont déjà par nature en mutation constante, c'est ce genre de conscience de notre part qui est nécessaire pour leur permettre de grandir et de se transformer pour le mieux, sans imposer un changement voulu par nous.

Les enfants naissent dotés de souveraineté dans le sens où ils sont parfaitement qui ils sont. Si la souveraineté est fondamentale dans notre nature d'être humain, notre capacité à la ressentir et à en tirer parti s'approfondit au cours de notre vie, et cela commence avec la manière dont on nous traite dans notre enfance. Et même si ce n'est pas toujours le cas, notre connaissance de notre souveraineté et de celle des autres peut se flétrir si elle est négligée ou endommagée.

Cependant, cette souveraineté est si profonde, si tenace, si vitale, si inhérente à notre nature (parce qu'elle *est* notre vraie nature) que beaucoup de gens parviennent à en tirer un soutien et une force malgré une enfance extrêmement difficile. Parfois, un autre personnage que les parents peut jouer un rôle clef dans la vie de l'enfant, en voyant qui il est vraiment et en lui offrant gentillesse et encouragement, appréciation et acceptation. Beaucoup de gens voient dans cette reconnaissance par un tiers la raison de leur réussite dans la vie.

L'encadrement des enfants et des adolescents par des individus qui connaissent leur propre intégrité et peuvent donc faire s'épanouir l'intégrité des autres est la responsabilité sacrée des adultes dans toute société saine.

L'EXPÉRIENCE DE LA SOUVERAINETÉ s'accroît à mesure qu'un enfant apprend à rencontrer le monde avec force et assurance, se sachant aimé et aimable, accepté *tel qu'il est, pour ce qu'il est.*

À première vue, la notion même de souveraineté intrinsèque de l'enfant pourrait être mal comprise : on pourrait croire que nous recommandons de servir docilement un enfant roi. Pas du tout, loin de nous cette idée. Accorder la souveraineté à nos enfants ne signifie pas leur donner autorité sur tous ni encourager une fausse « estime de soi » coupée de leur comportement et de leur expérience réelle. Cela ne signifie pas qu'ils ont le droit de faire tout ce qu'ils veulent, que tout ce qu'ils font est bien fait, ou qu'ils doivent toujours obtenir ce qu'ils veulent parce qu'ils doivent être libres et toujours heureux.

La souveraineté, au sens de vraie nature, est une qualité universelle de l'être, et la vie est avant tout une occasion de comprendre ce qu'est cette vraie nature et comment elle s'exprime pour chacun de nous. Les enfants sont souverains à l'intérieur d'eux-mêmes, comme l'est chacun, leurs parents inclus.

Pour favoriser la souveraineté chez nos enfants afin qu'ils trouvent leur voie dans le monde, il faut poser cette question : « Comment l'honorer en eux, tout en respectant notre propre souveraineté ? » Comment les aider à grandir dans tous les aspects de leur être, à rester à l'écoute de leur intégrité pour en tirer plus d'assurance ? En même temps, comment les encourager à voir et à respecter la souveraineté des autres ?

La souveraineté est très différente de l'enthousiasme débridé. Elle ne signifie pas qu'il faille donner aux enfants tout ce qu'ils veulent, ou que d'autres doivent faire le travail à leur place. Notre tâche est de protéger et de favoriser la souveraineté chez nos enfants sans leur donner l'impression que tout ce qu'ils font est parfait, quels qu'en soient les effets, parce que seuls leurs désirs ou leurs idées comptent. Toutes nos souverainetés individuelles sont interdépendantes et reliées entre elles, parce que nous faisons tous partie d'un grand tout, parce que nos actions nous affectent les uns les autres.

On pourrait dire que nos enfants ont le droit à beaucoup de choses. Les adultes aussi, mais la relation est asymétrique. Les adultes sont responsables des enfants. Les enfants ont *le droit* d'être aimés, soignés, protégés par leurs parents et par d'autres adultes. En tant qu'adultes et en tant que parents, nous trahissons nos enfants si nous leur demandons de satisfaire nos besoins affectifs. Nous devons pour cela nous tourner vers nous-mêmes et vers d'autres adultes. Mais nous pouvons jouir de ces bienfaits infinis que nos enfants nous offrent spontanément, par leur simple existence.

Comme adultes et comme parents, nous pouvons avoir besoin d'explorer, d'entretenir et de développer une relation plus durable avec notre souveraineté sous-jacente, puisqu'elle est à la fois fondamentale et insaisissable. C'est là nous éveiller à notre vraie nature d'être humain. Bien sûr, la plupart du temps, à supposer que nous y pensions, nous croyons être trop occupés pour prêter attention à ces notions, malgré tout ce qui nous y incite, comme la formule de Socrate « Connais-toi toi-même ». Mais peut-être ne pouvons-nous pas nous permettre de *ne pas* prêter attention à notre vraie nature pour apprendre à vivre en accord avec elle. Si nous n'y prêtons pas sérieusement attention, nous risquons de traverser notre vie en somnambules ; à la fin, nous ne savons plus qui nous sommes ou qui nous étions, nous ne savons plus qui sont nos enfants, alors que nous étions certains de le savoir.

On l'a vu, le véhicule de ce voyage intérieur de croissance et de découverte est la pleine conscience, cultivée sous deux formes complémentaires : l'attention prêtée à tous les aspects de la vie, et la pratique quotidienne d'une discipline méditative plus formelle qui nous permet de nous arrêter un moment pour observer dans le calme l'activité instantanée de notre corps et de notre esprit. En appliquant la pleine conscience à notre vie et à la question de savoir qui nous sommes vraiment, nous pourrons percevoir notre propre nature souveraine tout en accordant la souveraineté à nos enfants.

POUR NOUS, EN TANT QUE PARENTS, comment honorer fondamentalement la voie choisie par un enfant ? Après tout, que signifie cette expression ? Quelle est la bonne Voie de chacun ? Comment faisons-nous l'expérience de la souveraineté, comme adulte ou comme enfant ? Comment est-elle ressentie à différents âges de la vie, et pour des enfants aux tempéraments si divers ?

Honorer la souveraineté d'un enfant, c'est d'abord prendre conscience de la réalité de ces étapes, de ces différences de tempérament. Nous répondons aux messages qu'un bébé nous adresse parce que nous sommes sa principale interface avec le monde. Si le bébé pleure, nous le prenons dans nos bras, nous lui offrons notre présence, notre écoute. Nous tentons de lui apporter réconfort et bien-être. Ce faisant, nous honorons sa faculté d'obtenir une réponse de la part du monde, nous lui accordons ce respect et nous lui apprenons que le monde réagit bel et bien, qu'il y a une place pour lui. Et nous le faisons délibérément, que nous en ayons conscience ou non.

Accorder la souveraineté à un enfant, c'est faire de notre maison un endroit où le bébé est libre d'explorer son environnement sans danger. Pourtant, même dans un environnement relativement sûr, les bébés doivent constamment être surveillés. En gardant un œil sur lui à tout instant, nous accordons à l'enfant sa souveraineté. C'est une manière d'affirmer que l'enfant mérite cette attention vigilante qui, chez les parents, devient un sixième sens, comme nous rattrapons à temps un verre placé trop près de la table, même si nous sommes en pleine conversation avec quelqu'un d'autre.

D'un autre côté, accabler l'enfant d'avertissements du genre « Ne fais pas ça, tu vas te blesser », chaque fois qu'il part en exploration, risque de saper son assurance et de lui instiller nos craintes. La bonne solution est de nous positionner calmement de manière à pouvoir intervenir si nécessaire, tout en laissant l'enfant vivre son aventure sans injecter nos peurs au milieu de sa témérité.

Accorder sa souveraineté à un adolescent, c'est être prêt à voir plus loin que la façon dont il choisit de s'affirmer, plus loin que l'apparence qu'il adopte – expressions de puissance qui peuvent choquer ou déplaire à ses aînés –, pour atteindre sa bonté sous-jacente. Nous lui accordons cette souveraineté en l'écoutant, en essayant de comprendre et d'apprécier son point de vue, ses compétences et ses forces. Nous pouvons aussi le faire en nous tenant au courant des multiples forces qui s'exercent aujourd'hui sur les adolescents. Il faut savoir quand se taire et les laisser seuls, quand communiquer verbalement ou non verbalement, d'une manière qui respecte leur autonomie croissante. Parfois, il faut fixer des limites claires et s'y tenir avec douceur et fermeté.

Ce ne sont là que quelques exemples de la façon d'accorder la souveraineté à nos enfants selon les âges. Comme pour dame Ragnelle, notre vraie nature n'est pas toujours manifeste. La lucidité qui nous permet de voir au-delà du voile des apparences et d'agir dans le meilleur intérêt de nos enfants vient de notre conscience de chaque instant. La souveraineté ne peut être ni pleinement utilisée chez l'un ni pleinement accordée à l'autre par un seul acte, si important qu'il puisse paraître. Elle naît chez l'un et chez l'autre quand nous embrassons l'instant présent avec enthousiasme, le cœur ouvert.

Il ne s'écoule pas un jour sans que nous nous sentions contestés d'une manière ou d'une autre, sans que nous mettions en doute notre propre souveraineté ou que nous la sentions en conflit avec celle de notre enfant. C'est une autre façon de dire que le métier de parent est parfois épuisant et toujours difficile, tout comme la pleine conscience est difficile. On l'a vu, c'est une discipline, par laquelle nous devons constamment nous imposer d'être présent, de voir et d'accepter nos enfants tels qu'ils sont, et ainsi de leur faire partager le meilleur de nous-mêmes.

Ce travail consiste en partie à garder à l'esprit le fait que nous ne pouvons résoudre tous nos problèmes ou tous les problèmes de nos enfants par la seule réflexion. En effet, il y a d'autres intelligences tout aussi importantes à l'œuvre dans nos vies, et, en tant que parents, nous devons apprendre à les maîtriser nous-mêmes afin de favoriser leur émergence chez nos enfants. L'une de ces intelligences est l'*empathie*. Gauvain *ressent* quelque chose pour dame Ragnelle. En se fiant à ses sentiments, à ce que nous pourrions appeler son intuition, son cœur, il pénètre par-delà l'apparence, par-delà le voile manichéen de sa pensée. L'ouverture, la libération qu'on aurait cru impossible se produit uniquement lorsqu'il renonce à son attachement à une certaine solution, pour accepter à la fois le dilemme *et* la souveraineté de Ragnelle.

Si chaque instant est réellement une occasion de grandir, d'être fidèle à soi-même, un embranchement menant à un instant futur parmi un nombre infini de possibles, selon la façon dont l'instant présent est perçu et vécu, accorder la souveraineté à un enfant permet de laisser émerger sa vraie nature, qui peut être vue et célébrée en silence. L'acceptation de soi, l'estime de soi, la confiance en soi, en sa vraie nature, en son chemin, peuvent ainsi s'enraciner, se développer et mûrir dans l'enfant en pleine croissance.

La puissance de l'empathie et de l'acceptation est immense, elle transforme en profondeur celui qui en bénéficie et celui qui la dispense. Plus que toute autre chose, encourager la souveraineté d'un enfant et l'honorer par l'empathie et l'acceptation est au cœur du métier de parent en pleine conscience.

Voici un exemple frappant du don de souveraineté d'un père à son fils :

> « Papa sera très fâché », dit ma mère. C'était en août 1938, dans une pension de famille des Catskill Mountains. Un vendredi après-midi, nous étions trois garçons de neuf ans, venus de la ville, et nous ne savions que faire. Nous avions joué à tout ce qu'on pouvait imaginer l'été à la campagne : attrapé toutes les grenouilles, cueilli toutes les myrtilles, barboté dans l'eau glacée. Ce qu'il nous fallait, en cet après-midi d'ennui insupportable, c'était un peu d'action.
>
> Pour trouver des idées, Artie, Eli et moi nous étions abrités dans la fraîcheur du « casino », le petit bâtiment où se déroulaient les parties de bingo, le soir, et parfois les spectacles de magiciens itinérants.
>
> Peu à peu, l'inspiration vint : le casino était trop neuf, la charpente en bois et les murs en stuc blanc étaient trop parfaits. Nous allions abîmer tout ça en douceur. Laisser notre marque anonyme sur cet endroit, définitivement. Sans du tout penser aux conséquences, bien sûr.
>
> Nous prîmes d'abord un long banc en bois pour le précipiter contre un mur, en guise de bélier. Il creusa un trou magnifique. Mais petit. Alors il fallut recommencer. Une première, puis une seconde fois.

Ensuite, tous les trois, haletant, versant la sueur des héros, nous pûmes contempler nos premiers vrais dégâts. Le processus était si satisfaisant que nous nous laissâmes emporter. Il ne restait pratiquement plus un centimètre carré de stuc en bon état.

Tout à coup, avant même que nous ayons pu éprouver un soupçon de remords, le propriétaire, M. Biolos, apparut sur le seuil de la porte. Furieux. Et réclamant justice. Quand ils arriveraient de la ville ce soir-là, il en parlerait à nos pères !

En attendant, il en parla à nos mères. La mienne sentit que ce que j'avais fait était si monstrueux qu'elle laisserait à mon père le soin de me punir. « Et papa sera très fâché. »

À 6 heures, M. Biolos se planta dans l'allée, attendant d'un air sombre le retour des pères. Derrière lui, le porche était plein de clients indignés, comme sur les gradins d'un stade. Ils avaient vu les dégâts causés au bâtiment, ils savaient qu'ils devraient y jouer au bingo dans cet état. Eux aussi réclamaient justice.

Quant à Artie, Eli et moi, nous découvrîmes un endroit oublié du porche, chacun à distance des deux autres mais pas trop loin de nos mères respectives. Et nous attendîmes.

Le père d'Artie arriva le premier. Quand M. Biolos lui apprit la nouvelle et lui montra le casino détruit, il ôta avec soin sa ceinture et, d'une main experte, il fouetta son fils qui hurlait. Et il le fit avec l'approbation d'une foule haineuse d'adultes jusque-là gentils.

Le père d'Eli arriva ensuite. On lui apprit la nouvelle, on lui montra les dégâts, et il devint fou furieux. D'une gifle, il projeta son fils à terre. Tandis qu'Eli pleurait étendu sur l'herbe, il lui donna des coups de pied dans

les jambes, dans les fesses et dans le dos. Quand Eli tenta de se relever, il continua à lui donner des coups de pied. La foule murmurait : « Écoutez, ils auraient dû réfléchir avant d'agir. Ils n'en mourront pas, allez, et je parie qu'ils ne recommenceront pas. »
Je me demandais : Que fera mon père ? Il n'avait jamais levé la main sur moi. Je savais que les autres se faisaient parfois frapper, j'avais vu les bleus de mes camarades de classe, j'avais même entendu des cris, le soir, venant de certaines maisons de ma rue, mais ça se passait dans d'autres familles, le pourquoi et le comment de leurs bleus étaient pour moi de sombres abstractions. Jusque-là.
Je me tournai vers ma mère. Elle était bouleversée. Elle m'avait bien fait comprendre que j'avais commis un crime particulier. Cela signifiait-il que les coups devenaient soudain à l'ordre du jour ?
Au volant de notre Chevrolet, mon propre père se gara soudain, juste à temps pour voir le père d'Eli traîner son fils à l'intérieur du bâtiment. Il sortit de la voiture en croyant, j'en suis certain, qu'Eli devait l'avoir bien mérité. La peur me donnait le vertige. M. Biolos se mit à parler. Mon père écouta, la chemise trempée de transpiration, un mouchoir humide autour du cou ; il n'était jamais bien quand il faisait lourd. Je le vis suivre M. Biolos dans le casino. Mon père, cet homme fort, à principes, au tempérament vif, que pensait-il de tout ça ?

Quand ils sortirent, mon père regarda ma mère. Il articula un petit « Bonsoir », puis ses yeux me trouvèrent et me dévisagèrent longtemps, inexpressifs. Je tentai de lire dans les siens, mais ils me quittèrent et se dirigèrent vers la foule en attente du châtiment.

Puis, bizarrement, il remonta dans sa voiture et fila ! Personne, même ma mère, ne put deviner où il allait.

Une heure plus tard, il revint. Attaché au toit de la voiture, une énorme pile de plaques de plâtre. Il sortit, tenant un sac en papier d'où dépassait un marteau. Sans un mot il déchargea les plaques et les porta une par une dans le casino.

Et il n'en ressortit pas de la soirée.

Pendant le dîner silencieux que je pris avec ma mère, et pendant le reste de ce vendredi soir, longtemps après nous être couchés, j'entendis, tout le monde entendit les coups réguliers du marteau de mon père. Je l'imaginais suant, privé de son dîner, privé de ma mère, de plus en plus furieux contre moi. Le lendemain serait-il le dernier jour de ma vie ? Je ne m'endormis que vers 3 heures du matin.

Le lendemain, mon père ne dit pas un mot de ce qui s'était passé la veille. Il ne manifesta pas la moindre colère, il ne formula pas le moindre reproche. Nous eûmes une journée normale, tous les trois, un week-end familial aussi agréable que d'habitude.

Était-il furieux contre moi ? Sûrement. Mais, à une époque où la plupart des gens de sa génération voyaient le châtiment corporel de leurs enfants comme un droit accordé par Dieu, il considérait les fessées comme un crime comparable aux coups et blessures. Et, quand des enfants étaient battus, ils se souvenaient toujours de la douleur mais oubliaient souvent la raison.

Des années plus tard, j'ai compris qu'il n'aurait jamais été capable de m'humilier. Contrairement aux autres pères, il ne voulait pas entrer dans la conspiration de la vengeance comme spectacle.

Mais mon père s'était fait comprendre. Je n'ai jamais oublié que mon vandalisme de cet après-midi d'août était intolérable.

Et je n'oublierai jamais que, ce jour-là, j'ai compris à quel point je pouvais avoir confiance en lui.

Par Mell LAZARUS, romancier, créateur des bandes dessinées *Momma* et *Miss Peach* [tiré de « Angry Fathers », *Sunday New York Times,* About Men (28 mai 1995)].

L’EMPATHIE

L’EMPATHIE JOUE UN RÔLE CLEF dans l’histoire de Gauvain. Si le chevalier a pu libérer dame Ragnelle du sortilège qui l’emprisonnait, c’est parce qu’il a senti sa douleur, parce qu’il a vu dans ses yeux une beauté au-delà des apparences, cachée et néanmoins présente : « son orgueil pathétique et sa façon de dresser sa tête hideuse évoquaient un cerf harcelé par les chiens, et son regard vitreux était comme un appel au secours ».

Le chien du château symbolise cette empathie dont les animaux sont parfois mieux capables que les hommes. « Seul Cabal, le chien, vint lui lécher la main de sa langue chaude et humide, et fixa sur elle ses yeux d’ambre qui ne tenaient aucun compte de sa laideur. » Souvent, si nous prêtons attention, les chats et les chiens peuvent nous apprendre des choses sur la souveraineté, l’empathie et l’acceptation. C’est peut-être pour cela que nous vivons avec eux et eux avec nous. Ils nous donnent les leçons fondamentales. Élever des enfants, c’est une sorte de formation continue. Nous sommes à l’école, que nous soyons prêts ou non. Et qui est jamais prêt ?

En réfléchissant sur l'empathie dans notre vie, peut-être faut-il se demander : « Qu'est-ce que j'attendais le plus de mes parents quand j'étais enfant ? » Prenons une minute ou deux pour y penser, et voyons quels mots, quelles images nous viennent à l'esprit.

Pour beaucoup de gens, le désir le plus profond était d'être vus et acceptés dans la famille pour ce qu'ils étaient, ils voulaient être traités avec gentillesse, compassion, compréhension et respect ; se voir accorder la liberté, la sécurité et l'intimité, ainsi qu'un sentiment d'appartenance. Tout cela dépend de la capacité d'empathie des parents.

Il est facile d'avoir de l'empathie pour un enfant lorsqu'il souffre. C'est beaucoup moins facile lorsqu'il hurle, lance des objets et donne des coups de pied. Ce n'est pas non plus facile quand ses intérêts ou ses idées semblent en conflit avec les nôtres. Nous devons cultiver notre faculté d'empathie dans une gamme de situations plus large.

Quand nous cultivons l'empathie, nous tentons de voir les choses du point de vue de notre enfant. Nous essayons de comprendre ce qu'il ressent, ce qu'il vit. Nous tentons d'apporter une attention sympathique à ce qui se passe à chaque instant. Cela inclut aussi la conscience de nos propres émotions.

Comment faire preuve d'empathie avec un nouveau-né, comment se représenter ce qu'il éprouve en arrivant dans ce monde après neuf mois passés dans un univers tout autre ?

On peut d'abord imaginer à quoi ressemblait sa vie dans l'utérus, lieu chaud, humide et protégé, bercé par des rythmes constants, la sensation d'être enclos, maintenu, bercé… L'expérience d'un tout indifférencié, où rien ne manque, rien n'est laissé à désirer.

Dans une lettre qu'un jeune homme de dix-neuf ans écrivit pour la fête des Mères, nous entrevoyons ce monde-là : « Mon cœur t'envoie beaucoup de paix et de force. Pour ces neuf mois où j'ai connu la plus douce des méditations, dans cette eau où je respirais comme un poisson, quand la nourriture était si pure qu'elle ne passait ni par la bouche ni par la gorge, je te remercie. »

Quand nous naissons, nous quittons ce monde harmonieux et nous émergeons dans un autre, totalement différent. La lumière est dure, l'air est froid. On entend des bruits imprévisibles, on perçoit la dureté et la rudesse à fleur de peau. On ressent la faim pour la première fois. Autant d'expériences brutes, sans le filtre de la connaissance. Imaginez-vous jeté dans cet environnement étranger, où vous dépendez entièrement de la capacité des habitants à comprendre votre langage, à se montrer sensibles à votre être tout entier, réactifs à vos besoins de chaque instant.

Quel type d'expérience préféreriez-vous, une tétine froide en Néoprène ou un sein chaud, doux et parfumé ? Être tendrement tenu entre des bras aimants ou rester allongé dans un couffin ou dans un transat en plastique ? Pleurer jusqu'à ce que vous vous endormiez ou obtenir une réponse pleine de sympathie ? Quand vous pleurez, vous attendre à être pris, mis au sein, réchauffé et séché lors d'un changement de couche, ou bercé ?

Pourquoi nous est-il si difficile de voir nos bébés comme des individus dotés de sentiments à part entière ? Pourquoi acceptons-nous de laisser les tout-petits pleurer, alors que nous ne pourrions ignorer les cris d'un ami, d'un être cher ou même d'un inconnu ? À quoi résistons-nous, de quoi nous protégeons-nous quand nous prenons nos distances par rapport à la détresse d'un bébé ?

Il est possible que nous cherchions à éviter une surcharge de travail. À court terme, il est beaucoup plus fatigant d'être un parent réactif à chaque instant. Être à l'écoute du langage corporel de l'enfant, essayer différentes solutions, doser sa réponse à la situation pour qu'elle ne soit ni insuffisante ni excessive, porter, rassurer, bercer, tout cela demande du temps et de l'énergie. Le plus souvent, cela interrompt notre sommeil, au sens propre comme au figuré. Il est certainement plus facile d'avoir de l'empathie avec nos enfants quand cela correspond à nos propres besoins. La véritable épreuve vient quand nous avons l'impression que leurs besoins sont en conflit avec les nôtres.

Le manque d'empathie dans ces situations peut aussi servir à nous protéger de la douleur que nous pouvons avoir ressentie dans notre enfance quand nos propres besoins physiques ou affectifs n'obtenaient pas la réponse attendue. Être empathique avec la vulnérabilité d'un enfant pourrait nous rappeler douloureusement la nôtre.

En tant qu'adultes, pour éviter d'admettre que nous avons souffert dans notre enfance, il suffit de renverser le mécanisme auquel nous faisions confiance quand nous étions bébés. Face à un environnement non réactif, beaucoup de bébés se ferment sur le plan affectif, se coupent de cet univers, s'en déconnectent. Si c'est ainsi que nous avons appris à gérer la souffrance et la frustration quand nous étions enfants, nous continuons parfois dans cette voie à l'âge adulte, de manière entièrement automatique, en deçà de notre niveau de conscience. Au lieu de nous mettre à l'écoute des sentiments du bébé et de nos propres sentiments en réponse, nous pouvons les négliger, les minimiser : « Les enfants sont durs, il s'y fera », « Pleurer un peu ne fait pas de mal », « On ne veut pas en faire un enfant gâté ». Et nous trouvons dans la nourriture, l'alcool, les médicaments, la télévision ou le journal un soulagement à notre propre détresse pour nous calmer et ignorer cette douleur.

Nous ne comprenons pas forcément que nous disposons de ressources internes bien plus vastes que ces moyens d'évasion. Dans ces moments-là, l'écoute et la connexion empathique sont une alternative beaucoup plus saine et bien plus satisfaisante pour le parent comme pour l'enfant. Même si nous ne l'avons pas appris dans notre enfance, nos bébés et nos enfants peuvent faire ressurgir en nous cette faculté primordiale, si nous sommes prêts à répondre à l'appel.

Lors de recherches où il était demandé aux mères d'avoir une réaction délibérément excessive ou insuffisante, au lieu d'offrir une réponse empathique, les enfants ont réagi par un désarroi immédiat. Commentant ces études dans *L'Intelligence émotionnelle*, Daniel Goleman écrit :

> L'absence prolongée d'harmonie entre parent et enfant ébranle profondément ce dernier du point de vue affectif. Lorsqu'un parent ne manifeste pas la moindre empathie envers telle ou telle manifestation d'émotion chez l'enfant – joie, chagrin, besoin de câlins –, celui-ci commence à éviter d'exprimer cette émotion et finit même par ne plus la ressentir. C'est ainsi que des

plages entières du répertoire affectif intime [de l'enfant] risquent de se trouver oblitérées, surtout si, au cours de l'enfance, l'expression de ces sentiments continue d'être implicitement ou explicitement découragée[1].

Les conséquences sont profondes. Selon le chercheur et psychiatre Daniel Stern, que cite Goleman, les petits échanges répétés qui ont lieu entre parents et enfant forment la base des leçons les plus fondamentales de la vie affective. S'il en est ainsi, il est vital que les parents s'impliquent de tout cœur dans cette danse d'interconnexion pour que leurs enfants puissent continuer à se développer comme des êtres entiers, affectivement compétents, souverains.

De ce point de vue, le « bon » bébé qui cesse de pleurer au bout de dix minutes et se rendort est peut-être un bébé qui a appris à renoncer. Mais voulons-nous que nos enfants apprennent à renoncer ? Deviendront-ils « indépendants » en s'habituant à ne pas obtenir satisfaction ? Voulons-nous qu'ils se ferment affectivement, qu'ils perdent un peu de leur vivacité et de leur ouverture ? Ou voulons-nous au contraire leur apprendre que leurs sentiments comptent, que nous y répondrons, qu'il existe des gens auxquels ils peuvent se fier et dont ils peuvent attendre une réponse sensible, et que les êtres humains ont le droit de se montrer ouverts, expressifs, de demander ce dont ils ont besoin, d'être *interdépendants* ?

---

1. Daniel Goleman, *L'Intelligence émotionnelle. 1. Comment transformer ses émotions en intelligence*, tr. T. Piélat, Paris : Robert Laffont, 1997, p. 134-135.

Quand le nourrisson commence à explorer le monde, tout ce qui l'entoure lui inspire une curiosité et un plaisir naturels. En même temps, le monde est source de nombreuses contrariétés si l'enfant tente de faire des choses dont il n'est pas encore capable, s'il est limité par des compétences qu'il ne maîtrise pas encore. Bien qu'il soit constamment en train de s'aventurer dans l'univers, l'enfant a besoin d'une personne aimante, émotionnellement disponible, vers qui revenir. Le nourrisson se repose sur la sensibilité et la compréhension de ses parents pour créer un environnement (pour choisir un environnement, quand l'enfant est confié à d'autres) qui alimente sa curiosité, lui offre la liberté d'explorer et de découvrir sans danger, et qui fournisse en même temps la chaleur et la sécurité dont il a besoin, en le prenant sur les genoux, en le tenant debout ou en le portant.

À mesure que nos enfants grandissent, l'empathie prend une forme moins physique, même s'ils ont parfois besoin que nous leur tenions la main ou que nous les serrions dans nos bras. Les enfants plus âgés nous envoient parfois des signes contradictoires, difficiles à interpréter. D'un jour à l'autre, d'un instant à l'autre, ils peuvent se montrer tantôt chaleureux et ouverts, tantôt furieux et hostiles.

La faculté, ou même la possibilité de communiquer avec eux dépend beaucoup de notre engagement solide et durable aux côtés d'eux, même s'ils contestent la relation qu'ils ont avec nous, même s'ils rejettent notre aide et notre sollicitude.

Pour faire preuve d'empathie alors qu'on est repoussé, il faut que la contrariété que nous ressentons ne nous empêche pas de voir la souffrance de notre enfant. Nos enfants ont besoin de sentir que nous restons connectés, malgré la répugnance que peut nous inspirer leur attitude, malgré les sinistres déguisements dont ils s'affublent. Cette persistance consciente de notre part ne naît pas d'un désir de les contrôler, de les retenir, de nous accrocher parce que nous avons besoin d'eux, mais d'une volonté d'être présents pour eux, de leur faire savoir qu'ils ne sont pas seuls, que nous n'avons pas perdu de vue qui ils sont, ni ce qu'ils signifient pour nous.

N'est-il pas vrai pour nous tous que, lorsque nous nous sentons perdus, tristes, détestables, il est très précieux de voir que les membres de notre entourage restent nos alliés, peuvent encore voir et aimer notre moi essentiel ? En tant que parents, notre tâche est de reconstruire et de restaurer sans cesse nos relations avec nos enfants. Cela exige du temps, de l'attention et un investissement personnel. Si nous sommes toujours absents, ou si nous sommes présents de corps mais absents de cœur et d'attention, notre enfant ne ressentira sans doute pas cette confiance, cette proximité qui sont nécessaires pour qu'il nous confie ses problèmes.

Les enfants ont l'art d'aller au cœur des difficultés. Une amie nous a raconté l'histoire suivante. Un soir, elle était restée près de sa fille de huit ans qui essayait de s'endormir. L'enfant avait la terreur des voleurs et des kidnappeurs, crainte qu'elle ressentait la nuit depuis de nombreuses années. La mère était assise sur le lit, écoutait, désireuse de rassurer sa fille, de la convaincre qu'il n'y avait rien à craindre, tout en sachant qu'il était vain de raisonner face à une terreur aussi profonde et aussi persistante.

Essayant une tactique différente, elle lui dit qu'à son âge elle aussi avait très peur la nuit. La fillette regarda sa mère d'un air solennel. « Toi aussi ? » La mère hocha la tête. L'enfant réfléchit, puis demanda, très sérieuse : « Tu pouvais en parler à ta maman ? » La mère hésita, se rappela son enfance, puis dit : « Non, je ne pouvais pas. »

À huit ans, sa fille savait par expérience combien il est important de pouvoir confier à un proche ce que l'on ressent, elle savait ce qu'apporte la présence empathique d'un parent, cette acceptation, cette ouverture. Ses peurs n'étaient ni négligées, ni minimisées, ni ridiculisées. En proie à une véritable terreur, elle se sentait assez en confiance avec sa mère pour lui en parler. Elle n'était plus seule dans sa crainte.

En tant que parents, nous pouvons beaucoup apprendre sur notre propre compte en associant la pleine conscience aux idées et aux sentiments qui apparaissent lorsqu'un enfant nous fait part d'une difficulté. Si nous remarquons le malaise que suscitent en nous certains sentiments, et notre tendance à nier ou à négliger des inquiétudes spécifiques, nous pourrons peut-être modifier notre comportement automatique pour devenir un parent plus empathique, davantage source de soutien.

Parfois, dans les instants où nous devons être à l'écoute, en empathie, offrir notre affection, nous risquons d'accabler l'enfant par la force de nos réactions. Il peut alors avoir l'impression que c'est lui qui doit veiller sur nous et non l'inverse.

Si nous appliquons la pleine conscience à ces instants où nous nous laissons entraîner dans une voie imprévue, nous pouvons nous rendre compte de ce qui se passe et nous arrêter, faire marche arrière et changer de route. Cette sensibilité de chaque instant nous montre comment notre énergie est employée. Elle nous rappelle que nous pouvons être sélectifs, décider consciemment quand il est bon de partager nos sentiments et quand cela serait inutile, voire destructeur. Grâce à une écoute *intérieure*, nous apprenons quand tendre la main et quand laisser courir, quand parler et quand nous taire, comment être présent sans rien dire pour que l'autre perçoive notre présence empathique au lieu de se sentir rejeté. Personne ne peut nous inculquer ce savoir. Nous devons l'apprendre par notre propre expérience, en relevant les indices et en suivant les pistes, en examinant nos propres états d'âme.

L'entretien constant de liens d'empathie avec nos enfants est la base du métier de parent en pleine conscience. Voir les choses du point de vue de notre enfant peut nous guider dans nos choix et nous aider à apporter une présence compatissante à chaque instant.

L'ACCEPTATION

UN TROISIÈME ÉLÉMENT FONDAMENTAL vient compléter la souveraineté et l'empathie dans les fondements du métier de parent : l'acceptation. Ces trois valeurs sont complémentaires et liées entre elles, comme les trois côtés d'un triangle équilatéral. L'acceptation est une orientation intérieure qui reconnaît et admet que les choses sont ce qu'elles sont, même si elles ne sont pas ce que nous voudrions, si terribles qu'elles puissent parfois sembler. Cela n'est pas facile à appliquer au quotidien, même si l'on trouve cette attitude philosophiquement valable. La pratique de la pleine conscience consiste à devenir plus conscient de notre rapport à l'instant présent et à remarquer quand nous refusons d'accepter les choses telles qu'elles sont. Les anecdotes que nous venons de rapporter illustrent les possibilités qui s'offrent lorsque nous ne nous laissons pas entraîner par nos pensées et émotions hostiles.

Gauvain avait accepté Ragnelle telle qu'elle était. Le père de Mell Lazarus avait accepté que le mal commis par les enfants fût fait. Il avait ainsi pu comprendre qu'il fallait passer à autre chose, ce qui favorise la guérison, la clôture et le respect. Accepter ce qui est nous permet de choisir comment nous nous comporterons face à ce qui nous arrive. L'acceptation n'est pas passive. Elle n'a rien à voir avec la résignation ou la défaite. Tout comme accorder la souveraineté ne signifie pas autoriser tous les caprices, l'acceptation ne signifie pas que nous devions fermer les yeux sur ce que font nos enfants. Même si nous leur disons clairement que certains comportements ne sont pas acceptables, ils peuvent néanmoins se sentir entièrement acceptés. L'acceptation est une porte, et, si nous décidons de l'ouvrir, elle mène dans de nouvelles directions, vers de nouvelles possibilités. La pleine conscience aide à cultiver l'acceptation, et le travail sur l'acceptation devient une forme de pratique ; nous comprenons ainsi à quel point nous résistons parfois quand tout ne se passe pas selon nos désirs, quand naissent des sentiments de colère et de frustration. Quand nous prenons clairement conscience de ces émotions, il se produit paradoxalement un certain assouplissement. Il suffit de ne pas prendre de manière personnelle les choses qui n'ont rien de fondamentalement personnel. Cela n'est pas si facile lorsqu'il s'agit du comportement de nos enfants, ou de tout ce qui nous apparaît comme une menace.

Je (mkz[1]) suis dans un magasin de chaussures avec mes filles. L'aînée a quatre ans, l'autre est un bébé. La

1. NdE : chaque fois que Myla Kabat-Zinn prend la parole en son nom propre, elle le signale par ses initiales (mkz).

grande a besoin de chaussures, mais aucune paire ne convient vraiment. Au moment de partir, elle se met à hurler et se saisit d'un modèle présenté en magasin, puis refuse de bouger. Comme j'ai le bébé dans les bras, je l'attrape par une main et je me dirige vers la porte, en demandant à une vendeuse de reprendre la chaussure. La bagarre commence. Je suis en colère, je panique. Je réussis enfin à sortir. Ma fille aînée pleure et crie encore, le visage rouge brique. Elle est folle de rage de ne pas avoir eu de nouvelles chaussures. Je dois me battre pour la rasseoir à l'arrière de la voiture. Elle donne un coup de pied dans la portière et casse le plastique.

Ma réponse à cet incident dépendait de ma manière de voir ma fille à ce moment. Accablée par l'intensité de sa réaction, j'étais furieuse et je n'éprouvais guère de sympathie. Malgré mon manque d'empathie à cet instant, je me suis efforcée de me maîtriser. Il m'a fallu toute mon attention pour rentrer à la maison et pour l'empêcher de faire du mal aux autres. C'est seulement plus tard que j'ai pu examiner ce qui s'était passé et éprouver de la sympathie pour elle, en rassemblant les indices pour comprendre ce qui était arrivé.

Les causes possibles étaient très diverses : elle était fatiguée, elle avait faim, elle était peut-être incommodée par l'odeur du cuir dans le magasin, elle était contrariée de ne pas avoir obtenu satisfaction, et elle devait me partager avec sa petite sœur. Tous ces facteurs ont dû entrer en jeu.

En y repensant, j'ai compris qu'elle n'avait pas crié et donné des coups de pied par pure méchanceté, pour m'énerver ou pour me manipuler. Sa colère a déclenché une énorme réaction qu'elle n'a pu contrôler. Elle était en proie à quelque chose, comme victime d'un sort.

Il y a tellement de façons différentes de voir le comportement « difficile » ou « négatif » de nos enfants. Ce qui serait parfaitement inacceptable pour quelqu'un d'autre peut me paraître normal, et vice versa. Très souvent, nous sommes prisonniers d'une vision des choses, conditionnés par des idées reçues, qui font passer les convenances sociales et le qu'en-dira-t-on avant le bien-être affectif de nos enfants.

Il est alors facile de se sentir manipulé par ses enfants, impuissant, et d'éprouver une terrible colère. Il est facile de s'en prendre à eux pour tenter d'affirmer son autorité et reprendre le contrôle de la situation.

Puisque ces moments sont très nombreux, surtout pour les parents de jeunes enfants, nous avons de multiples occasions de travailler sur ces modes de comportement et, par notre propre conscience, d'élaborer une gamme de réponses affectives plus appropriées et plus adéquates.

C'est là que la pleine conscience de nos réactions émotionnelles peut se combiner, même avec un engagement plus modeste, dans la pratique formelle de la méditation, entreprise quand nous avons un peu de temps libre par rapport à nos autres responsabilités, pour approfondir notre capacité naturelle à voir plus clairement, plus consciemment, décrite dans notre quatrième partie. La méditation formelle peut fonctionner comme une sorte de laboratoire, où nous nous familiarisons avec nos états d'esprit et nos états d'âme, et avec la façon dont ceux-ci nous affectent. Elle nous offre d'infinies possibilités d'observer comment nos pensées et nos sentiments surgissent à chaque instant. Nous apprenons à les voir comme des événements impersonnels, un peu comme des conditions météorologiques, auxquels nous n'avons pas à opposer de réponse particulière, ou d'ailleurs pas de réponse du tout. Être conscient de nos émotions, c'est simplement être conscient de leur présence. Nous acceptons simplement (ou pas si simplement) que telles sont nos émotions à tel moment, qu'elles nous plaisent ou non, sans les juger – ce qui signifie généralement sans juger à quel point nous les jugeons réellement.

En apprenant à observer et à accepter la vaste gamme de nos sentiments, même les plus violents, dans le cadre de nos efforts de pleine conscience, nous devenons naturellement plus conscients des sentiments des autres, de nos enfants surtout. Nous découvrons le paysage des émotions et leur nature changeante, nous avons plus de chances de faire preuve de sympathie, et moins de risques de les prendre de façon personnelle. Nous acceptons mieux leur expérience et leurs sentiments, même si nous n'aimons pas leur comportement. Nous pouvons ainsi sortir du domaine limité où nous nous trouvons souvent en tant que parents, quand nous sommes emportés par nos propres sentiments et par notre attachement à une vision du monde qui peut nous couper de nos enfants et nous pousser à les abandonner, sans le vouloir ou le comprendre.

Là encore, nos enfants nous offrent d'innombrables occasions de pratiquer cette vision et d'accepter les choses comme elles sont, par-delà les voiles de notre réactivité émotionnelle, puis d'agir pour le mieux, en fonction de notre compréhension plus globale.

Notre façon de percevoir les choses colore toujours nos choix d'action. Quand un bébé pleure, voyons-nous cela comme une tentative délibérée de nous contrôler ou comme un appel au secours ? Quand les enfants commencent à explorer le monde à quatre pattes, voyons-nous leur insatiable curiosité comme un signe d'intelligence et d'énergie ou comme une menace pour notre autorité, comme un acte de désobéissance ? Quand un fils taquine ses sœurs, quand une adolescente est distante et morose, critique et exigeante, quand un enfant est si en colère qu'il menace de s'enfuir, comment appréhendons-nous cela ?

Accepter nos enfants tels qu'ils sont. Cela paraît si simple. Mais ne nous arrive-t-il pas bien souvent de vouloir que nos enfants adoptent une apparence ou une attitude bien différentes de celles qui sont les leurs ? Nous regrettons alors qu'ils ne soient plus tels qu'ils étaient à d'autres moments, nous n'acceptons pas que les choses ne soient pas telles que nous les voudrions.

Nous avons tendance à qualifier de « comportement négatif » toute attitude qui, chez un enfant, nous semble relever de l'attaque contre notre autorité. Quand les choses nous échappent, nous nous tournons vers les méthodes qui sont à notre disposition pour « discipliner » le délinquant et restaurer l'ordre.

Ce cycle du « mauvais comportement » suivi d'une discipline imposée par nous n'inclut en général aucune tentative d'empathie avec ce que ressent l'enfant. Loin de susciter une meilleure compréhension et un lien plus profond entre parents et enfant, ces moments difficiles débouchent sur l'éloignement et l'aliénation.

Il existe une alternative qui consiste en un processus beaucoup moins nettement défini. Il n'y a pas de formule toute faite. Nous pouvons néanmoins dire que cela commence par un effort d'ouverture, pour voir notre enfant d'un œil neuf. Quand nous essayons, nous comprenons souvent que notre vision est colorée par nos propres besoins, par nos craintes et nos attentes, et par l'ampleur ou l'insuffisance des ressources à cet instant précis. Tous ces facteurs peuvent se combiner, pour filtrer notre vision d'une manière spécifique, ou pour l'obscurcir complètement. Nous n'avons plus alors une vision globale. Seules certaines couleurs, certains détails nous parviennent. Notre vision partielle peut se traduire par l'attribution d'étiquettes négatives, par une colère durable et par une prise de distance émotionnelle.

Si nous appliquons la pleine conscience à ces moments où nous sentons que nous perdons notre vision claire des choses, si nous nous autorisons à être pleinement présents, en contrôlant notre respiration pour nous ancrer dans notre corps, et si nous tentons d'examiner ce qui arrive vraiment à notre enfant, nous découvrons souvent qu'il y a à l'intérieur beaucoup plus de choses que ce à quoi nous réagissons en surface. Si nous supposons que le comportement « difficile » de l'enfant a une raison sous-jacente, même si nous ne la comprenons pas immédiatement, nous pourrons peut-être mieux l'acccpter.

La façon dont nous voyons ce qui sc produit, en jugeant et en désapprouvant, ou en essayant de voir sous la surface dans un esprit d'ouverture, influe beaucoup sur notre relation avec nos enfants. Faire preuve de compassion sans juger nous permet de rester leur allié et de maintenir avec eux une relation sincère même si nous n'approuvons pas leur comportement.

Quand nous pouvons renoncer à notre manière habituelle, souvent critique, de voir le comportement perturbateur ou difficile, nous commençons à sentir que les cris de rage ne sont pas forcément « négatifs ». Les enfants agissent parfois ainsi pour retrouver l'équilibre, parce qu'ils sont soumis aux pressions de l'école, aux exigences de certains travaux : il leur faut alors laisser échapper leur énergie, leur vitalité, leur force.

Quand nos enfants avaient une attitude particulièrement brutale, stupide ou provocatrice, cela m'a aidée à y voir une décharge, un moyen essentiel de libérer leurs émotions au lieu de les garder pour eux. Notre corps fait cela constamment, par le biais de la transpiration ou des éruptions cutanées. Même les vomissements ou la diarrhée peuvent être interprétés comme positifs : le corps se débarrasse des toxines, il se purifie. Et nous pouvons, de la même façon, accepter la décharge émotionnelle.

Les enfants débordent parfois d'énergie incontrôlée. À d'autres moments, ils expriment des émotions profondes, souterraines. Même lorsqu'ils hurlent, trépignent et donnent des coups de pied, voir ce comportement comme une expression de leur vivacité me rend plus tolérante. Y voir une décharge saine et normale m'aide à mettre les choses en perspective et à ne pas prendre cela comme une attaque personnelle. Je peux choisir d'être plus optimiste. Cela leur laisse aussi la liberté d'essayer des comportements différents au lieu d'être piégés par l'autorité parentale dans le cadre étroitement défini de ce qui est acceptable.

Chaque fois que nous résistons, luttons, tentons de contrôler cette énergie ou formulons des commentaires négatifs, nous ne faisons qu'aggraver la situation. Dans ces moments, il est bon de trouver un moyen d'évoluer *avec* nos enfants plutôt que de leur opposer une résistance ; de travailler *avec* eux et non contre eux.

Il faut parfois canaliser leur énergie. Si un nourrisson ou même un enfant scolarisé échappe à votre contrôle, peut-être aimera-t-il vous affronter dans le cadre d'un jeu très physique qui lui permette de libérer son énergie de manière plus concentrée. Une fois le lien établi, vous pouvez plus facilement l'aider à faire la transition vers ce dont il a besoin à ce moment.

Nous pouvons trouver utile d'appréhender une crise de colère comme nous voyons un brusque moment de mauvais temps. Il faut laisser passer l'éruption, comme on laisse passer un orage. L'orage nous paraît-il manipulateur, pour reprendre un terme qui revient souvent à propos des enfants qui ne se conduisent pas comme nous le voudrions ? Parfois, pour nos enfants, le seul moyen de repartir de zéro est d'entrer en éruption. Quand le déséquilibre s'aggrave, pour une raison ou pour une autre, la décharge peut être le seul moyen d'atteindre la paix. Les enfants doivent parfois nous chasser pour trouver en eux un nouvel espace, avant qu'il soit possible d'envisager une réconciliation, une reconnexion, un nouveau départ.

Si nous sommes observateurs, nous finissons par identifier les signes avant-coureurs de l'orage. Nous pouvons travailler avec nos enfants dans les moments paisibles, lorsqu'ils sont plus réceptifs, et les encourager à prêter attention à ce qu'ils ressentent dans ces instants de calme avant la tempête. Ils peuvent commencer à se demander s'ils ont faim, s'ils sont fatigués, s'ils sont tristes ou en colère. Peu à peu, nos enfants apprennent à demander ce dont ils ont besoin, qu'il s'agisse d'un moment de solitude dans leur chambre, d'un câlin, d'un bain chaud, d'un casse-croûte ou d'un jeu un peu brutal. Et, même après une explosion, à mesure qu'ils grandissent, nous pouvons revenir sur le problème pour tenter de le résoudre avec eux. Nous pouvons leur demander s'ils savent comment il aurait pu en aller autrement. Ils découvrent ainsi qu'ils peuvent réfléchir sur leur expérience et trouver des moyens plus satisfaisants de gérer leurs émotions.

Les parents ont parfois autant de mal que leurs enfants à se concentrer pour prêter attention à leurs propres sentiments et aux signes que leur envoie leur corps, surtout en période de troubles affectifs. Trouver le bon moyen de satisfaire nos propres besoins, ainsi que ceux de nos enfants, exige de l'énergie, de l'attention et une pratique continue.

ÊTRE OUVERT, ACCEPTER AVEC SYMPATHIE, cela ne signifie pas être naïf ou passif. Chaque jour, nous devons agir, prendre des décisions. Bien sûr, ce que nous faisons dépend de l'âge de l'enfant et des circonstances. Il arrive que nos enfants en fassent trop, aillent trop vite, risquent de se brûler les ailes. Quand ils sont petits, ils ne savent pas encore s'autoréguler. Ils ont besoin de nous pour tenir les rênes, pour fixer des limites, les faire ralentir ou redescendre sur terre.

Parfois, notre enfant agite devant nous un drapeau rouge, un véritable signal de détresse : « Faites attention ! Quelque chose ne va pas ! » Ces drapeaux rouges peuvent prendre de nombreuses formes : crises de colère, attitude craintive ou réservée, symptômes physiques, refus d'aller à l'école. Si nous attribuons automatiquement les pires motifs à ce comportement, si nous réagissons avec dureté ou cynisme, si nous ignorons leur attitude, nous diminuons nos enfants et nous-mêmes. Nous ne pouvons considérer que leurs motivations vont de soi. Quand nous qualifions leur comportement de « manipulateur » et que nous y répondons par la désapprobation et la discipline, nous nous coupons de nos enfants au moment où ils ont le plus besoin de nous. En les jugeant, nous dressons une barrière, et l'on entre dans une impasse. Nous manquons une occasion de créer la confiance et un sentiment de connexion. Nous manquons aussi une occasion de traiter des problèmes qui peuvent être très sérieux et d'offrir notre empathie pour la douleur qui les accompagne.

Dans ces moments, il faut regarder sous la surface pour voir ce qui se passe. Il peut être difficile de remonter jusqu'à l'origine de ces signaux de détresse. Mais, au lieu d'adopter un point de vue négatif, apeuré et critique, nous pourrions cultiver une perspective plus ouverte et plus affectueuse : « Que signifient ces drapeaux rouges ? », « Avec quoi peut-on travailler ici ? ». Si nous sommes plus sensibles et plus attentifs aux indices que nous montrent nos enfants, si nous les combinons à ce que nous savons d'eux, nous pouvons en général entrevoir les problèmes sous-jacents et deviner ce que nous devons faire.

Bien sûr, quand un nourrisson trépigne et hurle, quand une écolière claque les portes, ce n'est pas le meilleur moment pour se demander ce qui se passe vraiment. Il faut d'abord traverser la crise. Quelle que soit la raison, quand les enfants sont perturbés, ils ne sont pas en état de réfléchir. Ils sont immergés dans des sentiments très forts et ils ne veulent pas qu'on raisonne avec eux. Ils ne peuvent nous entendre et encore moins nous comprendre, comme nous le confirment aujourd'hui les spécialistes du cerveau. Ils ont besoin que nous restions avec eux pendant la durée de l'orage, et nous ne devons pas perdre notre propre centre parce qu'ils ont perdu le leur. Nous sommes un grand chêne qui sert d'abri, un ami solide et protecteur, qui ne comprend pas forcément, qui n'a pas forcément les réponses, mais qui offre une présence sympathique.

Une fois l'orage passé, il est temps de se demander ce qui l'a provoqué. Nous devenons alors des détectives. Nous enquêtons sur la source possible de leur malheur, de leur déséquilibre. Se situe-t-elle à l'école ou à la maison ? Est-elle physique, affective, ou les deux à la fois ? Est-ce une cause simple (fatigue, faim, stimulation excessive) ou complexe ? Ces crises se produisent-elles selon un schéma répété ? À quelles pressions nos enfants sont-il soumis ? De quelles ressources internes et externes disposent-ils ou ont-ils besoin ?

Accepter nos enfants tels qu'ils sont et pour ce qu'ils sont, c'est se poser ce genre de questions et étudier profondément les réponses.

AU LIT, DANS LE NOIR, ma fille de dix ans me dit :

«Maman, je me sens toute perdue.
– À quel sujet ?
– Je ne sais pas, je me sens juste perdue.»
Je lutte contre mon envie de tout arranger.
«Ça peut arriver de se sentir perdue.

– Ah bon ?
– Oui, c'est normal. »
Elle se tait et s'endort.

Elle n'avait pas besoin d'une discussion ni d'une solution. Se sentant soutenue, elle a pu accepter l'incertitude, la confusion. En l'acceptant telle qu'elle était, je l'ai aidée à s'accepter.

Il n'est pas toujours facile d'être dans l'acceptation face à nos enfants plus âgés, surtout quand tout ce qu'ils font semble être une critique nous visant directement. Cela se produit en général à la fin d'une longue journée, quand tout le monde se sent fatigué, vidé. Tout en nous adressant un flux continu de commentaires négatifs, ils nous demandent de faire des choses pour eux, en se plaignant d'être épuisés et d'avoir trop de choses à faire. Plus nous nous sentons loin d'eux, plus ils se montrent critiques, exigeants, furieux. Ce comportement peut à son tour déclencher notre colère, nous pousser à les accepter encore moins, à les rejeter.

Ma fille adolescente arrive dans la cuisine, frissonnante, en tee-shirt, et nous avons cette conversation :

« Il fait froid, ici.
– Couvre-toi davantage.
– Je n'ai pas besoin de me couvrir, répond-elle agacée, c'est ici qu'il fait froid.
– Il ne fait pas très froid, pourquoi ne vas-tu pas te chercher un vêtement chaud ?
– Je ne devrais pas être obligée de me couvrir, c'est ici qu'il fait froid. »

Chaque échange creuse le fossé qui nous sépare. Je suis agacée par son comportement et je n'éprouve guère de sympathie parce que, ces derniers temps, j'ai la sensation qu'elle ne cesse de me chercher des noises. Ensuite, la situation dégénère en une scène terrible, elle est dans sa chambre et refuse de me parler. Cela me fait l'effet d'une douche froide et me réveille, je suis enfin capable de voir au-delà de ma propre colère et de comprendre qu'elle traverse un moment difficile. Je vois que plus nous sommes distantes, plus elle est furieuse ; et plus elle s'en prend à moi, plus je m'éloigne d'elle. C'est un épouvantable cercle vicieux, qui culmine dans l'impasse présente. Comment en sortir ?

De toute évidence, c'est à moi de mettre un terme à l'escalade. Je vois que ma fille n'obtient pas ce qu'elle attend de moi. Elle a besoin de quelque chose, mais elle ne veut pas le recevoir de moi. Elle le veut sans le vouloir, c'est tout le problème.

Quand elle se plaignait d'avoir froid et refusait de se couvrir, j'aurais pu faire preuve de sympathie et monter le chauffage, lui procurant ainsi une chaleur qu'elle aurait pu accepter. Toutes sortes d'options s'offraient à moi, mais j'ai laissé la colère accumulée me rendre intolérante. Je me suis fermée à elle, si bien que c'est ma fille qui devenait le problème.

Pendant ce temps, elle aurait eu besoin que je ne prenne pas pour des attaques personnelles ses critiques de ces dernières semaines, mais que je les voie comme le signe de ses conflits internes et des pressions auxquelles elle est soumise. Je ne pouvais pas changer le reste de sa vie, mais j'aurais pu montrer plus d'empathie, faire un effort pour entendre les sentiments derrière les mots et les actes. Parfois les adolescents demandent de l'amour, parfois ils ont besoin de plus de distance et nous écartent.

Les sentiments de nos enfants sont les leurs. La façon dont ils les expriment nous affecte, nous et d'autres. Quand leur comportement nous tient à distance, nous blesse, nous paraît grossier ou irrespectueux, il n'est bon ni pour eux ni pour nous de négliger nos propres sentiments et l'effet de leur attitude sur nous et sur notre relation avec eux. Savoir que dire et quand, savoir s'il faut parler ou se taire, cela demande de notre part ouverture et créativité. Il n'y a pas de formule, pas de « bonne réponse ». La créativité vient comme une réponse aux détails de chaque situation, face à chaque enfant, face à nous-mêmes. Pour cette raison, une réponse en pleine conscience ne peut venir que dans notre volonté de garder notre ouverture, sans nous rabattre sur les « solutions » préfabriquées, à cause de notre propre inconfort, à cause de notre désir de réparer, de corriger ou d'instruire.

MONTRER AUX ADOLESCENTS la chaleur et l'affection qu'ils nous inspiraient si aisément quand ils étaient petits peut se révéler beaucoup plus difficile. Nous devons sans cesse trouver le moyen de leur rappeler que nous sommes de leur côté, qu'ils nous sont aussi précieux que du temps où ils étaient d'adorables chérubins aux joues rouges.

Le comportement de nos enfants peut avoir certains aspects beaucoup plus difficiles à tolérer que d'autres. Les moments où ils ont besoin d'acceptation et d'amour sont inévitablement ceux où il est le plus difficile pour nous de leur offrir tout cela.

Quel que soit leur âge, certains de leurs actes peuvent déclencher en nous des sentiments volcaniques et des comportements destructeurs. Ces schémas réactifs ont pu faire partie du paysage de notre propre enfance, et nous pouvons les avoir adoptés à notre insu. Ils refont surface dans des situations particulières, quand des conditions semblables apparaissent. Nos réactions peuvent prendre la forme de poses inconscientes, de tension, de certitude de notre bon droit, de mépris, d'intolérance, de cruauté, de pensée catastrophique. Pour cultiver l'acceptation, mieux vaut être conscient des émotions qui naissent en nous à de tels moments. Chaque fois que nous pouvons voir un peu plus clairement quels sont nos propres enjeux et d'où ils viennent, nous sommes plus aptes à éviter les réactions automatiques et destructrices pour choisir une réponse nouvelle et plus saine.

Tout comportement peut être vu sous son plus mauvais jour, ou au contraire être perçu de manière plus bienveillante et plus indulgente. Si nous avons grandi dans un environnement de méfiance, si nous avons été blessés par les soupçons et les jugements, si nous avons été ridiculisés ou dédaignés, nous avons tendance à retomber dans ces schémas familiers et à les répéter avec nos enfants. Pour en sortir, il faut exercer une conscience de chaque instant. Dans les moments cruciaux, nous devons savoir *ce que* nous disons, *comment* nous le disons et *quel effet* nous produisons sur nos enfants.

Trop d'enfants et d'adultes vivent avec le sentiment de ne pas être acceptés pour ce qu'ils sont, ils ont l'impression de « décevoir » leurs parents, de ne pas satisfaire leur attente, de ne pas être « à la hauteur ». Combien de parents passent leur temps à s'interroger sur leur enfant qui est trop ceci ou trop cela, pas assez ceci ou pas assez cela ? Cette attitude de jugement cause beaucoup de souffrances inutiles. La désapprobation parentale, qui se manifeste à travers l'humiliation ou le rejet, a-t-elle jamais eu une influence positive sur le comportement d'un enfant ? Elle entraîne peut-être l'obéissance, mais à quel prix pour l'enfant, et pour l'adulte que cet enfant deviendra ?

Les parents n'ont pas à apprécier ou à approuver tout ce que font leurs enfants, ou le mode de vie qu'ils choisissent à l'âge adulte. Il y aura toujours des divergences. Chaque enfant doit trouver sa voie.

Quand un enfant, quel que soit son âge, sent notre acceptation, notre amour, non seulement pour l'aspect charmant, aimable, séduisant de sa personne, mais aussi pour l'aspect difficile, déplaisant et exaspérant, cela le libère et lui permet de devenir plus équilibré, plus entier. Les enfants sont capables d'affronter toutes sortes de difficultés et de défis, à condition de pouvoir toujours revenir puiser dans notre amour inconditionnel. Car c'est en honorant tout leur moi que la croissance interne et la guérison peuvent avoir lieu.

Quatrième partie

La pleine conscience : une façon de voir

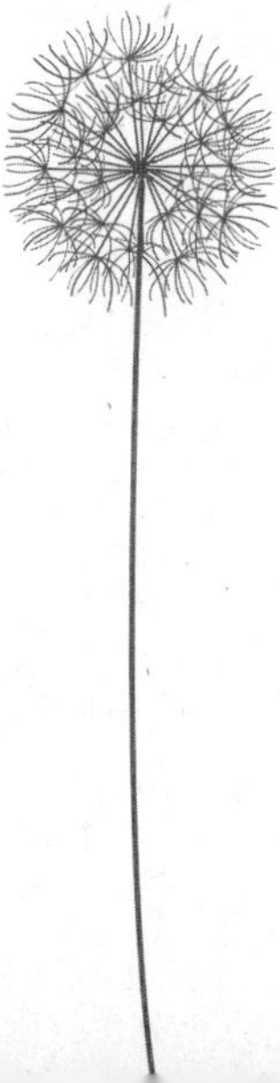

ÊTRE PARENT, LA CATASTROPHE TOTALE

QUAND NOUS DEVENONS PARENTS, délibérément ou par hasard, toute notre vie est bouleversée, même s'il nous faut du temps pour comprendre à quel point. Le stress prend une ampleur insoupçonnée et nous rend vulnérables de mille manières nouvelles. Nous devons nous montrer responsables comme on ne nous l'avait jamais demandé. C'est un défi sans précédent, qui accapare notre temps et détourne notre attention d'autres choses, notamment de nous-mêmes. C'est le désordre, l'anarchie, on se sent inadéquat, c'est une source de disputes, d'agacement, de bruit, d'obligations apparemment sans fin, d'innombrables occasions de se sentir pris au piège, furieux, blessé, accablé, vieux et sans importance. Cela dure tant que les enfants sont petits, mais peut aussi se prolonger quand ils sont adultes et lancés dans la vie. Avoir des enfants, c'est chercher les ennuis.

Alors pourquoi en avoir ? Pete Seeger l'a bien résumé : « On fait ça parce que ça rapporte beaucoup… de bisous. » Les enfants nous permettent de profiter des palpitations de la vie comme jamais nous ne le pourrions s'ils ne faisaient pas partie de notre existence. Surtout quand les enfants sont jeunes, notre tâche de parent est d'être là pour eux, de les élever et de les protéger de notre mieux afin qu'ils soient libres de connaître l'innocence de l'enfance, tout en les guidant avec notre cœur pour qu'ils apprennent à trouver leur propre voie.

Les enfants incarnent ce qu'il y a de meilleur dans la vie. Ils vivent dans l'instant présent. Ils en sont la fleur exquise. Ils sont pur potentiel, ils ne sont que vitalité, renouveau et espoir. Ils sont purement ce qu'ils sont. Et ils nous font partager leur nature, ils la font ressurgir en nous, si nous savons en écouter l'appel.

Dès que nous avons des enfants, nous sommes en contact avec le reste de l'univers d'une manière tout autre. Notre conscience se modifie, elle passe d'une façon de voir à une autre. Bien plus qu'autrefois, nous nous sentons proches de l'espérance et de la souffrance des autres. Notre sphère de compassion tend à s'élargir. L'inquiétude pour nos enfants et pour leur bien-être nous fait porter un regard différent sur la pauvreté, l'environnement, la guerre et l'avenir.

Quant aux ennuis, voilà ce que répondait Zorba, le vieux héros dur à cuire du roman de Kazantzákis, *Zorba le Grec*, quand on lui demandait s'il avait déjà été marié : « Ne suis-je pas un homme ? Bien sûr que j'ai été marié. Une femme, une maison, des gosses, la catastrophe totale. » Il disait aussi : « Des ennuis ? La vie est faite d'ennuis. C'est quand on est mort qu'on n'a plus d'ennuis. »

Au fond, nous faisons nos propres choix, consciemment ou non, et nous en supportons les conséquences. Malgré tout, nous ne savons jamais ce que l'avenir nous réserve. L’incertitude immanente est une partie essentielle de la catastrophe totale. Une question se pose néanmoins : pouvons-nous apprendre à utiliser toutes les circonstances de la vie, même les plus pénibles ou les plus stressantes, pour grandir en force, en sagesse et en ouverture de cœur, tout comme un marin sait faire usage de toutes sortes de conditions pour propulser un bateau à voiles vers une destination particulière ? Car notre propre croissance continue est une nécessité absolue si nous voulons être pour nos enfants des parents efficaces, afin qu’ils soient à l’abri et grandissent bien, à leur façon, à leur rythme.

DES MAÎTRES ZEN À DOMICILE

Bien que nous ne soyons ni bouddhistes ni même adeptes du zen, nous nous sommes mariés lors d'une cérémonie zen où les conjoints se promettent de s'entraider pour « atteindre "le grand cœur" dans l'intérêt de tous les êtres ». La tradition zen m'attire (jkz) depuis les tout premiers contacts que j'ai eus avec elle, il y a bien des années. La formation est ardue et exigeante, intense et imprévisible, absurde et hilarante. Elle est aussi très simple, et finalement pas si simple. Il s'agit avant tout de pleine conscience et de détachement, de savoir qui nous sommes au niveau le plus profond, de savoir ce que nous faisons, ce qui inclut paradoxalement le non-savoir et le non-agréé.

La folle course de la formation zen me semble avoir beaucoup en commun avec le métier de parent. Dans les deux cas, il s'agissait de s'éveiller à la vie même, sans tabou aucun. Il n'y avait donc qu'un pas à franchir pour voir nos bébés, ces petits bouddhas au ventre rond et au sourire mystérieux, comme des maîtres zen à domicile. Les maîtres zen ne s'expliquent pas. Ils incarnent simplement la présence. Ils ne se perdent pas dans la réflexion, dans les méditations théoriques. Ils ne sont pas attachés à ce que les choses soient comme ceci ou comme cela. Ils ne sont pas toujours cohérents. Les jours se suivent et ne se ressemblent pas. Leur présence et leur enseignement peuvent nous aider à découvrir notre vraie nature, et nous encouragent à trouver notre voie à chaque instant. Ils le font non pas en nous disant comment agir, mais en nous présentant sans cesse des défis qui ne peuvent être résolus par la pensée, en nous renvoyant une image de la vie dans sa plénitude, dans sa totalité. Plus que tout, les maîtres zen incarnent la vigilance et la suscitent en nous.

Les enfants leur ressemblent, surtout quand ils sont bébés. Plus ils grandissent, plus cela devient difficile à voir pour nous. Mais leur vraie nature est toujours présente, elle reflète toujours la nôtre, si nous sommes prêts à regarder et à voir.

Les enfants sont dotés de ce qu'on peut appeler « l'esprit originel », ouvert, pur, non encombré. Ils sont indéniablement et totalement présents. Ils passent leur temps à apprendre, à évoluer, à changer, à exiger de nous de nouvelles réponses. En grandissant, ils semblent contester nos attentes, nos opinions arrêtées, nos convictions les plus chères, notre désir pour que les choses soient fixées. Bébés, ils remplissent tant notre vie, leurs besoins physiques et affectifs demandent tant d'attention qu'ils nous mettent constamment au défi d'être présents, d'être sensibles, d'examiner ce qui se passe vraiment, de tenter des solutions, d'apprendre d'après leur réaction à nos prises de risque. Ils nous inculquent l'art de rester à l'écoute, de trouver la joie et l'harmonie dans notre connexion avec eux. L'heure n'est guère à la théorie, qui sans lien direct avec la pratique serait peu utile.

Bien sûr, les enfants ne sont pas vraiment des maîtres zen. Les enfants sont les enfants, et le maître zen est le maître zen. Mais, si nous parvenons à regarder nos enfants avec ouverture et réceptivité, si nous voyons la pureté de la vie s'exprimer à travers eux, cela peut à tout moment nous éveiller à leur vraie nature et à la nôtre.

Rien de ce qu'on nous dit ne saurait nous préparer au fait d'être parents. Nous apprenons sur le tas, nous nous frayons un chemin, en nous fiant à nos ressources internes, y compris celles dont nous ignorions l'existence, d'après ce que nos enfants nous indiquent, en fonction des situations et à mesure qu'elles se présentent. Il faut l'avoir vécu de l'intérieur pour savoir ce que c'est. C'est un travail interne profond et durable, une formation spirituelle à part entière, si nous choisissons de nous laisser persuader, d'instant en instant.

Nous pouvons complètement ignorer, refuser comme gênant ou sans importance, trop confus ou trop difficile, le flux continu des enseignements prodigués par nos enfants et par les circonstances où nous nous trouvons. Nous pouvons aussi les étudier de près, en les laissant nous indiquer à quoi nous devons prêter attention pour discerner ce qui se passe et ce qu'il faut faire à chaque instant. Ce choix est entièrement le nôtre. Si nous résistons, nous risquons de provoquer beaucoup de luttes et de souffrances superflues, car ignorer la force vitale des enfants qui explorent, apprennent et grandissent, ne pas reconnaître et honorer leur souveraineté, c'est nier une réalité fondamentale, qui se fera connaître et ressentir d'une manière ou d'une autre.

Par exemple, oublier momentanément qu'un enfant de deux ans n'est qu'un tout-petit, lui imposer de manière rigide et indifférente nos propres attentes en matière de comportement, c'est oublier qu'il fait ce que font tous les enfants de deux ans. Si nous voulons que son attitude soit différente, si nous résistons, contractons notre esprit pour transformer la situation par la force, nous créerons beaucoup de problèmes. En tant que parents, nous avons tous fait l'expérience des effets d'une telle réaction.

D'un autre côté, si nous renonçons à notre idée de ce que les choses « devraient être » à cet instant précis, si nous les acceptons telles qu'elles sont avec notre enfant, si nous pouvons nous rappeler que nous sommes l'adulte et que nous pouvons chercher en nous le moyen d'agir avec compréhension et douceur, alors notre état émotionnel et nos choix d'action seront très différents, tout comme le déroulement et la résolution de la situation un instant après. Si nous optons pour cette voie, l'enfant nous aura appris une leçon importante. Il nous aura montré combien nous sommes attachés à ce que les choses se passent d'une certaine façon, que notre esprit vacille lorsqu'il est défié et que différents choix s'offrent à nous. L'un de ces choix serait de nous laisser entraîner par notre réactivité et notre ignorance, en oubliant qu'un enfant de deux ans fait des choses propres à un enfant de deux ans ; un autre choix serait d'affirmer que nous sommes capables de voir notre réactivité et d'opter pour une voie différente, où nous pouvons travailler dans une logique de réponse et avec ce qui arrive à notre enfant. Nous le « savions » peut-être, en théorie, l'instant d'avant, ou dans d'autres circonstances, mais peut-être pas d'une manière qui nous aurait empêchés d'avoir une réaction automatique. Par son être, à la façon d'un maître zen, notre enfant de deux ans nous a donc appris que nous pouvons aisément nous perdre dans les réactions émotionnelles et que nous ne le devons pas. Leçon importante, qui peut s'appliquer à bien des domaines de notre vie. Après tout, notre esprit va partout où nous allons, et il réagit d'habitude de la même manière quand il ne se sent pas aux commandes, quand il n'aime pas ce qui se passe.

Si nous tournons notre attention et notre intentionnalité vers notre potentiel de développement, dans notre mission de parents comme dans le reste de notre vie, si douloureux et si terrifiant que cela puisse être, cette orientation même, cette volonté tenace d'être présents et de *tout* regarder peut nous mettre en plus grande harmonie avec les choses telles qu'elles sont. Mais, pour que cela se produise, nous devons apprendre à écouter attentivement ce que le monde nous propose et à regarder avec une plus grande ouverture notre expérience à mesure qu'elle se déroule.

Le plus curieux, c'est que, si nous prenons conscience de ce que nous avons sous les yeux à chaque instant, sans insister pour que les choses soient ceci ou cela, cette discipline suscite une stabilité d'esprit, une ouverture et une clarté du cœur qui sont inaccessibles lorsque l'on s'efforce de les atteindre en imposant telle ou telle solution particulière. Car cette harmonie est partout sous-jacente. Elle est ici et maintenant, en nous, et en nos enfants, si nous lui laissons la place d'émerger.

D'abord nous tressons les herbes et nous jouons à la bataille,
Puis à tour de rôle nous chantons et maintenons une balle en l'air.
Je donne des coups de pied et ils chantent, ils donnent des coups de pied et je chante.
Le temps est oublié, les heures s'envolent.
Les passants me montrent du doigt en riant :
« Pourquoi te conduis-tu comme un imbécile ? »
Je hoche la tête et ne réponds pas.
Je pourrais dire quelque chose, à quoi bon ?
Voulez-vous savoir ce qui est dans mon cœur ?
Depuis le début du temps : rien que cela ! rien que cela !

RYOKAN, maître japonais du XVIIIe siècle,
ermite, calligraphe et poète.

UNE RETRAITE DE DIX-HUIT ANNÉES

TOUT COMME IL PEUT ÊTRE UTILE de considérer nos enfants comme de petits bouddhas, de petits maîtres zen, pour nous aider à être de meilleurs parents et pour continuer nous-mêmes à évoluer, j'ai souvent senti (jkz) que le métier de parent pouvait être vu comme une longue retraite méditative, une occasion de faire un travail interne, profond et concentré, qui offre aux enfants et aux parents d'une famille des avantages potentiels profonds et durables.

D'habitude, une retraite de méditation dure quelques jours, quelques semaines ou quelques mois, mais, ici, la « retraite parentale » dure au moins dix-huit années par enfant. Bien sûr, les exigences quotidiennes du métier de parent sont très différentes de celles d'une méditation isolée et intensive, mais y voir le moyen de s'engager dans un travail intérieur soutenu m'a parfois encouragé et apporté de l'énergie en me donnant un point de vue global sur la mission de parent, sur les années d'attention, de soin et de sagesse qu'elle exige de nous.

Qu'est-ce donc qu'une retraite de méditation ? Quel en est le but profond ? Et si nous voyons le métier de parent comme une sorte de retraite, en quoi cela nous aide-t-il à comprendre et à approfondir ce qui nous est demandé quand nous voulons être parents en pleine conscience, même pour ceux d'entre nous qui ne méditent pas régulièrement ou qui n'ont aucune expérience personnelle de ces retraites ? Et en quoi cela contribue-t-il à notre propre croissance, à notre propre développement ?

Une retraite méditative est l'occasion d'accomplir un certain type de travail sur nous-mêmes qu'il est extrêmement difficile de faire hors de ce cadre, à cause de toutes les obligations, préoccupations et séductions de la vie quotidienne. Lors d'une retraite, comme nous sommes isolés dans un lieu spécial pendant un temps donné, loin des exigences de la famille et du travail, nous avons l'occasion rare de simplifier notre vie et de prêter attention au domaine de l'être.

Les retraites de méditation sont souvent guidées par un ou plusieurs maîtres compétents, qui encouragent, inspirent, guident et écoutent l'expérience des retraitants. La pratique basique se compose de moments où l'on reste assis, où l'on marche, en silence, du petit matin jusque tard dans la soirée. On est simplement assis. On marche simplement. Il y a en général aussi une période de travail, également silencieuse, de sorte que cet état d'esprit cultivé assis ou en marchant peut être employé à nettoyer la salle de bains, à récurer les casseroles ou à désherber le jardin. Peu importe la tâche, l'état d'esprit est d'une importance cruciale.

L'attention est dirigée avant tout vers l'intérieur, vers quelques aspects fondamentaux de l'expérience qui semblent aller de soi, comme le flux de l'air qu'on inspire et qu'on expire, comme ce que notre corps et notre esprit peuvent percevoir à chaque instant. Le reste du temps, on mange, en silence toujours, et on dort. En général, on ne lit pas, on n'écrit pas, on n'échange pas de coups de téléphone, on est donc vraiment seul, sauf lors des entretiens avec le maître. Ces retraites peuvent être extrêmement difficiles, et profondément bienfaisantes.

Au départ, l'esprit est très actif, voire agité, mais peu à peu il s'apaise et se focalise. Parfois, il reste concentré et relativement équilibré et calme pendant de longues périodes. En cultivant son attention, en identifiant et en acceptant ce que l'on observe, on peut en venir à connaître le paysage de son esprit et de son cœur d'une manière radicalement nouvelle. Apparaît alors une conscience très pénétrante, qui permet une vision profonde de la nature même de notre être, sous la surface des apparences, des attachements et de l'histoire personnelle. Une attention aussi intensive et aussi soutenue peut servir de catalyseur, favoriser un éveil authentiquement éclairant, nous révéler à nous-mêmes et éclairer notre vie de façon insoupçonnée.

La pratique de la méditation intensive est à la fois un miroir et un processus de purification en profondeur. Nous pouvons atteindre un mode de vision plus large et plus précis, dont nous tirons d'importants enseignements sur nous-mêmes et qui nous aident surtout à lâcher prise, à lâcher tout ce à quoi nous nous accrochons de manière absolue et rigide, notre attachement aux choses, nos façons de voir, nos idées arrêtées.

En prêtant une attention soutenue à notre propre esprit, nous pouvons découvrir qu'il se comporte de façon assez structurée, selon des schémas reconnaissables, qui se répètent impitoyablement. Rien qu'en restant assis en silence, nous percevons le flux incessant de la pensée, son processus chaotique (l'ordre interne est parfois difficile à discerner), le caractère imprécis et peu fiable de la plupart de nos réflexions. Nous constatons combien l'esprit est réactif, nous découvrons la violence de ses orages émotionnels.

On voit que l'esprit consacre énormément de temps au passé, à se remémorer, à nourrir des rancœurs et, à l'avenir, à prévoir, à s'inquiéter, à espérer, à rêver. On voit que l'esprit a tendance à se juger sans cesse et à juger tout le reste selon qu'une expérience paraît agréable, désagréable ou neutre à chaque instant. On voit que les attachements de l'esprit sont solides, que celui-ci s'identifie constamment à des choses et à des opinions, qu'il est guidé par ses souhaits et par le désir d'être ailleurs, d'obtenir que les choses soient différentes de ce qu'elles sont en réalité.

On voit qu'il est difficile pour l'esprit de se fixer sur l'instant présent tel qu'il est, mais qu'il peut aussi, avec le temps, s'apaiser assez pour prendre conscience de cette activité incessante et pour parvenir à un calme interne moins aisément perturbé par sa propre activité.

Si vous êtes assez motivé pour persister dans la pratique, même dans les moments difficiles, si vous supportez la douleur corporelle qu'entraînent les longues périodes où vous restez assis sans bouger, si vous résistez au besoin de parole, de divertissement et de nouveauté, si vous surmontez l'ennui, la résistance, le chagrin, la terreur, la confusion qui naissent alors, si vous persistez pendant tout ce temps, inlassablement, avec douceur, sans espérance aucune, à simplement observer ce qui se présente à chaque instant dans le champ de votre conscience, vous rencontrerez peut-être dans votre esprit, à un moment de votre pratique, de vastes profondeurs océaniques de silence, de bien-être et de sagesse.

Par bien des côtés, l'esprit ressemble en effet à une étendue d'eau, à un véritable océan. Selon la saison, le climat et le vent, la surface peut en être plane et sereine ou totalement tumultueuse, avec des vagues de deux mètres, voire plus. Mais, même dans les tempêtes, si l'on plonge assez profond, on retrouve une eau très calme.

En persistant dans cette pratique, nous comprenons lors de la retraite que notre esprit est tout à fait semblable, que le calme et le silence sont inhérents à sa nature, qu'ils sont toujours présents, et que même quand nous sommes pris dans les tourbillons d'un orage affectif, le calme, le silence et la faculté de conscience sont toujours là, au fond, nichés au creux de notre être dont ils sont partie intégrante. Nous pouvons les exploiter non pour apaiser les turbulences de surface (on n'essaie pas d'aplanir les vagues de l'océan), mais pour comprendre notre esprit et l'inclure dans un réceptacle plus vaste, un contexte où les turbulences peuvent être accueillies, observées et même utilisées pour approfondir notre compréhension.

Nous verrons ainsi que nos pensées et émotions n'ont pas à nous entraîner ou à nous aveugler, comme c'est si souvent le cas dans la vie. Nous n'avons pas à les refouler pour éviter la souffrance qu'elles contiennent ou engendrent.

En travaillant ainsi avec l'activité de notre esprit, nous comprenons que notre isolement, notre solitude n'est qu'une fiction. Nous voyons que le « je » et le « moi » ne sont que des pensées, des habitudes mentales puissantes et profondément enracinées, mais des pensées quand même. Par-dessous la sensation d'être séparés et préoccupés la plupart du temps par notre moi individuel, par nos gains et nos pertes, nous voyons que nous faisons partie d'un flux, d'une totalité plus vaste que nous.

Nous voyons le grand mystère de notre vie individuelle résultant de l'union de nos parents et, avant eux, de leurs parents, et ainsi de suite en remontant dans le temps ; nous sommes les intermédiaires entre nos parents et nos enfants, entre tous ceux qui nous ont précédés, que nous ne connaîtrons jamais, et tous ceux qui viendront après les enfants des enfants de nos enfants, que nous ne connaîtrons jamais non plus.

Nous voyons que la nature la plus profonde de l'univers est d'être un tout unifié et que tout ce qui existe est un aspect de tout le reste. Nous voyons que tout s'inscrit et se reflète dans tout le reste, que tout fait partie d'un plus grand tout, et que l'interdépendance et l'interconnexion sont les relations fondamentales d'où naissent le sens et les détails de nos vies individuelles fluctuantes et changeantes.

Et l'on voit d'un œil neuf, avec une compréhension neuve, que le déroulement de la vie est à la fois impersonnel et très personnel. On s'aperçoit, quand se dissipent les voiles de la pensée et de l'attachement, qu'à l'instant présent chacun est qui il est, que chaque être est unique, avec son visage, son caractère et ses désirs, avec une histoire particulière héritée des parents qu'il a eus et de l'enfance qu'il a eue, avec sa voie unique et mystérieuse qui imprègne une vie de vision et de passion. Chacun travaille où il travaille, habite où il habite, ses responsabilités sont les siennes, ses enfants sont les siens, ses espoirs sont les siens, ses craintes sont les siennes.

On s'aperçoit que « séparé » et « non séparé » ne sont que des pensées qui tentent de décrire cette réalité profonde qu'est l'individu. Nous entrevoyons la possibilité d'une vie plus gracieuse, sachant que ce qui nous arrive nous arrive, mais qu'il n'est pas très sage d'en faire une affaire personnelle, puisque tout est également impersonnel et qu'il est difficile – impossible, diraient les bouddhistes – de désigner un « moi » solide, permanent, qui serait là pour le prendre personnellement. Je suis certainement qui je suis, je suis responsable de beaucoup de choses, mais je ne suis certainement pas qui je pense être, car la pensée est limitée, alors que ma vraie nature est illimitée.

Pendant une retraite, nous découvrons que nous ne sommes ni notre corps, ni nos pensées, ni nos émotions, ni nos idées et opinions, ni nos craintes et insécurités, ni nos blessures, même si tous ces éléments sont une partie intime de notre expérience et peuvent énormément influencer notre vie, comme le temps qu'il fait peut influencer la surface de l'océan. Leur influence est d'autant plus forte que nous leur sommes fortement et inconsciemment attachés, et que nous voyons tout à travers cette relation, comme à travers des lunettes de différentes couleurs qui altèrent les choses.

Nous ne sommes pas nos idées ni nos opinions. Si nous pouvions ôter ces lunettes qui filtrent notre expérience, nous pourrions mener une vie tout autre, car cela changerait notre regard, nos choix, notre manière de conduire notre vie de jour en jour. Cela nous permettrait de nous voir très différemment, de voir différemment notre métier de parent, de vivre différemment.

Nous constatons aussi que, comme tout le monde, nous ne sommes ici que pour un bref passage, mais que ce bref moment qu'on appelle une vie est aussi infiniment long si l'on peut apporter la conscience à chaque instant, puisqu'il existe une infinité d'instants dans chaque vie. En vivant au présent, nous sortons du temps des horloges pour entrer dans un présent atemporel. Cette expérience nous montre que nous ne sommes pas entièrement liés par le temps.

Nous pouvons aussi commencer à découvrir l'impermanence, puisque rien de ce sur quoi nous concentrons notre attention ne dure bien longtemps. Tout passe : chaque souffle, les sensations du corps, les pensées, les émotions, les idées et les opinions, les instants, les jours et les nuits. Même chose pour les saisons, les années, la jeunesse, les emplois, les gens. Même les montagnes, les fleuves et les espèces n'ont qu'un temps. Rien n'est fixé. Rien n'est permanent, bien que nous puissions avoir cette impression. Tout est toujours en mouvement, tout change, se transforme, se dissout, émerge, évolue, dans une danse complexe, la danse externe du monde qui n'est pas si différente de la danse interne de notre esprit. Nous pouvons voir que nos enfants participent eux aussi à cette danse… Comme nous, ils ne feront qu'un court séjour en ce monde étrange et superbe, et le temps où nous y séjournerons en même temps qu'eux sera encore plus bref, d'une durée inconnue.

Cette découverte ne pourrait-elle pas nous frapper et nous enseigner une grande leçon ? Ne pourrait-elle pas nous indiquer combien est précieux le temps partagé avec nos enfants, nous apprendre à retenir par la conscience les instants fugitifs que nous passons avec eux ? Ne pourrait-elle pas influencer la façon dont nous embrassons nos enfants, dont nous leur souhaitons bonne nuit, la façon dont nous les regardons dormir et dont nous les réveillons le matin ? Nous pourrions ainsi comprendre combien nous sommes sévères avec eux lorsque, dans le cadre de leur propre quête, ils vont à l'encontre de nos idées et opinions, lorsqu'ils dépassent les limites de notre patience, lorsqu'ils contrarient notre volonté d'avoir raison et de tout savoir, quand nous oublions un savoir bien plus vaste et bien plus positif que nous possédons en fait.

Si nous considérons le métier de parent comme une retraite méditative, si nous décidons d'être parent en pleine conscience de jour en jour, d'instant en instant, dans le même esprit d'effort concentré, de présence et d'attention soutenue que lors d'une retraite, cela peut nous aider à comprendre l'immense force de la vision et de la mémoire dans le contexte du tout, pour ne pas nous perdre à la surface de notre esprit, prisonniers d'une conception étroite de la vie. Peut-être vivrions-nous chacun de nos instants d'une autre manière. Peut-être ne nous échapperaient-ils pas sans que nous en ayons profité. Peut-être apprécierions-nous davantage ce que notre corps et notre vie ont à offrir, à nous et à nos proches, à nos enfants et à nos parents, aux enfants de nos enfants, au monde dans lequel nous vivons et que nous transmettons à ceux qui nous suivront.

Peut-être serions-nous plus affectueux, plus attentifs, avec une affection et une attention différentes, si nous gardions à l'esprit et au cœur ce que nous savons déjà mais que nous oublions souvent. Peut-être saurions-nous quelle posture adopter dans la vie, les pieds bien plantés sur la terre, le vent soufflant sur notre visage et sur tout notre corps, peut-être jouirions-nous de l'ici et du maintenant, en honorant cette sagesse mystérieuse qui réside en tout être et particulièrement en nos enfants.

Voilà ce que l'on peut découvrir par la pratique intensive de la pleine conscience lors d'une retraite méditative prolongée. Ces retraites sont très utiles quand nous pouvons nous permettre de sortir un moment de notre vie pour adopter cette pratique. Mais il arrive très souvent qu'il ne soit pas possible, nécessaire ou souhaitable de s'en aller pour une longue période, surtout lorsque l'on doit jongler avec ses responsabilités familiales et professionnelles.

C'est là qu'intervient la métaphore de l'expérience de parent comme longue retraite méditative. Être parent ne consiste pas à se retirer du monde, même si la vie de famille peut en partie amortir le stress du monde extérieur et créer un sentiment de sécurité et de paix intérieure. Il s'agit plutôt d'utiliser de notre mieux les circonstances, et souvent dans des conditions difficiles, pour nous aider à cultiver la pleine conscience, pour examiner notre vie à fond, pour que l'agir émane de l'être non pas seulement de temps en temps, mais délibérément, comme un mode de vie.

Bien sûr, le rythme quotidien de la vie familiale est beaucoup plus complexe et plus chaotique que le programme d'une retraite. Il change à mesure que nos enfants grandissent, parfois d'un jour à l'autre, d'un instant à l'autre. Mais l'essence de la pratique reste la même : de notre mieux, être pleinement présent, discerner ce qui se passe vraiment et, si l'action est nécessaire, agir avec intentionnalité, conscience et générosité. Notre travail intérieur peut être ancré par une période quotidienne de pratique formelle à un moment commode, mais le principal engagement sera forcément de cultiver la pleine conscience dans la vie quotidienne, en répondant aux exigences constantes du métier de parent, en laissant chaque jour et chaque instant favoriser un approfondissement de la pleine conscience.

Ainsi, s'éveiller le matin, c'est la méditation du réveil. Se brosser les dents, c'est la méditation du brossage de dents. Ne pas pouvoir se brosser les dents parce que le bébé pleure, c'est la méditation du brossage de dents impossible parce qu'il faut d'abord s'occuper du bébé, etc. Habiller les enfants, préparer le petit déjeuner, les emmener à l'école, partir travailler, changer les couches, faire les courses, prévoir, nettoyer, cuisiner, tout s'intègre à notre pratique de la pleine conscience. Tout.

L'IMPORTANCE DE LA PRATIQUE

Affecter la qualité de la journée, voilà le plus noble des arts.
Henry David THOREAU, *Walden.*

INDUBITABLEMENT, il suffit parfois de dire aux gens qu'il est important d'être plus présent, plus conscient, plus empathique et plus tolérant, surtout en tant que parents, pour les réaiguiller, pour leur faire découvrir leur propre capacité à délibérément « affecter la qualité de la journée », pour leur inspirer une ouverture nouvelle, une sensibilité nouvelle face à la vie et au travail de parent.

Mais nous savons aussi que l'esprit humain a son propre fonctionnement qui rend difficile de nous « éveiller » tout à coup. Entrer en contact avec l'instant présent exige en général un effort soutenu. Voir clairement n'est pas une activité si facile à maintenir sur le long terme. Par exemple, nous pouvons n'entrevoir que vaguement et de façon très occasionnelle notre propre souveraineté et notre capacité à l'incarner au quotidien. En général, les intuitions et les transformations ne nous viennent pas facilement, en tant qu'êtres humains.

Nous devons nous *entraîner* à vivre au présent. Nous devons nous *entraîner* à voir avec des yeux entiers. Pourquoi ? Parce que, peut-être à cause de la nature de l'esprit humain, nous passons beaucoup de temps à développer une conscience exactement inverse. Nous nous *entraînons* à ne pas vivre dans l'instant présent. Nous nous *entraînons* à nous laisser emporter loin de notre centre, de notre souveraineté, de notre interconnexion, par nos pensées et nos sentiments, par nos goûts et dégoûts. Nous *pratiquons* l'anxiété. Nous *pratiquons* la colère. Et plus nous pratiquons, en répétant ces schémas, « meilleurs » nous devenons, et plus difficile il devient d'en sortir. Nous nous *entraînons* à être fermement attachés à une vision de la réalité qui n'est que partiellement exacte, voire pas du tout, nous vivons en pilote automatique, nous agissons de manière moins que souveraine, moins qu'empathique, moins que tolérante, qui se retourne contre nous et aggrave nos problèmes, notre confusion et notre manque de clarté face à notre propre vie.

Voilà pourquoi être parent en pleine conscience doit être envisagé comme une pratique, une discipline, et non seulement une philosophie ou une bonne idée. En tant que pratique, la parentalité nous aide à nous libérer des schémas inscrits dans notre esprit et dans notre vie qui nous éloignent de nous-mêmes et des seuls moments où nous pouvons vivre, grandir et affirmer notre connexion.

Nous utilisons le mot « pratique » d'une façon un peu différente de son sens ordinaire. « Pratique » signifie ici *incarner la totalité à l'instant présent*. Ce n'est pas comme pratiquer un sport ou un art. Ce n'est ni un exercice ni un entraînement. Il ne s'agit pas de s'améliorer en répétant une chose, même si un approfondissement advient bel et bien lorsque l'on pratique la pleine conscience.

Chaque fois que vous prenez votre bébé dans vos bras, si vous le faites en conscience, vous pratiquez. Il s'agit d'être pleinement là. Et que signifie « être pleinement là » ? C'est être pleinement *ici*. C'est savoir que vous prenez votre bébé dans les bras lorsque vous le prenez. C'est être en contact avec ce que vous sentez, touchez, écoutez, tenez, inspirez, avec tout ce qui se passe, et embrasser tout cela en conscience, comme tout ce que vous faites parce que votre intuition, votre bébé et l'instant vous disent qu'il faut le faire, qu'il s'agisse de nourrir, de changer une couche, d'habiller, de chanter ou d'autre chose. Il peut même s'agir de ne rien faire du tout. À un instant précis, il peut suffire d'être aussi présent que possible.

On n'a pas à être « bon » à cet exercice, et se juger ne fait certainement pas partie de l'esprit de la pleine conscience. Il suffit d'être présent à un instant donné. Pourquoi ? Parce que vous êtes déjà là. Pourquoi ne pas être entièrement là ? Vous pourriez ainsi goûter le tout à cet instant précis, parce que le tout est toujours ici, maintenant, prêt à être vu, ressenti, accepté. Nous sommes à la fois séparés et non séparés les uns des autres.

La pratique consiste donc en fait à se rappeler d'être pleinement présent à tout instant, pour ne pas toujours être en pilote automatique, pour ne pas toujours agir de façon mécanique. Quand vous prenez votre bébé dans vos bras, vous prenez votre bébé. Quand vous embrassez votre enfant, vous êtes là et vous embrassez votre enfant. Votre esprit n'est pas ailleurs, ou, s'il est ailleurs, vous en êtes conscient et vous pouvez le faire revenir. C'est simple, mais ce n'est pas si facile, parce que notre esprit se laisse facilement entraîner.

Il y a bien des façons de pratiquer. Chacun des aspects de la vie ou du métier de parent peut relever de la pratique : il suffit de le soumettre délibérément à la conscience et de rester conscient jusqu'au bout. Plus nous sommes désireux de prêter attention, plus fermement nous serons ancrés dans la pleine conscience. Chacun de nous a tout l'équipement nécessaire pour accomplir ce travail interne et externe. À chaque enfant, chaque circonstance, chaque souffle, chaque instant, le matériel est là, prêt à être utilisé. Si nous approchons la vie ainsi, alors, comme le suggérait Thoreau, affecter la qualité de la journée devient véritablement un art. C'est l'art d'affiner notre façon de vivre, notre présence dans le monde, en laissant ce qu'apporte le jour nous raffiner.

RESPIRER

COMMENT DEVENIR PARENT en pleine conscience de manière confortable et authentique ? Faut-il attendre « le bon moment » ou prendre les moments comme ils viennent, comme ils sont ? Faut-il commencer dès la grossesse, à la naissance du premier enfant pour que ça « fonctionne » ou peut-on commencer n'importe quand, à n'importe quel point de la vie ?

Les habitudes mentales étant ce qu'elles sont, il est sans doute judicieux de ne pas attendre un imaginaire « moment opportun » pour commencer, mais au contraire de saisir les instants dont nous disposons, si médiocres et si désordonnés qu'ils puissent être.

En décidant de commencer ici et maintenant, avec les ressources disponibles, nous nous mettons déjà dans l'esprit de la pratique de la pleine conscience. Nous pouvons explorer la valeur de la pleine présence, quoi qu'il arrive et où que nous soyons, que nous soyons de jeunes parents, que nous ayons de grands enfants ou que nous soyons déjà grands-parents.

Une façon d'aborder le travail de parent en pleine conscience consiste à cultiver une certaine intimité avec sa propre respiration, dans les instants de calme, au beau milieu de la journée. Notre souffle est un flux constant, il est toujours présent. Il est profondément rattaché à notre vie, à notre corps, à nos états affectifs. Prendre conscience de sa respiration, c'est introduire le corps et l'esprit dans l'instant présent avec une grande clarté de perception.

Vous pouvez dès maintenant essayer d'entrer en contact avec votre respiration, pour voir si vous pouvez la maintenir au premier plan de votre conscience pendant quelques minutes. L'idée est de *sentir* le souffle entrer et sortir, en étant conscient de l'air qui entre lorsque nous inspirons, de l'air qui sort lorsque nous expirons. Avec votre attention, vous pouvez suivre le flux et le reflux de votre respiration, tout comme vous sentiriez le mouvement si vous étiez dans un canot gonflable flottant sur les vagues. Ensuite, vous pouvez essayer d'appliquer la conscience de votre souffle à ce que vous êtes en train de faire, quelle que soit votre activité, quel que soit le problème que vous avez alors à gérer.

Vous découvrirez vite que votre esprit, comme tout esprit, a une vie propre. Il ne voudra peut-être pas garder le souvenir de votre respiration et rester en contact avec elle. Il n'a pas l'habitude de cette conscience prolongée. Comme tout esprit, il va et vient constamment, vers le passé, vers l'avenir, d'une pensée à l'autre, d'un sentiment à un autre. C'est encore plus vrai quand nous nous sentons pressés par le temps, face à des problèmes, en conflit d'une manière ou d'une autre. Quand on s'accorde pour la première fois quelques minutes pour suivre sa respiration dans le silence, on découvre aussitôt cette situation. Elle vaut même quand les conditions extérieures sont paisibles.

Par une pratique continue, il est possible de créer une intimité avec notre respiration, qui étend notre conscience à tout le reste de ce qui se passe dans notre monde à cet instant. Cultiver ainsi la conscience rend accessible le profond potentiel de chaque instant.

À mesure que nous cultivons la conscience de notre respiration, nous découvrons la valeur de cette pratique. Elle éclaire l'instant présent et nous aide à le vivre avec plus de calme et de clarté. Mais étendre la conscience de notre respiration à n'importe quelle activité exige de l'énergie et de la volonté. Il faut chercher à l'intérieur comme à l'extérieur, il faut chercher et voir, il faut une attention avisée, ce qu'on pourrait appeler du discernement. On peut appliquer cette conscience à tous les aspects de la vie : respirer *et* changer les couches, respirer *et* faire les courses, respirer *et* établir un contact visuel, respirer *et* jouer avec ses enfants, leur lire un livre, les coucher, parler avec un enfant plus âgé, respirer *et* préparer le dîner, respirer *et* jongler avec dix choses en même temps en ayant l'impression qu'on va en laisser tomber, respirer *et* devoir ramasser les morceaux de ce qui est tombé, puis passer à autre chose. Cela ne demande pas plus de temps. Il suffit de s'en souvenir. Changer les couches, nettoyer ce que d'autres ont sali, éviter une bagarre, courir à droite et à gauche, s'inquiéter, travailler ou jouer, tout offre l'occasion d'utiliser sa respiration pour être plus présent.

CULTIVER LA PLEINE CONSCIENCE

VOUS POUVEZ CULTIVER LA PLEINE CONSCIENCE dans votre vie et dans votre famille tout comme vous cultivez des tomates ou du maïs dans un jardin, et c'est à cette culture que nous faisons allusion quand nous parlons de *pratique*. Dans toute culture, l'essentiel est de veiller sur ce que l'on a planté, qu'il s'agisse de notre intention d'être plus pleinement conscients ou de suivre la croissance de nos enfants. Veiller, c'est être attentionné, avoir des attentions. Tous ces mots indiquent la qualité d'être présent, à l'écoute, tendu vers, prêt, conscient. Il s'agit autant d'être tendre que de *tendre vers* l'autre par les soins affectueux.

Cette attention est au cœur de la pratique de la pleine conscience. Les jeunes plantes ont besoin d'être protégées, les enfants aussi, et il en va de même de la pratique de la pleine conscience lorsqu'elle commence. Si vous voulez être parent en pleine conscience, votre intention comme vos efforts doivent être protégés, sinon ils seront piétinés par les circonstances chaotiques et par les exigences constantes de la vie, et vite abandonnés. Le meilleur moyen de protéger nos efforts et nos intentions est de créer des limites de bon sens pour circonscrire et favoriser notre travail de culture de la pleine conscience, tout comme on a recours aux clôtures et aux tuteurs pour protéger et soutenir les jeunes plants.

Ces limites prennent la forme d'exercices et de disciplines spécifiques, plus ou moins formels, qui composent la pratique de la pleine conscience. Les pratiques formelles prennent du temps. C'est à vous de décider si vous voulez pratiquer et à quelle fréquence. On l'a vu, les pratiques informelles, comme le contact avec sa respiration tout au long de la journée, ne demandent pas de temps du tout. Elles ne requièrent que de l'attention et de la mémoire.

Même s'il nous arrive à tous d'être pleinement conscients, de temps en temps, au sens conventionnel, d'avoir une conscience méditative qui ne juge ni ne réagisse, il est très utile de générer et de régénérer l'*intention* de la pleine conscience. Cela consiste notamment à apprendre à sortir de nos habitudes, à ne pas nous laisser gouverner par nos pensées et nos sentiments. C'est une leçon qu'il nous faut apprendre et réapprendre quantité de fois, en observant nos pensées et émotions et en nous efforçant de ne pas nous laisser entraîner par elles.

Comme lorsque l'on cultive des tomates ou du maïs, la discipline est essentielle. Non une discipline imposée de l'extérieur, mais l'autodiscipline interne de la pleine conscience. On l'a vu, la pleine conscience est sa propre discipline, un moyen de rester en contact, ou de reprendre contact périodiquement avec ce que T. S. Eliot appelait le « point fixe du monde en mouvement ».

Parce que la pratique de la pleine conscience et l'éducation d'enfants exigent fondamentalement le même enracinement dans l'attention, il n'est pas si ardu de les cultiver ensemble. Chaque pratique peut alors nourrir, approfondir et soutenir l'autre.

Dans la tradition zen, on dit souvent que la pratique n'a rien d'exceptionnel. Il n'y a rien d'exceptionnel non plus à être mère et à donner naissance à un enfant, à être père, à être agriculteur et faire sortir des plantes de terre, il n'y a rien d'exceptionnel à être en vie. Tout cela est vrai en un sens, mais essayez donc de le dire à une mère, à un père ou à un agriculteur. « Rien d'exceptionnel » signifie aussi exceptionnel. Le totalement ordinaire est totalement extraordinaire. Tout dépend de votre façon de voir les choses, selon que vous êtes prêts ou non à regarder en profondeur, à vivre en suivant ce que vous voyez, ce que vous ressentez et ce que vous savez.

LIBRES DANS NOTRE PENSÉE

LORSQUE L'ON DEMANDE AUX GENS venus à la Clinique de réduction du stress quel fut pour eux le principal apport du programme, ils répondent toujours : « La respiration. Et savoir que je ne me réduis pas à mes pensées. »

Bien sûr, ils respiraient déjà auparavant. Ils veulent donc parler d'une prise de conscience de leur propre respiration : ils ont découvert comment la pleine conscience de leur souffle pouvait être cultivée dans des moments de calme et appliquée aux activités quotidiennes.

Le second élément de leur réponse souligne que, pour la plupart, nous ne sommes que vaguement conscients de penser sans cesse. Nous ne le ressentons pleinement qu'à partir du moment où nous prêtons une attention systématique à notre respiration, où nous commençons à observer sans juger ce que nous avons en tête. Nous comprenons alors qu'il est bien difficile de stabiliser notre attention, de rester concentrés sur une chose, notre souffle par exemple.

Quand nous nous intéressons à notre respiration et à ce qui, dans notre esprit, nous en détourne, nous voyons aussitôt que la pensée ne cesse jamais et que la plupart de nos pensées sont catégoriques, et en partie ou en totalité inexactes. Nous voyons que notre pensée cherche surtout à juger et à évaluer nos perceptions, à générer des idées et des opinions. Nous voyons aussi que notre pensée est complexe, chaotique, imprévisible, souvent incohérente et contradictoire.

Ce flux de pensée est constant, pratiquement à notre insu. Nos pensées semblent animées d'une vie propre. Comme des nuages, elles vont et viennent, ce sont les incidents successifs qui se produisent dans le champ de notre conscience. Pourtant, nous nous en servons pour créer sans cesse des modèles de réalité, sous la forme d'idées et d'opinions sur nous-mêmes, sur les autres et sur le monde, puis nous les croyons vraies et nous rejetons souvent les preuves du contraire.

Si nous ignorons que nos pensées ne sont rien d'autre que des pensées, cela peut nous causer des ennuis dans presque tous les aspects de notre vie. Si nous le savons, cela nous aide à éviter les pièges que nous tend notre esprit. C'est surtout vrai pour des parents.

Par exemple, si vous pensez que « Tom est paresseux », vous aurez tendance à voir là une vérité et non une simple opinion. Chaque fois que vous verrez Tom, vous verrez un paresseux, sans appréhender tous les autres aspects de sa personnalité, qui sont bloqués ou filtrés par une opinion non nécessairement fondée. En conséquence, vous n'avez avec lui qu'une relation limitée, et sa réponse à votre attitude ne peut que vous conforter dans votre opinion. En réalité, vous avez rendu Tom paresseux dans votre esprit, et vous ne voyez plus Tom en tant que Tom, tel qu'il est en tant qu'être entier, vous ne voyez plus que l'attribut qui vous préoccupe, qui n'est peut-être qu'en partie vrai et qui peut évoluer. Et cela vous empêche peut-être d'avoir avec lui un rapport authentique parce que tout ce que vous dites ou faites sera « chargé » d'une manière qui le met mal à l'aise et dont vous n'avez pas forcément conscience d'être responsable.

Les professeurs font parfois cela. Les parents aussi. Car, en vérité, nous le faisons tous, non seulement avec les enfants et les autres, mais avec nous-mêmes. Nous nous disons que nous sommes trop ceci ou pas assez cela. Nous nous étiquetons. Nous nous jugeons. Puis nous y croyons. Ce faisant, nous rétrécissons notre vision de ce qui est réel et de ce qui est vrai, et notre opinion prend l'aspect d'une prophétie autoréalisée. Cela nous limite, nous et nos enfants. Cela nous rend incapables de voir le potentiel de transformation qui existe chez nous et chez les autres, parce que nous transportons notre vision rigide, nous refusons de percevoir les multiples dimensions des choses, leur complexité, leur intégrité, leur changement constant.

En pratiquant la pleine conscience, il est donc important de voir nos pensées comme des pensées et non simplement comme la « vérité ». Les états affectifs peuvent aussi être contemplés de cette façon, puisque nos émotions sont intimement associées à nos pensées.

Quand nous regardons ainsi nos pensées et nos sentiments, nous sentons parfois se desserrer l'étau des adjectifs possessifs. Dans ces moments, ce n'est plus « ma » pensée, mais juste « une » pensée, non plus « mon » sentiment, mais simplement « un » sentiment. Cela peut nous libérer d'un solide attachement à « nos » pensées, opinions et émotions, et nous donner plus de latitude. Qu'il s'agisse d'agacement ou d'embarras, d'impatience ou de colère, identifier le sentiment en pleine conscience nous ouvre de nouveaux choix et permet de ne pas être bloqués, de ne pas réagir sans conscience. Cela ne signifie pas que nous ne prenons plus nos émotions ou nos pensées au sérieux ni que nous n'en tenons plus compte. Mais savoir que nos pensées ne sont que des pensées, que nos sentiments ne sont que des sentiments, cela nous aide à agir de façon plus appropriée, à être plus à l'écoute de nous-mêmes et des exigences de chaque situation.

Sois vide de soucis.
Pense à celui qui a créé la pensée !

Pourquoi restes-tu en prison
Alors que la porte est grande ouverte ?

Sors de l'écheveau de la pensée craintive.
Vis dans le silence.

Laisse-toi couler dans de toujours
Plus larges cercles d'êtres.

Djalal AL-DIN AL-RUMI.

DISCERNEMENT ET JUGEMENT

LA PLEINE CONSCIENCE se définit comme la conscience qui surgit lorsque nous prêtons délibérément attention, dans l'instant présent et sans juger. L'absence de jugement est cruciale. Si nous consacrons un peu de temps à observer ce qui se passe dans notre esprit, nous voyons vite qu'une sorte de « censeur » interne est presque toujours à l'œuvre pour juger non seulement tout ce qui nous entoure, mais aussi nous-mêmes et notre expérience. Sans le savoir, nous pouvons être prisonniers de tous ces jugements, qui consomment beaucoup d'énergie et nous empêchent souvent d'y voir clair.

Comme nous l'avons vu dans le chapitre précédent, nos opinions se forment souvent très vite, et nous nous y accrochons comme s'il s'agissait de la vérité alors que ce ne sont que des pensées, et que le *contenu* de ces pensées n'est que les conclusions auxquelles notre esprit est parvenu sur les choses, les gens, nous-mêmes. Et, comme pour les autres pensées, nous pouvons nous en tenir à ces conclusions, qu'elles soient positives ou négatives, et perdre la faculté et la liberté de voir au-delà. Attachés à nos idées et opinions, nous sommes amoindris, contraints. Nos possibilités de développement se réduisent.

Si nous vivons ainsi, nous nous rendrons peut-être compte, des années plus tard, avec regret, que les opinions conçues à une certaine époque n'étaient rien d'autre que des opinions. Elles nous dissimulaient d'autres options, d'autres possibilités, et nous entraînaient sur des chemins qui ne correspondaient pas vraiment à notre être profond. Nos opinions peuvent obscurcir notre souveraineté, comme les nuages masquent la lumière du soleil. Elles nous empêchent aussi de voir la souveraineté des autres, dont celle de nos propres enfants.

Il faut donc cultiver la pleine conscience et, en tant que parent, non pas juger, mais faire preuve de *discernement*, regarder au plus profond des choses et percevoir clairement les distinctions. Le discernement, c'est la faculté de voir ceci *et* cela, au lieu de voir ceci *ou* cela, c'est voir l'ensemble du tableau, ainsi que ses petits détails, ses nuances. Le discernement est un signe de respect pour la réalité : nous prenons note des subtilités ainsi que des contours généraux, nous sommes conscients de la complexité et du mystère. C'est se montrer juste, en étant plus fidèle à la réalité dans sa totalité. Dans l'histoire de la hideuse dame, sire Kay et les autres chevaliers prononcent un jugement étroit sur dame Ragnelle, en fonction de son apparence, et ils trahissent ainsi leur propre code moral. Gauvain discerne une vérité plus profonde, il ne la juge pas malgré son aspect physique.

Quand nous disons que la pleine conscience ne juge pas, cela ne signifie pas que nous ne voyons pas ce qui se passe parce que nous refusons de percevoir des distinctions nécessaires et importantes. En fait, c'est seulement en ne jugeant pas qu'il est possible de voir et de sentir ce qui se passe en réalité, par-delà les apparences superficielles et les filtres qu'imposent nos opinions limitées, nos goûts, nos croyances, nos peurs, nos préjugés parfois inconscients, notre désir que les choses se déroulent d'une certaine manière.

Ne pas juger, c'est savoir que notre esprit juge sans cesse et suspendre délibérément son jugement pour ramener notre esprit à l'observation de chaque instant. Cette orientation n'est pas seulement importante pour le travail interne de la pleine conscience en tant que parent ; elle est aussi essentielle pour d'autres activités, comme la recherche scientifique, qui tente de discerner un ordre sous-jacent derrière les apparences, à la limite du connu et de l'inconnu. La méthode scientifique sait qu'il est nécessaire d'être très conscient de la tendance aux conclusions prématurées et des préjugés d'un esprit qui croit tout savoir.

Le discernement réserve son jugement et sait ce qu'il vaut. Nous pouvons observer les habitudes de notre esprit avec une certaine compassion, sans nous juger, sans nous accuser de trop juger. En voyant l'importance de ce que nous voyons, le discernement mène à la sagesse. Il nous rend libres d'agir plus sagement avec nos enfants, sans nous empêtrer dans nos goûts et dégoûts où nous n'y voyons plus très clair. Il est dans la nature de l'esprit de juger. Mais, sans discernement, nos jugements auront tendance à être imprécis, malavisés et inconscients.

Si une mère voit sans cesse le danger auquel s'expose son petit garçon de cinq ans et le surveille constamment, en nommant tous les terribles incidents qui pourraient survenir si son fils faisait ceci ou cela, elle est prisonnière d'une vision étroite qui n'inclut sans doute pas la conscience de sa propre attitude ou des effets qu'elle peut avoir sur son enfant. Elle ne fait qu'ajouter aux craintes de l'enfant, placer des obstacles sur son chemin et le restreindre inutilement.

Si elle était capable d'observer son attitude avec discernement, d'observer l'état d'esprit qui suscite cette attitude, elle pourrait moduler certains de ses élans fondés sur la peur, elle serait plus libre, moins contrainte. Elle verrait qu'elle dispose d'une gamme de choix bien plus large, elle pourrait trouver un meilleur équilibre entre sa crainte, qui vient de son inquiétude pour la sécurité de l'enfant, et le besoin d'autonomie de son fils, le désir d'explorer en donnant libre cours à sa curiosité. Les pères, bien sûr, sont capables des mêmes travers, qui concernent autant les filles que les fils.

Il est bon d'introduire un peu de générosité dans notre habitude invétérée de voir les choses de manière tranchée, bonnes ou mauvaises, dangereuses ou sans danger, acceptables ou inacceptables. Par exemple, si vous avez fait des choses que vous regrettez en tant que parents, il est important de voir ce que vous avez fait de bien, et vice versa. Une vision manichéenne est forcément inexacte et ne fait que prolonger les illusions et le conflit entre conjoints et avec les enfants.

Quand nous appliquons la pleine conscience et le discernement au métier de parent, nous pouvons comprendre combien nous avons tendance à juger nos enfants et à nous juger nous-mêmes comme parents. Nous avons des opinions sur eux, sur qui ils sont et sur qui ils devraient être, nous les comparons à un modèle que nous avons créé dans notre esprit. Quand nous jugeons ainsi nos enfants, nous coupons le lien entre eux et nous. Nous nous coupons de nous-mêmes. En suspendant délibérément tout jugement et en cultivant un plus grand discernement, nous créons le potentiel nécessaire pour nous reconnecter avec eux et avec nous-mêmes.

Le discernement, c'est aussi voir que, même si nous tentons de voir nos enfants tels qu'ils sont, nous ne pouvons pas vraiment savoir qui ils sont ni où leur vie les mènera. Nous pouvons seulement les aimer, les accepter et honorer le mystère de leur être.

LA PRATIQUE FORMELLE

Même si vous ne méditez que de façon occasionnelle, il est bon de vous familiariser avec les instructions encadrant la pratique formelle de la méditation, parce qu'elles expliquent clairement comment cultiver la pleine conscience et permettent de l'appliquer à tous les aspects de la vie quotidienne et du travail de parent. Quand vous êtes à l'écoute de votre expérience, c'est toute votre vie qui devient pratique de la méditation. Chaque instant est l'occasion de cultiver votre conscience et de vous éveiller.

Pour ceux qui se tournent vers la méditation formelle, soit en tant que parents, soit pour réduire leur stress, soit pour y trouver une profonde nourriture spirituelle, il est possible d'utiliser tous les moments de calme, même s'ils sont rares, même s'il faut en ménager, en se levant plus tôt que d'habitude, ou en laissant parfois le téléphone décroché.

La solitude, le temps qu'on se réserve à soi, est une façon, pour les êtres humains, de se nourrir en profondeur. Nous perdons très vite cette ressource à mesure que notre vie accélère. Pour des parents épuisés, il semble parfois impossible de trouver le temps nécessaire à une pratique formelle. Chacun est libre de choisir s'il peut s'accorder ces moments de calme, quand et comment.

Une période d'interruption et de calme n'a pas besoin d'être très longue. Une ou deux minutes suffisent, si vous ne pouvez pas faire mieux. Vous pouvez vous étendre sur un canapé en milieu de journée, dans votre lit avant de vous endormir ; ce peut être cinq minutes durant votre pause-déjeuner ou dans votre voiture garée pendant que le bébé dort. Si la motivation était là, nous pourrions pour la plupart nous ménager ces quelques minutes, ce quart d'heure de liberté, quelque part pendant les vingt-quatre heures que dure la journée. Mais il faut vouloir trouver ce temps, si difficile ou si ennuyeux que cela paraisse d'abord. Sinon, nous occuperons très vite chaque instant « libre » en lisant le journal ou en regardant la télévision, en « passant le temps » d'une manière ou d'une autre.

Ces moments de conscience nourrissent le corps et l'âme. Les parents de jeunes enfants en ont besoin plus que quiconque. Du temps pour eux-mêmes, du temps qu'ils passeraient seuls, voilà ce que les parents ont souvent le moins et qu'ils désirent le plus. Pourtant, nous ne savons pas toujours qu'en faire quand nous en avons, surtout s'il ne s'agit que de quelques minutes ici ct là, pas assez pour les employer à une chose en particulier, ou bien au mauvais moment.

La pratique formelle de la pleine conscience prend forcément du temps. Mais le jeu en vaut la chandelle, si vous vous sentez attirés ; et l'apport ne dépend pas de la durée de l'exercice. Lorsque l'on se concentre sur l'instant présent, en lâchant le passé et l'avenir, lorsque l'on s'extrait du flux de la pensée, on sort véritablement du temps. Même quelques minutes peuvent être précieuses, parce que ces instants hors du temps nous libèrent. Il n'y a rien à faire, nulle part où aller. Nous sommes momentanément soulagés de la pression du temps et des obligations, nous pouvons aborder l'expérience qui nous permet d'être entiers, complets, et à la fois d'être les éléments d'un plus grand tout.

Si vous voulez intégrer à votre vie la pratique formelle de la méditation, voici comment démarrer : ménagez-vous quelques moments de tranquillité et de solitude. Étendez-vous ou asseyez-vous dans une position digne. Concentrez votre esprit sur votre ventre pendant quelques instants, sentez-le bouger quand vous respirez; ou fixez votre attention sur vos narines et sentez le flux d'air qui entre et sort. Dans tous les cas, essayez de ne rien pousser, de ne rien retenir, laissez simplement votre respiration aller et venir, laissez votre ventre bouger naturellement.

Prêter attention à votre respiration et à votre corps ne signifie pas les perturber. Il s'agit simplement d'écouter les sensations de votre corps et les sensations associées à l'air qui va et vient dans votre corps. Vous sentez votre abdomen se soulever, enfler à chaque inspiration et se vider à chaque expiration, ou vous sentez l'air entrer et sortir des narines. Après avoir fait l'expérience de ces sensations, choisissez celle qui est la plus nette et consacrez-y votre attention.

Comme on l'a dit, vous découvrirez bientôt que l'esprit est souvent troublé, comme la surface de l'océan, comme un drapeau que le vent tend dans une direction, puis dans une autre. L'esprit a tendance à être préoccupé. Il se laisse entraîner par les pensées et les sentiments. Votre attention risque d'être détournée de votre respiration à maintes reprises, même pendant des instants très brefs. Vous n'éprouverez peut-être aucune sérénité, l'exercice vous paraîtra peut-être tout sauf relaxant. Vous vous sentirez surtout anxieux, sans cesse accaparé par autre chose.

C'est très bien. L'expérience n'est pas censée vous sembler relaxante. Vous n'êtes pas censé vous sentir ceci ou cela. Vous devez simplement prendre conscience de votre situation à chaque instant. Si vous vous sentez tendu, somnolent ou en colère, vous notez que vous vous sentez tendu, somnolent ou en colère. C'est tout. Vous vous contentez d'observer votre esprit et votre corps. Aucun jugement n'est nécessaire. En fait, nous tentons de cultiver une orientation non réactive vers notre expérience de chaque instant, sans juger, en percevant simplement ce qui se passe et, si possible, en renonçant à l'envie d'attacher un pronom personnel à ces états affectifs.

Voici l'autre instruction cruciale, qu'il faut garder à l'esprit quand on se lance dans la pratique formelle de la pleine conscience : si vous remarquez que votre attention n'est plus concentrée sur votre respiration ou sur votre corps, notez chaque fois sur quoi elle se fixe. Autrement dit, notez ce que vous avez en tête. C'est très important : cela met les pensées, les sentiments et les images dans la lumière de la conscience, et cela approfondit notre familiarité, notre intimité avec nos propres états d'esprit. Dès que vous avez permis aux événements mentaux du moment d'être présents dans la conscience, vous devez lâcher prise pour revenir à votre respiration, votre ventre ou vos narines, pour reprendre l'expérience directe de vos sensations. Si votre esprit s'éloigne mille fois de votre respiration, vous l'y ramènerez mille fois, après avoir d'abord appliqué la pleine conscience à cette autre chose que vous aviez en tête. Vous ne recherchez pas le consentement de vos pensées, mais vous ne tentez pas non plus de refouler l'activité de votre esprit. Vous l'observez simplement, vous le laissez vivre, puis vous revenez à votre respiration. Avec le temps, vous pourrez étendre votre pratique pour inclure d'autres objets d'attention au-delà de la respiration.

La pratique formelle et la pratique informelle vont de pair. L'une renforce l'autre. La méditation finit par se confondre avec la vie. Quand on est parent, on ne reste pas souvent inactif, donc chaque instant compte. Il faut simplement laisser nos enfants devenir nos maîtres zen, nous devons nous laisser instruire par tout le reste de notre vie et préserver notre intention d'être présents.

Il y a bien d'autres manières d'adopter une pratique formelle de la méditation en pleine conscience si vous vous en donnez le temps. Pour la réduction du stress basée sur la pleine conscience, on pratique à partir de différentes méthodes incluant l'examen du corps, la méditation assise et le hatha yoga. Vous trouverez plus de précisions dans *Au cœur de la tourmente, la pleine conscience : MBSR, la réduction du stress basée sur la* mindfulness, *programme complet en huit semaines*. Des CD conçus pour guider la pratique de la pleine conscience, avec des périodes de méditation de longueur variable, peuvent aider à approfondir la méditation formelle.

LETTRES À UNE JEUNE FILLE INTÉRESSÉE PAR LE ZEN

UN JOUR, J'AI (JKZ) REÇU UNE LETTRE de Caitlin, la fille d'un ami. Alors qu'elle venait d'entrer au collège, elle avait choisi de rédiger un devoir sur le bouddhisme zen et voulait aller au-delà de ce qu'elle pouvait trouver dans les quelques sources écrites disponibles. Son père lui avait conseillé de m'écrire. Sa lettre était si bien rédigée, avec une telle maîtrise de soi, et ses questions exprimaient un intérêt si sincère que je lui ai aussitôt répondu en tentant de lui faire sentir la beauté et la profondeur de la conception zen de la méditation. J'ai compris plus tard que ma réponse pouvait aussi être utile pour des adultes, c'est pourquoi je la reproduis ici.

Nous croyons en général que nous devons être très prudents quand nous proposons la méditation aux plus jeunes et que les parents ne sont peut-être pas les mieux placés pour l'enseigner à leurs enfants. Bien sûr, c'est merveilleux quand ils vous voient méditer. Parfois, quand nos enfants étaient petits, ils venaient s'asseoir sur mes genoux, je les glissais sous ma couverture et je restais assis en silence. Quand ils avaient envie de repartir, je relevais la couverture, et ils s'en allaient. Mais, pour appliquer la pleine conscience à tous les aspects du métier de parent, il faut être à l'écoute de ce qui vient de nos enfants, sans leur imposer nos valeurs.

Dans le cas de Caitlin, le désir d'en savoir plus sur la méditation venait d'elle. On pourrait dire que ma réponse cherchait à lui donner les outils nécessaires à cultiver son jardin. Mais j'ai découvert qu'elle était déjà bonne jardinière. Avec sa permission, je publie ici certains passages des lettres que je lui ai adressées et quelques-uns des poèmes qu'elle m'a envoyés.

11 février 1996

Chère Caitlin,

Merci pour ta merveilleuse lettre du 31 janvier. Je suis content d'apprendre que le zen et le bouddhisme te passionnent, et je trouve formidable que tu veuilles aller au-delà des sources habituelles d'information. Les livres peuvent être très utiles, et je t'envoie quelques-uns de mes titres préférés ; j'espère que tu les garderas toute ta vie et que tu t'y plongeras tous les cinq ans environ, puisque ce qu'ils te diront changera avec le temps. Mais, surtout pour le zen, il faut aller plus loin que les livres, il faut VIVRE ce qu'ils exposent, pour vraiment comprendre de quoi il s'agit.

Le zen et le bouddhisme ont pour but réel de SAVOIR QUI TU ES. « Mais c'est idiot, bien sûr que je sais qui je suis ! pourrais-tu penser. Je suis Caitlin et j'ai onze ans. » Pourtant, « Caitlin » n'est qu'un mot, un très joli prénom que tes parents t'ont attribué à ta naissance. Et onze ans, c'est simplement le nombre de fois que la Terre a fait le tour du Soleil depuis que tu es née. N'étais-tu pas « toi » avant qu'on t'appelle Caitlin ? Et puis es-tu le même « toi » qu'à cinq ans, à deux ans ? Bien sûr que oui ; bien sûr que non, puisque tu grandis toujours, tu changes toujours. Tu ne penses, désires ou ressens peut-être plus ce que tu pensais, désirais ou ressentais alors. Mais cette réalité profonde qui est « toi » est encore toi et sera toujours toi. Tu vois bien qu'il y a là quelque chose d'un peu mystérieux. Le zen aide à se connaître soi-même, à se comprendre et à savoir ce que cela signifie. Il s'agit notamment de savoir que certains types de connaissance et de compréhension sont au-delà des mots, de la pensée, de tout ce qu'on peut en dire. Ce savoir est tout à fait personnel et intuitif. C'est pourquoi le zen se présente largement sous la forme de poèmes et de devinettes impossibles. Elles percent à travers l'esprit pour désigner une réponse qui se situe au-delà, plus libre, plus fondamentale. Cela ne signifie pas que la pensée soit « mauvaise ». C'est formidable de penser, c'est très important, et il faut apprendre à bien penser. Mais tout n'est pas là, et, si on ne fait pas attention, la pensée peut dominer notre vie et nous faire oublier les aspects plus profonds, plus sensibles, plus intuitifs, plus artistiques de notre être, de notre vrai moi, de celui ou celle que nous sommes par-delà le nom, l'âge, les opinions, les goûts. Ça te paraît confus ? C'est seulement parce que j'emploie des mots pour parler de ce qui est au-delà des mots. C'est très simple, en réalité, et c'est là l'une des beautés du zen, sa totale simplicité. Mais cela le fait aussi paraître mystérieux, en surface, alors qu'il ne l'est pas du tout. Il faut juste comprendre ce vers quoi il tend.

Alors voici quelques indices. Une de mes amies a récemment écrit un recueil de conseils zen, qu'elle a illustrés.

Quand tu es assis, contente-toi d'être assis.
Quand tu manges, contente-toi de manger.
Quand tu marches, contente-toi de marcher.
Quand tu parles, contente-toi de parler.
Quand tu écoutes, contente-toi d'écouter.
Quand tu regardes, contente-toi de regarder.
Quand tu touches, contente-toi de toucher.
Quand tu penses, contente-toi de penser.
Quand tu joues, contente-toi de jouer.
Jouis de chaque instant et de chaque jour.

When Singing, Just Sing : Life As Meditation, *de Narayan Liebenson Grady.*

Tu me demandes si certaines devinettes zen (qu'on appelle koan *en japonais) comptent particulièrement pour moi et m'accompagnent toute la journée. Oui, il y en a que je trouve merveilleuses et utiles depuis des années. Comme tu le suggères, il s'agit d'être ouvert, de les laisser venir à toi tout au long de la journée.*
En voici quelques-unes :

Un chien a-t-il la Nature de Bouddha ?
Qu'était ton visage avant la naissance de tes parents ?
Qui es-tu ?
As-tu fini ton petit déjeuner ? Alors va laver ton bol !

Rappelle-toi que ce n'est ni par la réflexion ni par la parole qu'on peut les comprendre ou y répondre correctement. Un des maîtres zen, un Coréen, disait souvent : « Dès qu'on ouvre la bouche, on se trompe. » Les maîtres zen disent aussi : « Ne prends pas pour la Lune le doigt qui montre la Lune. » Les devinettes et les histoires zen sont comme des doigts qui montrent des choses, mais il ne faut pas les confondre avec les choses en question (si tu grimpais sur un panneau indicateur désignant « New York », tu ne te croirais pas à New York ?). Dans le cas des koan, *le « quelque chose » qui est montré n'est même pas une « chose ». Il vaut donc mieux garder la devinette en tête sans chercher à la résoudre ni même à la comprendre au sens habituel du terme. Voici en quoi consiste la méditation : il faut garder à l'esprit le mystère et la beauté du vivant, du fait d'avoir un corps, d'être en vie, d'être connecté à sa famille, à ses amis, à la nature, à la planète, de ne pas avoir toutes les réponses, ni même de savoir où l'on va. Tout cela est très bien. L'essentiel est d'être ÉVEILLÉ, d'être présent à chaque instant, avec la totalité de son expérience, avec ses sentiments, son intuition et son imagination, avec son corps, tout ce qu'il fait et ressent, et avec sa pensée. Tout cela forme qui je suis, mais je suis plus que tout cela, je suis entier, j'évolue constamment, je suis et je deviens, je sais et je ne sais pas. Non seulement c'est très bien, mais c'est aussi absolument merveilleux. Cela signifie que TU es déjà absolument merveilleuse, donc tu n'as pas à devenir merveilleuse, ou meilleure, tu n'as qu'à te laisser être toi-même, et apprendre à ne pas sans cesse te faire obstacle à toi-même (c'est un problème pour beaucoup de gens, hélas, d'où l'intérêt de la méditation). Ce fut la découverte initiale de Bouddha. Elle est unique sans rien avoir d'exceptionnel, puisque nous avons tous potentiellement le même esprit que Bouddha. Il s'agit simplement d'être éveillé et de prêter attention. C'est pour cela que le livre de mon amie Joko Beck, que je t'envoie, s'intitule* Rien d'exceptionnel. *Elle a soixante-dix-huit ans, c'est une grand-mère américaine et un maître zen ; si tu la rencontrais, tu penserais que c'est une personne ordinaire, et c'est le cas. Comme toi et moi, comme ton papa et ta maman. Elle n'a rien d'exceptionnel, mais elle est tout à fait exceptionnelle.*

J'en arrive à ta troisième question, sur les techniques. Oui, il existe des techniques pour aider à cultiver cette compréhension de qui tu es, pour apprécier pleinement le fait d'être en vie et de partager la vie de tous les êtres vivants. Mais, avant que je t'en présente quelques-unes, je dois te rappeler que ces techniques aussi ne font que montrer la Lune. Elles ne sont pas l'objectif, elles ne font que désigner ta propre expérience, ce sont des aides précieuses, comme les petites roues qu'on ajoute à une bicyclette, jusqu'au jour où tu « sens » ce que c'est que d'être présent à tout instant (tu te souviens, « quand tu marches, contente-toi de marcher »), car c'est là en résumé ce que signifie avoir « l'esprit zen ».

Se contenter de marcher ou d'être assis, se contenter de faire une chose à la fois n'est en réalité pas si facile. Pour la marche, par exemple, si tu essaies de ne faire que marcher, tu te rendras compte qu'il se passe beaucoup de choses dans ta tête : tu penses à l'endroit où tu vas, tu as peur d'être en retard, tu te demandes ce qui va se passer là-bas, de sorte que tu n'es pas pleinement consciente de ton corps, de tes pieds, de tes mains, de ta colonne vertébrale ou de ta respiration. Ce n'est pas facile de se contenter de marcher. Il faut y travailler, c'est ce qu'on appelle la pratique, la pratique de la méditation. La méditation ne consiste pas seulement à être conscient de chaque instant, quoi qu'on fasse, et à ne pas se laisser entraîner par ses pensées et ses sentiments, quels qu'ils soient. Il s'agit de ne rien vouloir changer. Il s'agit d'être conscient de l'instant tel qu'on le vit.

Si tu apprends cela quand tu es jeune et que cela devient ton mode de vie, la leçon peut avoir un effet incroyable pendant des années et des années, parce qu'elle développe ta capacité interne à être une personne plus sage, plus heureuse, plus affectueuse et plus rieuse. Nous avons tous cette capacité, surtout quand nous sommes jeunes, mais l'âge et la vie pèsent parfois tellement que les gens oublient qu'ils sont des êtres miraculeux et qu'ils sont dotés d'une extraordinaire réserve de sagesse, de compassion et de créativité. La pratique de la méditation permet de ne pas l'oublier et de laisser s'épanouir pleinement CELLE QUE TU ES, *tout au long de ta vie. Les choses évolueront tantôt de façon merveilleuse, tantôt de façon difficile, mais tu pourras participer et contribuer à ces changements, donner une orientation à ta vie grâce à ta sagesse et à ta conscience. Tes choix de vie seront plus sains, tu sauras mieux affronter toutes sortes de situations, même les plus ardues, même les plus stressantes.*

Si tu veux pratiquer, il existe beaucoup de techniques. Prêter attention à ta respiration est sans doute la meilleure pour commencer, parce qu'on respire sans cesse. On n'est pas toujours en train de marcher, de parler ou de manger, mais on respire toujours. Tu peux donc prêter attention à ta respiration et te lier d'amitié avec elle à tout instant. Cela te calmera quand tu es contrariée, et surtout cela t'aidera à rester en contact avec chaque instant. L'instant présent ne reviendra pas. Ne le laisse pas t'échapper. « Ne laisse pas passer une pareille occasion », dit le grand poète indien Kabir.

Encore une chose. De même que les techniques ne sont pas l'essentiel, mais simplement un système pour créer une plus grande intimité avec ta propre vie, de même la pratique de la méditation ne se limite pas à rester

assis ou couché, à l'écoute de ta respiration pendant un certain temps chaque jour. Il s'agit en réalité d'être présent, éveillé, conscient, d'instant en instant, de jour en jour, dans tout ce que l'on fait. Et, puisque la respiration nous accompagne partout, nous pouvons toujours nous en servir pour revenir à notre corps et à l'instant présent.
Autrement dit,

Quand tu marches, tu marches.
Quand tu manges, tu manges.
Quand tu aides ton petit frère, tu aides ton petit frère.
(Quand tu taquines ton petit frère, tu le taquines.)
Quand tu parles au téléphone, tu parles au téléphone.
Quand tu étudies, tu étudies...

Je pense que tu as compris l'idée.
Dernière remarque : l'idée est de pratiquer la conscience de ta respiration à chaque instant sans juger, sans réaction affective. On ne peut pas entièrement éviter les jugements et les émotions, mais l'idée est d'être conscient de ces jugements permanents, d'essayer de suspendre son jugement et de laisser les choses être ce qu'elles sont, au moins pendant qu'on pratique. Si tu juges constamment les choses et les gens, si tu as des opinions sur tout, ton esprit et ton cœur seront déjà remplis de pensées et de jugements, de goûts et de dégoûts, et tes opinions t'empêcheront d'y voir clair.
Voici une histoire zen : un professeur d'université vint un jour demander à un maître zen en quoi consistait réellement le zen. Il avait lu beaucoup de livres et il voulait en savoir plus. Le maître zen invita le professeur à s'asseoir à sa table et lui servit du thé. Il versa le thé dans

la tasse de son invité, mais il continua à verser alors que la tasse était déjà pleine. Le thé déborda de la tasse, puis de la soucoupe, se répandit sur la table et jusqu'à terre. Stupéfait, le professeur hurla : « Mais que faites-vous ? Vous ne voyez pas que la tasse est déjà pleine ? – Si, je le vois, répondit le maître zen. C'est pareil pour votre esprit. Comment voulez-vous que j'y ajoute quoi que ce soit quand il est déjà plein d'idées et d'opinions ? »

Alors rappelle-toi : essaie de ne pas tout juger tout le temps, de ne pas avoir d'opinion arrêtée sur tout. Je sais que c'est difficile, parce que l'école et la société dans son ensemble nous y poussent constamment. Mais tu n'es pas tes opinions, et il est bon de le savoir. En fait, tu n'es aucune de tes pensées. C'est toi qui penses, qui ressens, qui vois, mais de qui s'agit-il ? C'est la question à garder en tête. Fais avant tout confiance à la conscience et à l'écoute. Aie confiance en ton vrai moi, en ton cœur, en ton intuition. C'est très bien d'avoir des opinions, mais, si tu n'en as pas conscience, tu deviens tellement attachée à elles que tu es incapable d'apprendre quoi que ce soit de nouveau.

Tu m'as demandé pourquoi j'avais décidé de pratiquer ces techniques et ces enseignements. Parce que je savais au fond de mon cœur que la vie avait plus à offrir que ce que je vivais en tant qu'étudiant en biologie moléculaire. Je ne voulais pas passer à côté de ma propre vie. Alors je me suis mis au yoga, à la méditation et aux arts martiaux parce qu'ils correspondaient à un besoin profond auquel rien d'autre ne répondait. Je suis ainsi devenu moins en colère, plus heureux. La méditation m'aide à être plus calme, plus clair, plus affectueux, plus tolérant, à agir plus efficacement que si je n'avais pas adopté cette pratique il y a une trentaine d'années. Et je continue à pratiquer chaque jour, mais pas pour atteindre un but ou pour me sentir bien. Je pratique parce que c'est une bonne manière d'aimer la vie et d'être en contact avec ce qui est important. J'aime écouter le silence.

Tu me demandes comment le bouddhisme et le zen affectent le monde ? Je pense qu'ils nous montrent ce que la vie et les gens ont d'universel, chose importante pour notre survie en tant qu'espèce, pour notre bonheur dans la société et en tant qu'individus. Alors que le monde devient de plus en plus compliqué et va de plus en plus vite, alors que nous sommes de plus en plus soumis à la pression et au stress, nous devrons apprendre à mieux prendre soin de nous-mêmes et de notre planète. La sagesse bouddhiste peut beaucoup nous aider sur ce point. Il existe une « économie bouddhiste ». Tu as peut-être déjà entendu la devise « Small is beautiful *». Elle en fait partie. Ne pas faire de mal aux créatures vivantes est un autre principe dont le monde pourrait s'inspirer. Je pense que nous avons besoin de plus de conscience et de plus d'altruisme en politique, dans les affaires, dans le monde en général. De nos jours, des millions d'Américains pratiquent la méditation. Ce n'était pas le cas il y a vingt ans encore, et c'est une évolution très positive.*

Enfin, tu m'interroges sur les pratiques ou croyances inhabituelles que je trouve intéressantes et instructives. On pourrait dire que tout ce dont j'ai parlé jusqu'ici est un peu inhabituel. Je pourrais revenir à mon point de départ, et répéter qu'il s'agit avant tout d'observer son esprit. Les croyances, c'est très bien, mais il est important de ne pas s'y attacher au point d'être aveugle à d'autres aspects de la réalité. Il s'agit en fin de compte d'être toi-même, de te sentir bien dans ta peau. Les

pratiques servent à nous y aider, à nous rappeler que nous sommes déjà des êtres formidables et uniques.
Il y a des gens dont on dit : « Je lui ai demandé l'heure, et il m'a expliqué le fonctionnement d'une montre. » C'est peut-être la même chose ici, je ne sais pas. Tout ce que je sais, c'est que j'ai beaucoup aimé ta lettre et ton enthousiasme, c'est pourquoi j'ai écrit sept pages pour te répondre. J'espère que tu ne trouveras pas ma lettre trop longue, ou trop compliquée. Si c'est le cas, n'en retiens que les passages qui ont du sens pour toi et oublie le reste.
Sens-toi libre de m'écrire si tu veux. Et bonne chance pour ta rédaction.

Avec tous mes vœux,
Jon.

22 février 1996

Chère Caitlin,
Merci pour ta lettre et pour tes poèmes. Quel merveilleux sujet de rédaction tu as choisi (à moins que ce ne soit le sujet qui t'ait choisie ?). Pendant trente ans, William Stafford, un de nos grands poètes contemporains, a écrit un poème chaque matin, avant de faire quoi que ce soit d'autre. Une vraie pratique méditative !
Tu as raison de penser que tu comprendras mieux le zen et le bouddhisme avec les années, mais je vois à tes lettres et à tes poèmes que tu en as déjà « absorbé beaucoup », comme tu le dis.
Merci pour le plaisir d'avoir fait ta connaissance. Bonne chance pour ta rédaction. Sens-toi libre de m'écrire aussi souvent que tu le souhaites.

Avec tous mes vœux,
Jon.

Quelques poèmes zen de Caitlin :

Des branches
Minces, entrelacées
Une silhouette que n'aurait pu découper aucun artiste
Sauf la nature.

*

Mara prend les nombreuses formes
De l'or, des bijoux et des drapés de satin,
Des bagues en diamant et des cœurs en plastique,
Des faux « Je t'aime » des cartes de vœux.
Elle vous poursuit, vous tente et vous agrippe,
Vous prend au piège avec sa chanson mensongère.
Pour rechercher les Vérités, comme le disait Bouddha,
Il faut écouter les richesses du passé,
Les arbres, l'air, le chant de la NATURE
Ont toujours été les vrais plaisirs.

(Mara avait soumis Bouddha à la tentation des plaisirs terrestres avant qu'il ne reçoive la lumière.)

*

Zen
Calme, distinct
Apprécier, être, observer
Une unique fleur à la lumière des étoiles
Conscience

LE CALME ENTRE DEUX VAGUES

LA PLEINE CONSCIENCE et la clarté qui en provient sont très simples. Elles n'ont rien d'exceptionnel, tout en étant exceptionnelles. Dans *Quatre Quatuors*, T. S. Eliot évoque

> Un état de simplicité complète
> (Qui ne coûte rien de moins que tout).

Tous les enfants sont uniques, chacun est un univers insondable de possibilités et de sentiments. Pouvons-nous apprendre à écouter avec soin pour entendre la texture et les résonances de leur voix, de leurs chants, de leur vie ? Pouvons-nous entendre, comme disait Eliot, « le rire caché des enfants dans le feuillage » ? Car nous n'avons que l'instant présent pour accomplir ce travail.

> Vite maintenant, ici, maintenant, toujours…
> Un état de simplicité complète
> (Qui ne coûte rien de moins que tout).

Dépêchons-nous, l'instant présent est le seul qui offre quoi que ce soit à sentir ou à entendre, qu'il s'agisse de nos enfants ou des fluctuations de notre esprit. Mais cela n'est possible que si nous voulons bien prêter attention, être présents et complètement disponibles, regarder, écouter et rester ouverts. Autrement, des occasions uniques de voir et d'entrer en relation avec nos enfants, « inconnus parce que non recherchés », nous resteront opaques.

Mais, si nous regardons, nous entreverrons peut-être quelque chose ; si nous écoutons en nous, nous entendrons peut-être notre vie, notre vrai moi nous appeler :

Mais entendus, à demi entendus dans le calme
Entre deux vagues de la mer.

Quand notre propre conscience occupe l'espace séparant deux pensées, dans le calme, nous entendons

La voix de la cascade cachée
Et les enfants dans le pommier.

Le poète nous rappelle les possibilités latentes de l'instant présent. T. S. Eliot désigne et nomme cet espace, ce calme qui nous révèle notre essence et nos possibilités :

Nous ne cesserons pas d'explorer
Et la fin de toute notre exploration
Sera d'arriver à notre point de départ
Et de connaître ces lieux pour la première fois.
Par la porte inconnue, remémorée,

Quand ce qu'il reste à découvrir sur la terre
Est ce qui était au commencement ;
À la source du plus long fleuve
La voix de la cascade cachée
Et les enfants dans le pommier,
Inconnus parce que non recherchés,
Mais entendus, à demi entendus, dans le calme
Entre deux vagues de la mer.
Vite maintenant, ici, maintenant, toujours,
Un état de simplicité complète
(Qui ne coûte rien de moins que tout).
Et tout sera bien et
Toutes manières de choses seront bien
Quand les langues de feu seront repliées
Dans le nœud couronné de feu
Où le feu et la rose ne sont qu'un.

Cette exploration incessante est le grand travail de la conscience. Nous pouvons l'appliquer à tout. Mais où pourrait-on mieux cultiver ce mode de voir, ce mode d'être, que dans le métier de parent ?

Cinquième partie
Une façon d'être

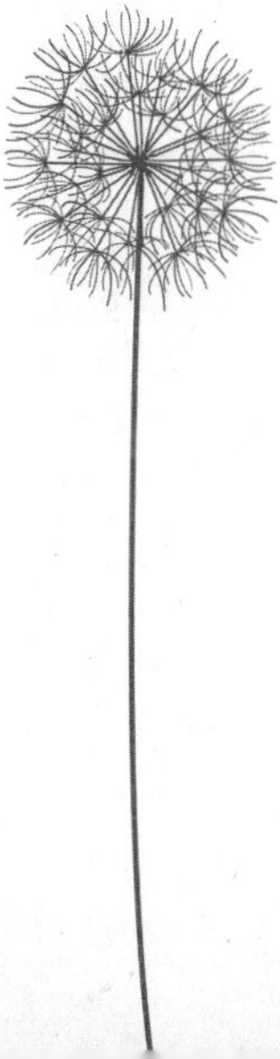

LA GROSSESSE

La grossesse est un moment naturel pour commencer ou approfondir la pratique de la pleine conscience. Les changements spectaculaires qui se produisent dans notre corps, dans nos perceptions, dans nos pensées et dans nos émotions, tout cela invite à un nouveau degré d'écoute, d'émerveillement et d'appréciation. Pour certaines d'entre nous, la grossesse marque la première fois où nous faisons pleinement l'expérience d'être dans notre corps.

Les transformations physiques n'intéressent pas que nous, mais aussi ceux qui nous entourent. Cet état particulier nous est constamment rappelé par les réactions des gens : questions empreintes de sollicitude, conseils spontanés, caresses inattendues sur le ventre.

Les mille changements physiques et affectifs que nous vivons nous offrent une occasion unique de travailler intimement avec de nombreux aspects de la pratique de la pleine conscience : prêter attention à notre expérience, être pleinement présentes, avoir conscience de nos attentes, cultiver l'acceptation, la gentillesse et la compassion, en particulier envers nous-mêmes et notre bébé, éprouver des sentiments de profonde interconnexion.

Les occasions d'appliquer la pleine conscience à ce moment particulier abondent aussi pour le père ou le conjoint. La grossesse est une période d'évolution physique, affective et relationnelle. Le conjoint peut appliquer la pleine conscience à toute la gamme de ses propres sentiments, dont certains peuvent être nouveaux et inconfortables, ainsi qu'aux émotions qu'inspirent la transformation du corps de la mère et les changements que la naissance imminente entraînera dans leur vie. Ils ont leur propre travail interne et externe à accomplir, ils participent aux préparatifs et aux différents choix, ils doivent entrer davantage en contact avec leur capacité de don et d'amour, peut-être d'une manière nouvelle.

La conscience et l'acceptation cordiale sont en elles-mêmes des façons de reconnaître et d'honorer cet état particulier, le miracle et le mystère de tout le processus par lequel deux êtres deviennent trois, trois deviennent quatre… Cette conscience sera plus essentielle encore après la naissance du bébé.

Avant d'être enceintes, nous vivions peut-être dans une activité constante, toujours poussées à aller de l'avant : il fallait agir vite, toujours plus, plus ou moins à notre insu. Puis, tout à coup, nous nous trouvons dans un « mode d'être » plus lent, plus réceptif. La fatigue extrême que nous ressentons par moments peut nous forcer à ralentir, alors que notre corps s'efforce de créer, de grandir et de nourrir le bébé à travers le placenta, cette étonnante nouveauté, et grâce à notre flux sanguin considérablement accru. Si nous négligeons ces changements et continuons à vivre au même rythme qu'avant, nous risquons de passer à côté d'une occasion éphémère d'appréhender le monde d'une autre façon, de manière moins rapide, plus consciente et plus sensible. Même alors que la naissance imminente oriente sans cesse notre pensée et notre imagination vers l'avenir, notre mutation nous oriente de plus en plus vers le miracle de ce qui est en train de se produire.

En nous tournant naturellement vers nous-mêmes, la grossesse nous donne l'occasion de nous mettre à l'écoute de nous-mêmes, en utilisant la respiration pour nous enraciner et approfondir notre relation à l'instant présent. Nous devenons plus conscientes de nos pensées, de nos sentiments, de notre corps et de notre bébé. En laissant notre souffle devenir plus lent et plus profond, en identifiant les points de tension, nous pouvons commencer à évacuer cette tension de notre corps à chaque expiration. L'énergie que nous utilisions jadis pour dissimuler ou ignorer la colère, la crainte ou l'anxiété sera libérée quand nous commencerons à observer nos sentiments de manière réceptive, en les regardant changer d'un instant à l'autre.

La grossesse peut être une période d'émotions intenses et changeantes. Peu importe la vigueur de notre désir de maternité, notre bonheur peut aussi s'accompagner de moments de peur, d'ambivalence, de regret et d'incertitude. Comment notre vie va-t-elle changer ? Sommes-nous prêtes à devenir mères ? Pendant la grossesse, les femmes se sentent souvent plus vulnérables sur le plan affectif, plus ouvertes et plus sensibles aux impressions visuelles, auditives et olfactives.

Chaque grossesse est différente, chaque femme est différente, chaque jour est différent. La gamme d'expériences est immense : nous pouvons nous sentir en meilleure santé que jamais auparavant, radieuses, avec une sensation de bien-être total, mais nous pouvons aussi être affreusement malades, déprimées, immobilisées. Nous pouvons être déçues, furieuses, contrariées parce que ce que nous vivons ne correspond pas du tout à nos attentes.

Adopter la pleine conscience pendant la grossesse ne signifie pas que nous soyons « censées » éprouver certaines choses en particulier, ou qu'il existe un état idéal qu'il faudrait atteindre dans l'intérêt du bébé ou de nous-mêmes. Cela signifie identifier toute notre palette de sentiments et d'expériences, et travailler avec elle de notre mieux. Cette orientation, fondée sur la conscience et l'acceptation, peut souvent mener, paradoxalement, à un plus grand calme, à la relaxation et à un sentiment de bien-être.

Nous portons toutes, à divers degrés, des expériences douloureuses, des relations familiales difficiles, de vieilles blessures qui ne sont pas nécessairement guéries. Quand nous nous apprêtons à devenir parents, il est essentiel de panser les plaies causées par les jugements, les critiques et l'amour conditionnel qu'on nous offrait dans notre enfance. Pour y parvenir, nous pouvons appliquer la conscience aux moments de la journée où nous nous surprenons à nous juger, à nous dévaloriser, nous-mêmes ou les autres. Nous devons nous rappeler que ces pensées ne sont que des pensées, et ramener délibérément notre attention sur notre respiration, sur l'instant présent.

Un autre moyen de guérir est de consacrer chaque jour un moment à nous concentrer sur notre for intérieur, pour baigner dans une énergie compassionnelle, qui ne juge pas. Pour certaines, il peut sembler naturel et facile de diriger la gentillesse et l'acceptation vers leur moi profond et vers leur bébé. Pour d'autres, générer ce type d'énergie et la diriger vers elles-mêmes peut être très difficile, voire embarrassant. Il est bon alors de penser à une personne ou à un animal pour qui nous ressentons amour et acceptation, puis, quand nous entrons en contact avec ces sentiments, de les laisser nous entourer également.

Quand nous nous tournons vers notre intérieur, conscientes des nombreux changements que nous vivons, nous pouvons aussi orienter notre conscience vers les croyances profondément ancrées et chargées en émotions que nous avons au sujet de la grossesse, de l'accouchement et de la maternité. Nous partageons toutes ces croyances, conscientes ou inconscientes, fruit de notre expérience, de ce que nous voyons ou entendons dans les médias, des histoires venant de notre famille, de nos amis, de nos connaissances. Ces croyances, qui souvent n'ont pas fait l'objet d'un examen critique, peuvent colorer nos espoirs et nos craintes pour la naissance à venir.

Il est important de se rappeler que nos croyances ne sont pas nécessairement « vraies ». Ce ne sont que des croyances. Comprendre que ce ne sont que des pensées, les examiner délibérément, chercher à en connaître l'origine et le contexte initial, c'est le moyen d'atténuer l'influence négative qu'elles peuvent avoir sur notre psyché.

Sous la forme de croyances ou d'attitudes négatives envers la grossesse, la naissance et la maternité, des semences toxiques peuvent être plantées sans le vouloir par les commentaires anodins de la famille et des amis. Ces remarques ont d'autant plus d'effet qu'elles viennent d'individus investis de l'autorité que donne le savoir, qu'ils soient eux-mêmes parents, travailleurs sociaux ou amis.

Une manière de devenir plus conscientes de nos propres croyances est de parler avec nos mères ou grand-mères de leur propre expérience, d'autres naissances dans la famille, pour obtenir le maximum de détails. Nous pouvons aussi contacter des médecins qui ont assisté à de nombreux accouchements qui se sont déroulés sans intervention superflue. Nous pouvons leur demander d'interpréter les récits effrayants que nous avons entendus, sur la base de leurs connaissances, de leur expérience et de leurs propres convictions.

Par exemple, l'histoire racontée par une femme ayant donné naissance il y a vingt ou trente ans, avec accouchement traumatique au forceps et un bébé déprimé, doit être resituée dans le contexte d'une mère droguée, dont le travail s'était fait sur le dos (mauvaise position pour accoucher) et sans aucun soutien. Un récit plus récent, se terminant par une césarienne, doit être appréhendé dans le contexte plus large d'un accouchement provoqué, sous péridurale, la mère étant incapable de s'accroupir et d'utiliser la gravité pour aider le processus, incapable de pousser efficacement. En comprenant le contexte médicalisé dans lequel se déroulent la plupart des naissances, et contrebalançant cela par des récits de femmes accouchant sans intervention superflue, nous commençons à nous fier à la force et à la sagesse que notre corps a naturellement pour donner naissance.

En nous instruisant sur les naissances normales, nous voyons et comprenons que nous ne pouvons pas tout contrôler, mais que nous pouvons beaucoup pour créer un environnement positif, avec une intervention médicale minimale ou nulle.

Une étape importante de ce processus consiste à choisir qui nous aidera dans nos préparatifs et lors de l'accouchement. Les spécialistes de l'aide à l'accouchement se forment sur le tas, grâce à leur expérience unique, comme tout le monde. On l'a dit, ils ont eux aussi leur propre système de croyances sur le processus d'enfantement. Ceux qui croient le corps capable de donner naissance sans intervention superflue et qui ont assisté à de nombreux accouchements de ce genre ont de grandes chances d'avoir une riche expérience et une grande confiance dans le processus. Dans l'idéal, cela se traduit par leur capacité à offrir aux femmes un soutien plus respectueux et plus efficace. Rencontrer ces personnes avec lesquelles l'accouchement se prépare est l'occasion d'y voir plus clair, de laisser de côté notre naïveté et toute cette foi aveugle que peuvent nous inspirer les « autorités ».

Il ne suffit pas que ces auxiliaires aient l'air « charmants ». Si c'est possible, interrogez plusieurs spécialistes, posez-leur des questions précises (où ils pratiquent, qui les couvre, quels sont leurs critères pour déclencher le travail, quel est leur taux de césariennes), cela vous fournira des indications cruciales quant à leur attitude face à l'accouchement. Il peut aussi être utile de parler avec d'autres femmes qui ont eu recours à eux et de découvrir les détails de leur expérience.

En écoutant attentivement le discours des spécialistes, en les interrogeant sur les paramètres selon lesquels ils travaillent, nous découvrons leur point de vue et nous pouvons décider s'il est compatible avec le nôtre. À mesure que nous accumulons l'information à force de lire, de discuter avec des gens, d'être à l'écoute de nos sentiments et réactions, nous sommes de plus en plus conscients de ce qui est important pour nous.

Après nous êtres préparées ainsi, il s'agit de décider où et avec qui nous nous sentirons le plus à l'aise et le plus en sécurité. Certaines femmes estiment alors qu'elles seraient mieux à l'hôpital, mais se rendent compte ensuite qu'elles veulent accoucher à la maison. D'autres pensent d'abord vouloir accoucher chez elles, puis comprennent qu'elles se sentiront mieux dans un hôpital ou une maternité.

Selon notre système médical et notre assurance maladie, nous pouvons penser que nous n'avons pas le choix. C'est peut-être vrai. Mais garder l'esprit plus ouvert, avoir une attitude créative face aux contraintes, accomplir un travail interne et externe à partir des renseignements collectés, grâce à notre conscience et à notre intuition, nous permet de prendre une décision informée et de définir la voie qui corresponde le mieux à nos besoins et à ceux de notre bébé.

LA NAISSANCE

La force et l'intensité du travail nous accaparent à chaque instant. Chaque accouchement est unique. Comme pour la vie, on ne sait jamais comment cela va se dérouler. Chaque accouchement a son propre rythme, son propre tempo. On ressent parfois un sentiment de calme, de sacré. Chacun accomplit sa part, et le travail progresse régulièrement jusqu'à ce que le bébé soit né. Mais la naissance peut aussi être vécue comme une comédie échevelée, où les choses arrivent si vite que les gens courent en tous sens, dans une atmosphère de frénésie.

Ceux qui assistent à l'accouchement doivent mettre de côté leurs attentes et leurs jugements, être ouverts à tout ce qui peut arriver et y engager tout leur être. Peut-être avons-nous rêvé de massages et de caresses pendant le travail, mais le moment venu nous n'avons plus envie qu'on nous touche. Nous avons pu envisager d'accueillir de nombreux amis et de diffuser de la musique dans la salle, mais finalement nous n'aspirons plus qu'au calme et à une relative solitude. Nous imaginions une madone sereine donnant naissance dans la tranquillité, mais nous nous découvrons en colère, contrariée, alternant jurons et gémissements, et émettant toutes sortes de sons déplaisants.

L'accouchement est une occasion d'enlever le costume de la « gentille fille », calme, aimable, attentionnée, soigneuse et soucieuse des autres, costume que les femmes adoptent si souvent dans notre société ; il nous donne la liberté d'être celle que nous sommes à ce moment, concentrée sur elle-même, pleinement impliquée dans la tâche en cours. Si notre entourage nous laisse choisir notre façon de faire, notre propre souveraineté dans ce processus miraculeux où nous jouons un rôle central et critique, l'accouchement peut être une puissante affirmation et une guérison de notre psyché, une initiation à un nouveau domaine de l'être.

Si vous avez utilisé votre respiration pour cultiver la pleine conscience durant votre grossesse, lorsque le travail commence, vous aurez l'habitude de vous connecter au souffle pour être plus présente, plus détendue, plus concentrée. Quand le travail se fait de plus en plus intense, vous pouvez vous servir de votre respiration pour vous ouvrir à la douleur et à ce labeur de chaque instant. Quelle que soit la façon dont se déroule votre accouchement, si douloureux qu'il puisse être, une conscience féroce de chaque instant, face à ce processus inconnu, peut aider à ramener l'expérience dans le domaine de la pleine acceptation et de la maîtrise. Le résultat est non seulement un nouveau bébé à accueillir et à élever, mais une expérience qui nous accompagnera tout le long de notre vie.

Pour cultiver la pleine conscience durant l'accouchement, nous pouvons nous efforcer de respirer lentement et profondément lorsque nous sentons l'intensité des contractions, en utilisant chaque inspiration pour accompagner ces sensations intenses, et en utilisant chaque expiration pour relâcher toute tension ou toute forme de résistance dans notre corps. La fin de chaque contraction apporte toujours un répit, si court soit-il, qui nous permet de changer de position, de boire, d'embrasser quelqu'un, de rire, ou simplement de rester concentrée sur notre respiration. En étant consciente, en étant présente, nous voyons et nous sentons mieux ce dont nous avons besoin à chaque instant.

Utiliser la respiration pour être pleinement présente pendant l'accouchement, pour accompagner la douleur ou l'inconfort, demande moins d'énergie que d'essayer d'oublier la douleur ou de lutter contre elle. Le corps a sa propre sagesse interne. Lui résister et être tendue lui complique la tâche. Respirer lentement et profondément, travailler avec ce que nous ressentons en changeant de position, nous faire appliquer des compresses chaudes, exprimer nos sentiments, nos frustrations, nous accrocher à notre conjoint, tout cela peut nous aider à être plus pleinement présente.

Les femmes s'aperçoivent souvent que la peur des douleurs de l'enfantement est plus terrible que la douleur elle-même ; que, si elles vivent délibérément chaque contraction sans se soucier du temps qu'elle va durer, sans penser à la suivante, elles ont plus d'énergie positive à consacrer à chaque instant. Être pleinement présente d'un moment à l'autre pendant l'accouchement exige du courage, de la concentration, l'amour et le soutien de ceux qui nous entourent.

Nous associons en général la douleur à la pathologie. La douleur de l'accouchement est la saine douleur d'un processus intensément physique, quand l'utérus se contracte, d'abord pour ouvrir le col, puis pour expulser le bébé. Les femmes peuvent y appliquer des croyances positives en associant la puissance, l'intensité et même la souffrance qu'elles ressentent à des images mentales délibérément évoquées : le col de l'utérus s'ouvrant comme une fleur, le bébé glissant de plus en plus bas à chaque contraction. Émettre des oooh ! et des aaaah ! à chaque contraction, ce qui permet à la gorge de s'ouvrir, et ce qui associe dans l'imagination l'ouverture de la gorge à celle du col et du vagin, est un autre moyen de travailler « à l'intérieur » de l'intensité même du travail.

Donner naissance, tout comme être parent, est un processus où chaque situation, chaque instant apporte un nouveau défi. Parfois, nous relevons ce défi. Parfois, nous reculons, nous nous replions sur nous-mêmes, nous passons en pilote automatique. Parfois nous sommes complètement perdues, nous nous plaignons, nous jurons et nous rejetons cette expérience qui paraît lamentable.

Quand nous nous fermons sur nous-mêmes, cela peut aider à ramener notre attention sur la respiration. Cela nous permet de nous concentrer à nouveau sur l'instant présent et de travailler avec lui tel qu'il est. Chaque instant est un nouveau départ, c'est exactement ce dont nous avons besoin après chaque contraction, surtout lorsque l'on se sent épuisée, anxieuse ou découragée. Notre volonté d'incarner ces nouveaux départs reflète le plus grand des nouveaux départs. Après tous les préparatifs et les efforts, l'enfant naît et, avec lui, la mère… et une nouvelle constellation familiale.

Parfois, à l'accouchement, il arrive des choses imprévues, comme dans la vie. Nous ne pouvons anticiper ou contrôler tout ce qui se passe. La naissance est un moment où il est important d'être douce avec soi-même. Quand nos attentes ne sont pas satisfaites, pour une raison ou pour une autre, notre désir que les choses se déroulent d'une certaine façon peut nous causer beaucoup de souffrance. Nous avons beau souhaiter une naissance « naturelle », nous réclamerons peut-être des antalgiques, nous aurons peut-être besoin d'une intervention médicale. Notre désir d'une naissance « parfaite », d'un bébé « parfait » peut nous empêcher de répondre à ce qui nous arrive réellement. Accueillir l'inattendu en pleine conscience n'a rien de passif. Même dans des circonstances très difficiles, nous pouvons nous fier à nos sentiments et à notre intuition, et faire de notre mieux pour prendre les décisions instantanées qui s'imposent souvent.

Travailler avec l'imprévu, en renonçant à nos attentes, n'est pas facile. Nous devons nous accorder l'autorisation et le temps de vivre pleinement tous nos sentiments : contrariété, colère, déception, chagrin, crainte. Ressentir de la compassion pour nous-mêmes, pour nos difficultés, nos efforts, nos limites, notre humanité, c'est une partie essentielle du processus par lequel nous restaurons notre moi.

Pendant la grossesse, nous concentrions la plupart de notre énergie sur la naissance, et nous comprenons seulement, quand notre bébé naît, qu'elle n'est qu'un début. Mais le travail interne accompli durant la grossesse et l'accouchement est un bon entraînement pour devenir parent en pleine conscience, et, quand nous accouchons, la puissance et l'immédiateté avec lesquelles nous sommes entraînées dans l'instant présent, loin de nos idées préconçues, nous mettent en contact avec l'essence de la pratique de la pleine conscience. En donnant naissance à notre bébé, nous découvrons que nous donnons naissance à de nouvelles possibilités en nous-mêmes.

LE BIEN-ÊTRE

Dès que nous appliquons la pleine conscience à notre vie et à notre activité de parent, nous pouvons être amenés à réexaminer et à contester des présupposés fondamentaux jusque-là considérés comme acquis.

Par exemple, on demande souvent aux nouveaux parents : « Votre bébé fait-il déjà ses nuits ? » Derrière cette question se trouve un souci naturel pour le bien-être des parents, partant du principe que les bébés sont censés faire des nuits complètes. Cela sous-entend que les besoins des parents passent avant tout.

Cette hypothèse affleure souvent sous la forme de conseils spontanément adressés aux nouveaux parents, du genre : « Veillez à passer du temps en tête à tête. Soignez votre couple. Prenez une baby-sitter et sortez en amoureux. » À y regarder de plus près, on s'aperçoit que, là encore, l'accent est mis sur le bien-être des parents plutôt que sur celui de l'enfant. On estime que les bébés sont résistants, alors que les parents sont vulnérables et ont besoin d'être protégés. Bien sûr, les nouveaux parents doivent prendre soin d'eux, ils ont besoin de l'affection et du soutien de leurs amis et de leur famille pendant cette période d'adaptation où toutes sortes de nouvelles exigences leur sont imposées. Mais il est important que, dans ce processus, les besoins du bébé ne soient pas minimisés ou perdus de vue. Si nous préservons une certaine conscience, nous pouvons essayer de prendre soin de nous-mêmes sans que ce soit aux dépens du bien-être du bébé.

En décidant quelles seront nos priorités et quel type de parents nous serons, nous devons être conscients de la valeur cruciale de la confiance et de la connexion qu'il faut établir avec notre bébé, pour son bien-être à long terme comme pour le bien-être à long terme de la famille. Comme nous l'avons noté dans le chapitre sur l'empathie, les chercheurs spécialistes de la petite enfance ont déterminé que les fondations de la vie affective s'enracinent dans ces petits échanges répétés qui démarrent très tôt entre le bébé et les parents. De tous ces moments intimes, les plus critiques semblent être, selon Daniel Stern, ceux « qui font savoir à l'enfant que ses émotions sont accueillies avec empathie, acceptées et réciproques ». Cela fait partie du processus d'*accordage affectif*. Puisque cet accordage forme la base des compétences émotionnelles de l'enfant, nous devrions prêter beaucoup plus d'attention, à chaque instant, aux interactions avec nos enfants, surtout lorsqu'ils sont petits, et aux choix que nous faisons pour leur éducation.

Imaginons un bébé qui ne fait pas ses nuits. Les parents, par lassitude, décident de laisser le bébé pleurer jusqu'à ce qu'il « comprenne » et s'endorme. Mais réfléchissons à ce que ressent le bébé. Le bébé et les parents forment un tout interconnecté. Dans sa détresse, le bébé ne peut satisfaire lui-même ses besoins, il dépend des parents pour l'apaiser et rester en contact avec lui. Si on laisse le bébé sans contact humain et sans satisfaire ses besoins, le sentiment de détresse peut devenir écrasant, et le bébé n'a plus d'autre choix que de se replier sur lui-même. La déconnexion et le repli sur soi en l'absence de réponse sont une chose dont les adultes font eux aussi l'expérience. Pourquoi cela nous paraît-il souhaitable pour les bébés, qui ont bien moins de ressources à leur disposition ?

Lorsque nous sommes parents en pleine conscience, nous nous concentrons sur l'interaction de nos besoins et des besoins du bébé, au lieu de voir le bien-être du bébé comme en concurrence avec le nôtre. Selon William et Martha Sears, « le don réciproque a un côté biologique… Quand une mère allaite son bébé, elle offre nourriture et réconfort. La tétée, en retour, stimule les poussées hormonales qui renforcent le comportement maternel… La raison pour laquelle vous pouvez endormir le bébé par la tétée est que votre lait contient une substance qui favorise le sommeil… Et, pendant que vous allaitez, vous produisez plus de prolactine, qui a sur vous un effet tranquillisant. C'est comme si la maman endormait son bébé alors que le bébé endormait sa maman ». En étant davantage conscients des facettes de notre interaction, nous pouvons envisager différemment certains aspects du métier de parent, comme le fait de prendre notre bébé au lit avec nous.

Être parent en pleine conscience ne signifie pas que nous n'éprouverons jamais de forts sentiments de contrariété, que nous n'aurons jamais l'impression que nos besoins sont en conflit direct avec ceux de notre bébé. Par exemple, il y aura des nuits où il voudra être pris dans les bras ou promené à 3 heures du matin. Notre premier élan pourrait être de résister. En appliquant délibérément la pleine conscience et le discernement à ces instants, nous pouvons identifier nos sentiments de colère et de contrariété, *mais aussi* nos sentiments d'empathie et de compréhension. Si nous envisageons tous ces défis en tant que parents en pleine conscience, nous pouvons choisir d'identifier notre refus de satisfaire les besoins de l'enfant, de renoncer à notre vision manichéenne, si rationnelle ou si raisonnable qu'elle semble, pour répondre avec la sagesse du cœur. Cette manière d'appréhender l'instant présent nous permet de trouver des solutions créatives qui ne nous imposent pas d'agir aux dépens du bien-être de notre enfant. De cette façon, nous nourrissons aussi notre propre bien-être à mesure que nous grandissons au contact de l'enveloppe de ce que nous percevons comme nos propres limites.

Les bébés ne restent pas longtemps bébés. Cette étape pendant laquelle ils sont entièrement dépendants de nous est relativement brève et très précieuse. Leur sensation de bien-être est alors intimement reliée à notre accord affectif avec eux, avec ce qu'ils ressentent, avec ce dont ils ont besoin à chaque instant, et à la qualité et à la constance de notre réponse. En étant des parents en pleine conscience, nous faisons de notre mieux pour cultiver cette capacité à répondre, qui honore ce dont nos enfants ont le plus besoin, venant de nous.

LA NOURRITURE

SE NOURRIR EST UNE FONCTION HUMAINE fondamentale à laquelle nous appliquons étonnamment peu notre conscience de l'instant présent, même si elle occupe énormément de temps, d'énergie et de réflexion. Un semblable manque de conscience peut nous empêcher d'apprécier certains aspects importants de la nourriture de nos bébés, même si c'est une activité que les parents pratiquent quantité de fois, de jour comme de nuit. Si nous savons que la connexion et l'interaction humaines sont essentielles, les choix apparemment ordinaires mais formateurs – lorsque nous nourrissons notre enfant et selon la qualité d'attention que nous y mettons – seront mieux accordés avec toute la gamme de ses besoins, ils nourriront tout l'être de notre enfant, pas seulement son ventre.

Quand le bébé vient d'être nourri, il se produit une sorte d'immersion, comme si on nageait dans le bonheur. Cet état se manifeste dans un regard partagé, un merveilleux apaisement, un sentiment de connexion et de dévouement palpable, que montrent de nombreuses peintures de la Renaissance où la Vierge contemple Jésus.

> Dans la langue ojibwa, *wabimunichagwan*, «miroir», signifie «regarder son âme», concept qui saisit un peu du mystère de l'image et de la substance. S'il est vrai que nous servons de miroir à nos enfants et que c'est par le regard que se forment les limites du moi, alors nous les aidons peut-être à se former un moi spirituel lors de ces échanges de regards pendant lesquels le temps s'arrête, l'air s'obscurcit, la terre se refroidit, et où un sentiment de contentement s'empare de notre être.
>
> Louise ERDRICH, *The Blue Jay's Dance.*

Que nous choisissions le biberon ou l'allaitement, nous pouvons nourrir nos enfants en répondant aux indices qu'ils nous donnent, les nourrir quand ils ont envie d'être nourris, les tenir avec douceur, tout contre la chaleur de notre corps, en veillant à ménager de nombreuses pauses loin du téléphone et d'Internet, des pauses où nous abandonnons notre livre ou notre journal, où nous éteignons la télévision, pour leur accorder toute notre attention, pour cultiver l'art du regard. C'est une méditation en soi.

Quand un bébé est nourri à heures fixes et non selon ses demandes, la nourriture arrive à des moments définis par l'adulte, que l'enfant ait faim ou non. Au lieu de ressentir la faim, puis d'éprouver la satisfaction de la faim lorsque nous répondons aux mille manières plus ou moins subtiles dont il communique avec nous, il peut vite finir par se sentir déconnecté de lui-même et de la personne qui le nourrit. Il n'a plus la possibilité de s'autoréguler, il est relégué à un rôle passif. Il n'exerce aucun contrôle, aucune autorité, il ne peut manifester une volonté ni obtenir la réponse appropriée. Être nourri devient une expérience dissociative et non un moment enrichissant où les sentiments de confiance et de connexion entre parent et enfant sont constamment renforcés et consolidés.

Que les bébés soient nourris au sein ou au biberon, les alimenter en réponse à *leurs* demandes favorise chez eux la construction du rôle d'agent. Ils se sentent capables d'obtenir ce dont ils ont besoin et de susciter la réponse adéquate du monde qui les entoure. Cette qualité d'assurance, fondée sur l'expérience répétée de l'obtention d'un effet désiré, est appelée *autoefficacité*. De nombreuses études montrent que l'autoefficacité est le facteur le plus positif pour la santé, pour la gestion du stress et pour le choix d'une vie saine chez les adultes comme chez les enfants. C'est dans l'enfance que l'on pose les bases d'une solide assurance, par ces interactions intimes.

Dans certaines situations, pour une raison ou pour une autre, une femme peut ne pas être en mesure de donner le sein à son bébé. Cela peut provoquer toutes sortes de sentiments d'affliction, de frustration et d'inadéquation. Comme on l'a dit à propos de notre désir d'organiser la naissance de telle ou telle manière, nous avons là aussi l'occasion de faire preuve de gentillesse et d'acceptation envers nous-mêmes. Notre façon de tenir nos bébés, de les voir et d'exaucer leurs désirs est en fait beaucoup plus importante que le choix entre biberon et allaitement.

Si vous donnez le sein, il peut être très utile de vous appuyer sur l'expérience de groupes ou d'individus. La période initiale peut être difficile, frustrante, selon les besoins particuliers de votre bébé et de votre propre corps. Il est facile de se sentir débordée par les difficultés, mais il existe souvent des solutions très simples aux problèmes qui paraissent insurmontables. Avec le soutien de personnes expérimentées, et si vous êtes prêtes à travailler avec les problèmes qui se présentent, vous surmonterez les quelques premières semaines et vous en tirerez une solide confiance en vous-mêmes, en votre corps et en ce qu'il est parfaitement conçu pour accomplir. Le processus finit par ne plus demander aucun effort, c'est la base d'une maternité centrée autour de l'enfant, qui nourrit à la fois le bébé et la mère au niveau le plus profond.

Il existe aujourd'hui une plus grande conscience publique des avantages de l'allaitement pour la santé, et une compréhension croissante d'autres dimensions importantes comme le réconfort émotionnel, l'attachement mère-enfant, l'accordage physique et psychologique des rythmes biologiques (comment le corps et l'esprit de la mère et du bébé entrent en interaction) ou les effets neurologiques et développementaux à long terme.

En observant nos enfants lorsqu'ils étaient bébés et tout petits, j'ai (mkz) pu voir l'état de relaxation profonde dans lequel ils plongeaient aussitôt après avoir été nourris. Quoi qu'il arrive, quel que soit le problème qui venait de se poser, je pouvais toujours compter sur la nourriture pour les calmer. Cela les éloignait momentanément de la stimulation du monde pour les placer dans un univers paisible de réconfort et de renouveau. Quand ils commençaient à marcher, ils venaient à moi pour recharger leurs batteries après avoir joué et exploré. Ils mangeaient alors toutes sortes de choses différentes. Ils ne venaient pas à moi pour manger, ils venaient pour renouveler leurs ressources internes, leur psyché, leur esprit.

Autre aspect important et spécifique à l'allaitement, l'effort de concentration que les enfants doivent produire pour téter. Le lait ne leur tombe pas dans la bouche, ils doivent l'aspirer. Au début, ils ne tirent que très peu de lait, puis vient le moment où l'on peut les voir passer aux longues succions qui montrent que votre lait coule. L'enfant se détend et prend un rythme satisfaisant ; il travaille, il est concentré, mais il se détend. Quand le sein est vidé, l'enfant continue à téter pour satisfaire son besoin de réconfort, de calme, de détente et de centrage.

Il y a des années, j'ai assisté à un colloque financé par la Leche League, organisme qui se consacre à informer les femmes sur l'allaitement et à les aider dans cette démarche. La salle était pleine de mères tenant leur bébé dans les bras. C'était merveilleux de voir tous ces enfants centrés sur leur mère.

Les enfants nourris au sein voient leur mère comme la « source ». L'exploration du vaste monde est compensée par un retour à la source de sécurité et de nourriture. Il ne s'agit pas du tout de retenir les enfants ou de les contrôler. Ils restent à l'intérieur de la sphère maternelle parce qu'ils sont étroitement connectés. Ils sont capables d'aller et venir, enracinés dans leur relation avec elle et avec son corps.

Dans cette salle remplie de tout-petits, j'ai été frappée par le calme, le sentiment de satisfaction qu'ils éprouvaient à être portés ou nourris par leur mère, étreints dans son aura.

NOURRIR L'ÂME

QUAND NOS ENFANTS ÉTAIENT PETITS, les gens s'extasiaient souvent sur leurs joues roses. Je (mkz) souriais en moi-même, sachant d'où venaient ces joues roses. Elles venaient du lait maternel.

Une fois passées les premières semaines, parfois douloureuses et frustrantes, pendant lesquelles mon corps tentait de trouver le juste équilibre entre trop peu et trop de lait, je m'étais aperçue que l'allaitement me relaxait et m'obligeait à ralentir. Quand je sentais monter mon lait, une merveilleuse hébétude s'emparait de moi, et tout devenait moins important. Je renonçais à mes projets, et je me laissais entraîner dans l'instant présent, j'étais entièrement avec mon bébé. C'était un moment profondément méditatif pour nous deux.

L'allaitement fut pour moi l'une des pierres angulaires de la maternité. Savoir que j'avais de quoi nourrir et réconforter mes bébés à tout moment, à tout endroit, m'a donné une grande confiance en moi. Ils avaient souvent l'air ravi quand je leur donnais le sein. D'abord ils voulaient du lait, puis, à mesure que le sein se vidait, ils continuaient à téter pour trouver un réconfort, avant de passer à un état de relaxation totale. S'ils étaient fatigués, ils s'endormaient. Les endormir sans peine quand ils avaient besoin d'une sieste était aussi facile que de les allaiter puisqu'ils étaient blottis contre moi. Quand ils se réveillaient la nuit, soit ils étaient déjà couchés près de moi, soit j'allais les chercher, je les ramenais dans notre lit et je leur donnais le sein, nous n'étions jamais complètement réveillés, ni eux ni moi, et nous sombrions lentement dans le sommeil ensemble.

Plus tard, l'allaitement resta pour eux une profonde source de réconfort. Quand ils avaient eu une journée harassante, intimidante ou trop stimulante, je pouvais compter sur l'allaitement pour les ragaillardir. Peu importait où nous étions, un espace de calme pouvait être créé rien qu'en les installant sur mes genoux, dans mes bras. Les tensions étaient apaisées grâce à la concentration tranquille que requiert la tétée, grâce à la chaleur de mon corps, grâce au rythme de ma respiration. Ce lien avec moi maintenu par l'allaitement leur donnait un profond sentiment de sécurité et d'assurance. Je le sentais dans tous les aspects de leur être. Leur expérience du monde s'enracinait dans le corps, dans leur relation à moi et à mon corps, dans leur propre expérience d'avoir un corps, de téter, d'être tenus. Ils connaissaient la source de leur satisfaction et de leur renouveau. Elle était visible, tangible, fiable. Cet enracinement les aidait à affronter le monde avec curiosité et certitude. L'allaitement leur permettait d'être cajolés, nourris, traités comme des bébés pendant de brefs moments, de jour comme de nuit. Comme ils avaient ce truc pour rester petits, ils se sentaient très vite assez en sécurité pour ne plus porter de couches.

Quand ils ont commencé à parler, l'allaitement a révélé leur côté joueur, plein d'humour. À un an et demi, mon fils a fait sa première plaisanterie. En me regardant d'un air narquois, il a soufflé sur mon sein comme pour le refroidir et a dit : « C'est chaud ! », en souriant de plaisir.

Mon corps était une partie de leur paysage, essentielle et complètement familière. Les enfants avaient leurs propres mots pour désigner l'allaitement, le sein et le lait maternel. « Nuk » et « Noonie » (tétine) étaient leurs préférés. Quand j'ai eu un problème d'infection dans un sein, mon fils appelait le sein infecté « le côté bobo », et l'autre, « le côté j'aime bien ».

Ma fille cadette aimait inventer des poèmes, et sa créativité était particulièrement inspirée par l'allaitement. Un matin, elle m'a accueillie avec ces mots : « Oh ! Noonie, c'est mon jus préféré, Myla Moose ! »

Elle trouvait quantité de façons d'exprimer combien les « noonies » lui étaient précieux. Elle avait l'art de choisir ses mots et leur intonation. Un matin, en sortant de la douche, elle s'enroula une serviette autour du corps et dit : « Je ne laisserai pas l'or tomber de mes noonies. » Un autre jour, d'une voix de tragédienne, elle s'écria : « On m'a volé ma noonie ! »

Au moment du sevrage, ils gardaient leur sens de l'humour. Un jour, j'ai dit à ma fille cadette qu'elle pourrait encore téter « une fois de temps en temps ». Elle répliqua : « Hier soir c'était un temps, et maintenant c'est l'autre temps ! » C'était la première d'une longue série de négociations. J'ai eu beaucoup de mal à devenir aussi douée qu'elle en la matière.

L'allaitement avait un tel effet sur mes enfants que la magie fonctionnait parfois même sans la présence de mon corps. Un jour, alors que ma fille aînée avait deux ans, je me suis absentée une journée entière pour assister à une naissance. Dans l'après-midi, quand j'ai téléphoné à la maison, Jon m'a dit qu'elle avait très envie de me parler. J'ai eu peur, sachant qu'elle serait triste si elle entendait ma voix. En effet, dès qu'il me l'a passée, elle s'est mise à pleurer, en me demandant de rentrer tout de suite. Je lui ai dit que je tâcherais de me dépêcher et que je lui donnerais le sein quand je serais rentrée. Elle a insisté : « Non, *maintenant* ! » Comme je voulais la consoler, j'ai dit doucement : « D'accord, maintenant. Ça va ? » Elle n'a rien dit, et Jon m'a expliqué qu'elle fermait les yeux, détendue et méditative, pour cette tétée téléphonique.

Chaque fois qu'ils étaient en colère, contrariés, ou juste épuisés, l'allaitement ramenait le calme et le contentement. C'est quand ils recevaient l'amour sous cette forme qu'ils étaient le plus aimants. Un soir où j'endormais ma fille en l'allaitant, elle leva les yeux et dit de la voix la plus affectueuse : « Maman, je t'adore. » Nous baignions toutes deux dans l'amour.

Même quand j'ai cessé de leur donner le sein, mon corps est resté pour eux une source de réconfort et de bien-être. Parfois, en sombrant dans le sommeil, ils posaient la main sur mon sein, et leur visage prenait cet air merveilleusement paisible. Comme si ce geste suffisait à les ramener à un état bienheureux qui les nourrissait en profondeur. Comme s'il leur nourrissait l'âme.

LE LIT FAMILIAL

DANS NOTRE SOCIÉTÉ, nous avons de drôles d'idées sur le sommeil. C'est peut-être parce que nous sommes riches au point de pouvoir fournir à nos enfants leur propre chambre à coucher. Nous le faisons même pour les bébés, ce qui les sépare de nous. Dans le monde, la plupart des familles ne dorment pas ainsi, et même autrefois, dans notre pays, ce n'était pas le cas. Les chambres séparées montrent que le «progrès» peut être une source de privation. Les parents et les enfants y perdent les uns comme les autres.

Notre pédiatre nous avait recommandé de laisser notre premier enfant dans sa propre chambre, dans son propre lit, pour établir d'emblée qu'il devrait suivre nos règles et apprendre à dormir seul sans nous déranger. Mais, en tant que parents, nous voulions être dérangés. En fait, cela nous semblait essentiel. Nous sentions que notre bébé devait rester avec nous. En dormant à côté de nous, il pourrait se relaxer dans la douceur et la chaleur de nos corps. Il baignait dans la sécurité et le réconfort de notre présence. Tout allait bien pour lui et pour nous quand il dormait entre nous, en général blotti contre l'un ou l'autre, voire contre nous deux à la fois.

Rien ne peut vraiment décrire le profond contentement que nous ressentions d'avoir notre bébé contre nous, sans crainte de ne pas l'entendre. Au lieu de nous demander s'il était assez couvert, s'il avait froid, si nous l'entendrions pleurer malgré le bruit de la pluie et du vent, nous savions qu'il était bien puisqu'il était tout près de nous.

Pendant plusieurs années nous avons dormi ensemble, respiré ensemble. Même quand notre fils dormait dans son propre lit, il commençait souvent sa nuit dans notre lit, ou il y finissait, le matin. Quand nous voulions être seuls, nous le portions dans sa chambre, une fois endormi. En grandissant, il a voulu de plus en plus être dans sa propre chambre, dans son propre lit. Quand les filles sont nées, très proches en âge l'une de l'autre, il fut un temps où elles dormaient toutes deux avec nous. Nous avons dû acheter un plus grand lit.

Ces premières années, nous faisions rarement des nuits ininterrompues. Nos enfants nous réveillaient quantité de fois, pas seulement pour téter, mais aussi pour d'autres raisons, comme lorsqu'ils faisaient leurs dents. Les enfants sont très différents : certains font leurs nuits très tôt, pour beaucoup d'autres ce n'est pas le cas.

Avons-nous parfois pensé que nous les encouragions à se réveiller, en étant trop présents, en les laissant téter quand ils en avaient envie ? Oui, bien sûr. Mais les moments d'interrogation ne nous ont pas dissuadés de partager le sommeil de nos petits. Nous avons travaillé avec nos difficultés comme nous travaillions avec tout le reste, en essayant de trouver un équilibre. Il y a eu des fois où nous étions réveillés trop tôt, où nous étions fatigués et contrariés. Dans ces cas-là, nous tentions de rendre le réveil moins attractif : au lieu de les laisser téter, c'est Jon qui les emmenait marcher.

Entrait alors en jeu une intention plus précieuse que le sommeil. Nous sentions intuitivement que la sécurité et la paix que notre présence physique apportait à nos enfants nourrissaient leur être tout entier. L'effet était tangible. Nous le voyions sur leur visage ouvert, curieux, plein de vie et d'amour. Nous sentions que notre présence la nuit les aidait à s'enraciner dans leur corps et dans le monde, et cet enracinement se voyait à la manière dont ils observaient calmement le monde dans la journée. Ils étaient curieux sans être frénétiques, actifs sans être incontrôlables. Le bien-être et la joie qui émanaient d'eux étaient merveilleusement contagieux. Ils étaient entièrement présents, que ce soit dans un rire ravi, dans un cri de colère ou dans une étreinte affectueuse.

Bien sûr, il arrivait souvent que la vie s'oppose à notre désir de faire des nuits ininterrompues : les enfants faisaient leurs dents, ils étaient enrhumés, ils avaient mal au ventre. Parfois, nous avions l'impression de jouer aux chaises musicales. L'un de nous deux dormait dans le lit abandonné par un enfant quand l'autre devait dormir à tout prix. Nous avons dû redéfinir ce qui semblait normal en termes de quantité de sommeil nécessaire.

Nous étions convaincus que cette manière d'être parents satisfaisait des besoins bien plus profonds que notre besoin de sommeil ininterrompu, ou même de moments en tête à tête, besoin que nous pouvions satisfaire par des solutions créatives. Quand les enfants seraient prêts à faire des nuits complètes, ils le feraient ; et quand ils seraient prêts à dormir dans leur propre lit, ils opteraient pour cet arrangement, comme cela ne manqua pas de se produire.

Nous exposons notre expérience familiale en la matière, et la philosophie sous-jacente, parce que nous sommes persuadés qu'il est important de veiller ainsi sur les enfants quand ils sont petits. Nous insistons là-dessus parce que cela va tellement à l'encontre des pratiques de notre société, bien que ce soit la norme dans de nombreux pays d'Asie. Nous voulons simplement dire aux jeunes couples que c'est une option, qu'elle est viable et qu'elle peut être incluse dans une vision du métier de parent comme une pratique ardue par bien des côtés, mais aussi profondément satisfaisante. Comme tout le reste, faire dormir de jeunes enfants dans votre lit a un prix, mais peut aussi avoir des avantages très réels, un sentiment de confiance et de connexion qui peut aider lors des moments difficiles.

Si nous avons grandi sans l'expérience d'un contact tactile affectueux, non sexuel, ou si nos limites ont été enfreintes et notre confiance brisée par un toucher inadéquat, il est naturel que nous éprouvions de fortes hésitations, ou même des craintes, avant de partager le lit familial.

Chacun de nous devient parent avec une histoire personnelle qui lui est propre. Pour certains, l'idée de dormir ensemble ranime toutes sortes de sentiments inconfortables. Il se peut que nous soyons mal à l'aise avec notre corps, que nous ayons besoin de définir nos limites d'une façon particulière, ou que nous ayons peur de confondre affection chaleureuse et sexualité. Être conscient de ces sentiments sans les juger nous permet de travailler avec eux en pleine conscience au lieu de les laisser prendre automatiquement le contrôle de nos choix en tant que parents.

Pour trouver le moyen de satisfaire les besoins de nos enfants sans nous mettre mal à l'aise, il faut faire preuve d'ouverture, de souplesse et d'ingéniosité, il faut être prêt à aller à l'encontre de nos idées arrêtées. Mais ce n'est pas si facile, pour la même raison qu'il n'est pas facile d'être parent en pleine conscience. Cela nous oblige à nous heurter constamment à ce que nous croyons être nos limites et nous montre la ligne au-delà de laquelle nous risquons de nous sentir menacés. Essayer de nouvelles approches peut être particulièrement difficile si les deux parents ne partagent pas le même point de vue, les mêmes valeurs. La communication en pleine conscience, essentielle dans toute famille qui veut maintenir l'harmonie et la bonne volonté envers enfants et adultes, devient encore plus importante dans ces situations.

Il y a bien des façons d'être parents en pleine conscience. Cet engagement ne signifie nullement que vous ne pouvez pas être un bon parent si vous refusez de dormir avec vos bébés. La pleine conscience nous demande simplement de prêter attention à ce que nous faisons, à nos choix, et à examiner leurs effets sur nos enfants et sur nous-mêmes. Cela suppose un examen constant de ce que nous faisons et des raisons de ces choix.

Nous considérons comme fondamentales les décisions portant sur l'affection et le réconfort, sur la proximité et les sentiments, sur les limites favorables à la santé, au bonheur et au bien-être de la famille. La pleine conscience appliquée à cette prise de décision est critique pour que nous restions sensibles aux besoins des enfants et des parents, besoins qui évoluent sans cesse. Il n'y a pas de modèle à suivre ; il y a mille méthodes qui débouchent sur des enfants sains et des familles aimantes.

De plus, les choix concernant le sommeil peuvent fonctionner un moment, puis, tout à coup, la situation se modifie, et il faut en tenir compte. Si nous avons un enfant que nous ne voyons pas beaucoup dans la journée, partager le sommeil est un merveilleux moyen de rétablir le lien avec lui. Cela peut très bien fonctionner avec un enfant, mais non avec un autre dont le sommeil est plus agité. Si nous sommes trop agacés pour que cela fonctionne, il faut essayer autre chose.

Les parents ont parfois besoin que leurs enfants fassent des nuits entières, et cela devient une priorité urgente. Il faut donc trouver un équilibre entre les différents besoins de la famille, avec conscience et gentillesse. Il n'y a évidemment pas de solution unique à ces problèmes nocturnes, mais les décisions ont tout intérêt à être prises avec le maximum de conscience.

Par chance, les options sont nombreuses. Si partager le sommeil dans le même lit ne fonctionne pas pour vous, pour votre conjoint ou pour votre enfant, vous pouvez placer un lit à côté du vôtre, ou faire dormir l'enfant dans une chambre voisine de la vôtre. Vous pouvez vous coucher avec lui quand il s'endort, ou rester assis à côté de lui. Le plus important est que vous trouviez le moyen d'encourager des sentiments de confiance, de sécurité et de connexion.

Finalement, vous devez faire ce qui vous paraît opportun. Une chose peut être « bonne » pour votre enfant en théorie, mais, si elle vous amène à vous sentir tendu, mal à l'aise, en conflit avec vous-même, où est le bien en question ?

Les deux parents doivent se demander ce qui est dans l'intérêt de leur enfant et travailler ensemble pour trouver une solution aux problèmes de couchage. Échanger ses impressions, étudier les réactions porteuses d'une forte charge émotionnelle, essayer de voir les choses du point de vue de l'enfant ou du point de vue de l'autre parent, tout cela est utile quand nous essayons de porter un œil neuf sur la façon dont nous passons la moitié de notre vie.

Sixième partie

Résonances, harmonisation et présence

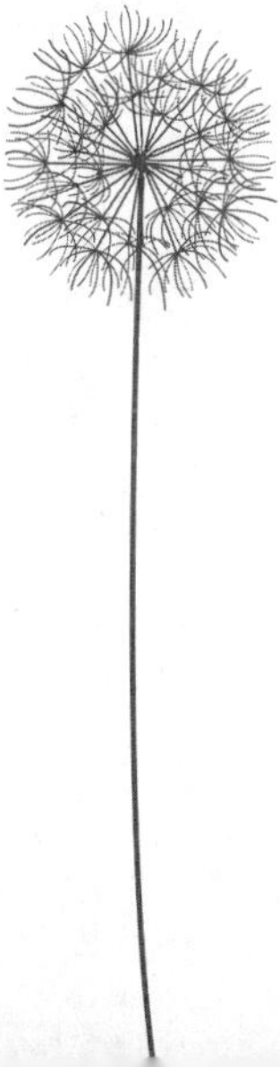

RÉSONANCES

Quand un diapason vibre, il fait vibrer les autres diapasons situés à proximité, surtout s'ils sont apparentés, c'est-à-dire réglés sur la même longueur d'onde. Ce processus, par lequel l'activité d'un corps en vibration crée chez les autres une résonance sympathique, est appelé « effet d'entraînement ». Les cordes en *la* d'un piano sont entraînées à vibrer quand un *la* est joué par un violon à l'autre bout de la pièce.

Parents et enfants influencent constamment leurs résonances réciproques. Nos vies tournent en orbite à l'intérieur de nos champs de forces respectifs, sur les plans physiques, émotionnels et psychiques, et nous sommes sans cesse en train de nous influencer les uns les autres, de manière plus ou moins subtile, de façon tantôt consciente, tantôt inconsciente.

Les scientifiques ont découvert que les cerveaux humains peuvent résonner entre eux quand nous sommes ensemble. Certaines cellules du cortex sensoriel s'enflamment lorsqu'elles voient un autre individu employé à une certaine activité, surtout si des émotions sont en jeu. Ce peut être la base neurologique de l'empathie, notre capacité à *sentir avec* l'autre. Notre cerveau s'excite dans les mêmes régions, selon les mêmes schémas.

Même la respiration est un rythme biologique qui nous fait vibrer. S'accorder sur ce rythme est une formidable occasion d'entrer en résonance avec notre bébé. J'avais (jkz) pris l'habitude de respirer avec nos bébés pour appliquer plus entièrement la pleine conscience à l'instant présent. Je nous sentais respirer tous deux, allongé dans un hamac avec le bébé endormi sur moi, ou quand je faisais des allées et venues avec un bébé dans les bras, la nuit. En nous balançant ou en marchant, en respirant ensemble, parfois en chantant doucement, nous étions en résonance l'un avec l'autre.

Si nous devenons délibérément conscients de ces résonances, notre relation avec un bébé peut être une danse continue, un échange d'énergies de toutes sortes, parfois en harmonie, mais pas toujours. La relation ne sera jamais plus riche qu'à cet instant présent, même si nous devons préparer le dîner ou faire la lessive une demi-heure plus tard, ou être interrompus par le téléphone. C'est une bonne raison d'entrer dans la danse de la respiration dès que nous pouvons trouver un instant pour cela.

DANS LES FAMILLES, cet entraînement se produit à des niveaux très divers. Il peut nous emmener là où nous ne voulons pas aller, sans que nous sachions comment nous en sommes arrivés là. Si nous n'avons pas conscience de l'énergie du moment, elle peut aisément nous prendre au piège, sur un plan affectif, comme lorsque nous basculons dans la dépression, la colère, l'angoisse, etc. Dans une famille, ne sommes-nous pas sans cesse pris dans une danse d'énergie en constante évolution, émettant des vibrations à des fréquences variées, en interaction les uns avec les autres à travers nos pensées, nos sentiments et leur expression verbale ou non verbale, par notre corps, nos actions et nos réponses émotionnelles aux événements et aux actions des autres, même minimes ? Si nous savons que nous sommes en résonance avec des forces venues d'ailleurs, nous pouvons apprendre à suivre ces rythmes plus habilement, sans perdre notre équilibre.

Les enfants sont capables d'entrer dans des états de très forte énergie qui peuvent nous affecter de bien des manières. Si nous le savons, nous resterons mieux en contact avec nous-mêmes et nous répondrons plus consciemment à la situation. Lorsqu'ils atteignent une certaine fréquence, nous n'avons pas automatiquement à entrer en résonance à la même fréquence, car cela peut n'être bon ni pour eux ni pour nous.

En même temps, les enfants vivent de nombreux moments d'intégration et d'émerveillement, et nous pouvons les vivre avec eux, nous pouvons entrer en résonance avec ces instants de pur plaisir.

La terrasse d'un restaurant, l'été : un jeune couple avec deux enfants, l'un âgé de trois ans, l'autre de quatre mois. La dame allaite le bébé : il a le visage enfoui dans son sein, sous son chemisier, mais sa main ne cesse de jouer avec celle de sa mère. Plus tard, la tête refait surface et se pose sur la poitrine pour regarder le visage maternel. La mère émet quelques gazouillis et incline la tête. Le bébé ouvre la bouche en un rond parfait, ses yeux bleus sont grands ouverts, il absorbe le visage de sa mère. Tout est tellement ouvert, les yeux, la bouche et le visage, que le bébé incarne à cet instant la pure présence.

La mère baisse la tête pour toucher le front du bébé, puis se redresse. Le bébé sourit. Tout un champ de forces les unit. Le bébé est alors dans l'orbite de sa mère, tous les deux se parlent de mille façons, sur mille longueurs d'onde, à travers leurs corps, là où ils se touchent, à travers l'air qui les sépare.

Plus tard, le monsieur prend le bébé de telle manière que celui-ci peut regarder par-dessus l'épaule de son père. Le bébé est installé sur le corps du père. Il a les yeux grands ouverts, totalement réceptifs. Il voit mon (jkz) visage, et son regard s'arrête. Je souris. Le visage du bébé enregistre mon sourire, je m'en rends compte aussitôt, mais je serais incapable de le décrire. Intéressé par la nouveauté, le bébé sourit. C'est comme une bénédiction venue d'un monde plus pur. Le visage de la grande sœur est également ouvert. Je sens qu'elle aussi est à l'aise dans son corps et dans le champ de forces de sa famille. Ce n'est pas tant une question d'interaction, c'est simplement qu'ils forment un tout inséparable où elle est entièrement chez elle. Cela se voit aussi à sa présence. En partant, la mère nous raconte qu'ils viennent de faire une longue route et que les enfants avaient besoin de sortir un peu de la voiture.

Ce n'était qu'un repas ordinaire, mais il est évident que ces enfants vivent un échange constant avec leurs parents, échange qui forme les liens de l'amour. Cet échange annonce la bienveillance et la réceptivité du monde face à la jeune vie, honore son innocence, nourrit son être et son devenir.

L'ACCORDAGE AFFECTIF

ACCORDER : mettre en harmonie.

Pour nous accorder avec nos enfants, nous devons être conscients du message qu'ils nous envoient, non seulement par leurs mots, mais par tous les aspects de leur être.

J'entre (mkz) dans un café et je vois ma voisine assise à une table ; elle allaite son bébé de neuf mois en attendant une amie. Je lui dis bonjour, et le bébé, curieux, cesse de téter, lève la tête, m'adresse un grand sourire, puis reprend le sein. Tandis que je fais la queue, un jeu s'établit entre le bébé et moi, à travers la distance qui nous sépare. Il tète, puis se baisse pour me regarder la tête en bas. Il sourit, se remet à téter, baisse de nouveau la tête et me dévisage. Sa mère suit ses mouvements, le laisse bouger comme il en a envie, rit de plaisir en voyant le plaisir de son enfant. En cette matinée pluvieuse, un bébé goûte le bonheur parfait.

Je m'occupe du fils d'une amie, qui a dix mois, et cela me (mkz) rappelle l'époque où nos enfants étaient bébés. Je le tiens contre moi en marchant, je tente différentes choses, consciente de ses réactions, puis je trouve enfin la bonne combinaison : je vais et je viens en chantant doucement, en rythme. Je ralentis ma respiration. Je sens son corps se détendre et se laisser aller contre le mien. Il est très capable, même sans mots, de me dire ce qu'il veut. Quand je m'assieds, il me dit de tout son corps : « Non, ne t'assieds pas, porte-moi, marche avec moi dans tes bras. » Puis il se met à émettre de petits sons, je l'imite, et nous gazouillons ensemble. Il pose la tête sur mon épaule, je sens qu'il devient de plus en plus lourd, jusqu'au moment où il dort profondément. Je m'allonge lentement sur le canapé, je sens son corps doux et chaud, je goûte l'odeur suave de sa peau. Notre relation le nourrit, de toute évidence, et c'est aussi pour moi un cadeau merveilleux. Il a vécu quantité de fois une expérience similaire avec ses parents. Chaque fois, sa confiance augmente.

En ce jour pluvieux de printemps, il comprend une fois de plus qu'il peut se fier aux autres. Il sent en moi une réponse sympathique qui lui dit que ses besoins sont importants et qu'ils seront respectés. Quand il obtient ce qu'il veut, il prend conscience de son pouvoir. Il se sent satisfait, en paix, en sécurité. Tout ça en quelques minutes.

Quand une mère voit son enfant devenir de plus en plus actif, turbulent, voire incontrôlable, elle décide de se coucher sur le tapis, de le laisser l'escalader et jouer avec ses cheveux. Elle le laisse littéralement reprendre contact avec elle. Peu à peu, l'enfant se calme, ralentit, il finit par s'étendre sur elle, il se repose et adopte le rythme apaisant de la respiration maternelle. Elle l'aide à s'accorder avec son énergie plus calme. Elle comprend que son enfant a besoin d'indépendance et de séparation, et en même temps de proximité et de connexion. Tout cela se joue durant cette scène sur le plancher du salon.

À MESURE QUE LES ENFANTS GRANDISSENT, l'accordage entre parent et enfant devient plus complexe. Je (mkz) vois ma fille de dix ans rentrer de l'école, l'air fâché. « J'ai faim ! », hurle-t-elle. Je devine aussitôt qu'elle est accablée par cette journée passée à l'école, entourée de gens. Elle est sur le point de s'écrouler. J'ai pris l'habitude d'avoir un en-cas tout prêt quand elle rentre. J'ai aussi appris, à mes dépens, à ne pas lui poser de questions, à lui laisser son espace. Ce n'est pas le moment de lui reprocher son ton, de lui apprendre les bonnes manières. Après ce répit, elle me regarde en général de façon plus amicale et vient m'embrasser, ou disparaît dans sa chambre pour écouter de la musique.

Avec un enfant plus âgé, être accordé signifie être sensible à son besoin d'être seul pour se concentrer sur ce qu'il fait, surtout s'il est dans le même espace physique que nous. C'est aussi savoir quand il faut aller au-devant d'eux pour les soutenir par de petits gestes.

Alors que je suis dans la cuisine, chez une amie, sa fille de seize ans vient se plaindre d'un torticolis. Sa mère lui demande de montrer l'endroit douloureux puis masse le cou de sa fille, interrompant sa conversation avec moi pour informer l'adolescente quand elle sent les nœuds se défaire sous ses mains. Nous continuons à parler, et, au bout d'un quart d'heure, sa fille quitte la pièce. Mon amie me dit que ce genre de moment est devenu rare entre elles. La présence d'un autre adulte a sans doute aidé, en créant un peu de distance. Cette mère fait preuve d'une sensibilité extraordinaire, d'une ouverture totale quand sa fille fait appel à elle à l'improviste, et elle est tout à fait capable d'apprécier la valeur de ce moment.

Être en harmonie avec nos enfants ne veut pas dire que tout sera toujours harmonieux. S'accorder dans les moments de disharmonie requiert toutes nos ressources, toute notre énergie, pour que, même au milieu d'un conflit, nous puissions voir qui nos enfants sont vraiment et ce qu'ils attendent alors de nous. Nous devons être prêts à identifier nos propres peurs, nos réactions et nos inquiétudes, tout en préservant notre propre équilibre en restant en contact avec notre respiration, avec notre corps et avec l'ensemble de la situation. Nous pouvons ainsi répondre à leur état affectif de manière adéquate, avec acceptation, en résonance sympathique.

LE TOUCHER

LE MOT « TOUCHER » a droit à une très longue entrée dans les dictionnaires, sans doute parce qu'il est essentiel dans l'expérience humaine. Il y a bien longtemps, Ashley Montagu fit remarquer que le toucher était fondamental pour la santé et pour la connexion. Les bébés singes ne s'épanouissent que s'ils ont un accès constant au toucher, à la chaleur, à la douceur. Pourquoi serions-nous différents ? Le toucher est une des bases de la vie.

Le toucher suppose que l'on soit en contact. Ce peut être une expérience unificatrice. Nous ne pouvons toucher sans être touché. C'est un moyen de savoir que nous ne sommes pas seuls. Selon la façon dont on nous touche, nous pouvons nous sentir aimés, acceptés, appréciés ou au contraire ignorés, méprisés, blessés.

Le toucher est source de conscience et nous met en contact avec le monde. Nous touchons et sommes touchés par tous nos sens, la vue, l'ouïe, l'odorat, le goût et à travers la peau.

Être tenus par des bras sensibles nous enracine dans notre corps et éveille un sentiment de connexion. Cela nous éveille à nous-mêmes et à l'autre. L'intégrité d'un enfant est honorée lorsqu'il est touché avec conscience, sensibilité et respect. L'enfant apprend à être « en contact » avec ses sentiments grâce à cette expérience de sécurité et d'affection. Par les caresses, les étreintes, les chants et les regards, parents et enfants ressentent la plénitude du toucher.

ALORS QUE JE FAIS LA QUEUE au Service d'immatriculation des véhicules, je (mkz) vois une grosse dame très douce s'occuper d'un petit garçon de trois ans aux cheveux roux. Elle attend son permis, assise sur un banc. L'enfant utilise le corps de sa mère comme un lit, comme un oreiller, comme un terrain de jeux. Il pousse constamment contre elle son corps, sa tête, ses bras. Quand il lui attrape les doigts, elle lui tapote la main avec ses longs ongles, ce qui le ravit. Elle l'accepte totalement, elle ne lui demande jamais de se tenir tranquille, de se redresser ou d'arrêter. C'est un moment de paix et de douceur. La dame a un accent, je me demande d'où elle vient, quelle enfance elle a eue, et ce qui l'a rendue aussi patiente, aussi tolérante, aussi à l'aise en matière de toucher.

Je ne suis pas souvent témoin de telles scènes. Au contraire, il m'arrive fréquemment de voir des parents réprimander leurs enfants et se mettre en colère quand ils se conduisent comme les tout-petits qu'ils sont. Je vois des enfants fatigués suivre leurs parents en pleurant, sans que les parents aient recours à cette solution bien simple qui consiste à prendre les petits dans leurs bras. Je vois rarement les gens toucher leurs enfants avec affection, en se montrant tolérants face à leur énergie et à leur exubérance.

Nous sommes en train de devenir une société où l'on ne se touche pas. Il est rare que les gens montrent physiquement leur affection, que les amis se donnent la main, se prennent les épaules, que les amoureux s'embrassent. On perd quelque chose de très important lorsque l'on vit ce genre de privation. Conscients de l'importance du toucher en pleine conscience dans ces moments avec nos enfants, nous pouvons être parents de manière à inclure naturellement cette forme essentielle de soutien et de communication.

Le toucher se produit toujours à l'emplacement d'une limite, limite dont il est primordial d'avoir conscience. Sinon, nous risquons de toucher nos enfants de manière inconsciente, de nous montrer insensibles ou irrespectueux. Les limites entre nous changent d'un instant à l'autre, sans jamais pouvoir être considérées comme acquises. Chaque instant est nouveau et différent. L'enfant qui hurle « Non ! » quand on lui demande si on peut l'embrasser pour la nuit voudra à un autre moment être réconforté par une étreinte. Quand nous sommes accordés avec nos enfants, conscients de leur énergie, de leurs états émotionnels, nous sentons mieux quand ils ont besoin d'un contact affectueux et quand ils ont besoin qu'on les laisse seuls.

Il est parfois utile de se demander à qui sert le contact, pour freiner nos élans envahissants ou irréfléchis. J'ai le souvenir très vif de membres de ma famille qui me pinçaient les joues et m'embrassaient. Ils n'avaient aucune idée de ce que je ressentais. Combien de fois demande-t-on aux enfants de répondre au besoin de chaleur et d'affection de l'adulte sans tenir compte de leurs sentiments ni de leurs limites ?

Les enfants dont on respecte les sentiments et l'espace personnel, ceux qu'on encourage à être plus en contact avec leurs propres sentiments sont mieux équipés pour identifier ceux qui ont des agissements incorrects. Les parents peuvent renforcer les capacités de leurs enfants dans ce domaine en montrant et en identifiant les comportements inappropriés lorsqu'ils se produisent.

Je suis émue, et toujours un peu abasourdie, quand mes enfants viennent me serrer dans leurs bras. Je suis surprise non par leur étreinte, mais par la façon dont ils s'y prennent. Ils me touchent lentement, de manière détendue, paisible et aimante. J'apprécie alors le soutien que mes enfants m'apportent si naturellement. La boucle de l'affection semble bouclée.

LES TOUT-PETITS

Chaque âge, chaque enfant, chaque instant apporte bien des possibilités d'explorer les résonances sympathiques. Avec les tout-petits, le défi consiste à être accordé du mieux possible. L'occasion se présente quantité de fois parce qu'ils sont si actifs et que leur humeur change si rapidement. L'enfant peut être dans une certaine disposition à un instant, puis devenir tout à fait différent l'instant d'après. Si nous sommes conscients de ces changements, de ces transitions, comme lorsqu'il est soudain affamé, fatigué ou contrarié, nous pouvons travailler pour préserver notre propre équilibre tout en l'aidant à traverser ces épreuves.

Cela exige que nous soyons conscients de nos propres sentiments, qui changent presque aussi vite que ceux de l'enfant. Ils sont souvent liés à l'humeur de l'enfant, comme lorsque nous sommes contrariés par sa contrariété. Au lieu de nous durcir automatiquement, nous pouvons peut-être nous ressaisir et répondre de façon plus ouverte, plus tolérante à la situation. Nous pouvons être plus compréhensifs, mieux accepter les sentiments de notre enfant, même si son comportement nous déplaît.

Un jour, dans un restaurant, j'ai (jkz) observé un jeune père qui essayait de dîner avec sa fille de quatre ans. Le service était très lent, et, quand ils furent servis, la petite fille ne tenait plus en place. Elle était contrariée, fatiguée, capricieuse. Impossible de manger, l'enfant était intenable. Il aurait été si simple pour le père de se montrer sévère, de la gronder, de se mettre en colère parce qu'ils avaient dû attendre trop longtemps, parce qu'il avait faim et qu'il était lui-même fatigué. Mais il a gardé son calme et a compris ce qu'il fallait faire. Renonçant à manger, il a tout fait emballer dans des doggy bags, a payé la note avec sa fille sur ses épaules, qui lui tirait les cheveux, et il est parti. Je lui ai souri, nous avons échangé quelques mots sur le dur métier de parent ; j'étais avec mes filles, qui étaient assez grandes pour attendre patiemment qu'on les serve, et je me rappelais l'époque où je réglais mon esprit sur celui de mes tout-petits et où mes choix d'instant en instant étaient guidés par leurs besoins si vigoureux et si prompts à changer. Quand les enfants ont cet âge-là, on a l'impression que ce temps ne finira jamais. Il est bon de se rappeler qu'il dure à peine le temps d'un battement de paupières, et qu'en cédant on obtient des résultats surprenants.

Chaque âge a ses propres drames. J'ai trouvé encourageant le spectacle de ce père qui réagissait si habilement et si généreusement à l'attitude de sa fille.

JADIS, JE (JKZ) QUITTAIS MON TRAVAIL de bonne heure afin de pouvoir rencontrer mes tout-petits en tête à tête.

Je les emmenais au jardin public, faire du traîneau, se promener le long de la rivière, ou simplement regarder passer les gens dans le centre-ville, être témoins de l'activité du monde. Le week-end, c'était amusant de les emmener à la fête foraine, dans une ferme ou au bord d'un lac avec leurs amis. Tout moment passé avec un tout-petit est l'occasion de créer de l'attachement, même s'il ne s'agit que de quelques minutes de jeu, où l'on fait semblant de se battre par terre, où l'on fait rouler des petites voitures, où l'on se lance un ballon.

Nous avions inventé un jeu rien qu'à nous. Je m'allongeais sur le sol avec un des enfants et je passais les bras autour de sa taille. Il essayait de se dégager en gigotant de tout son corps. En modifiant la pression de mes bras, je le tenais plus ou moins fort, avec juste assez de résistance pour qu'il rencontre un véritable obstacle, pour qu'il doive réfléchir à la façon de s'échapper.

À mes yeux, être retenu prisonnier et user de toute son énergie et de toute son intelligence pour se libérer était une métaphore pour les épreuves de la vie qu'ils devraient affronter tôt ou tard. Ce jeu physique, non verbal, nous rapprochait car nous respirions ensemble, nous nous débattions l'un contre l'autre, profitant de la moindre ouverture. L'accordage corporel permis par ce jeu nous aidait à jouir ensuite de moments de calme, de pure présence.

Les enfants faisaient souvent du yoga avec moi le dimanche matin, sur le plancher du salon, ils jouaient au « maître de yoga » en m'imposant différentes positions, que nous pratiquions les uns à côté des autres. Nous faisions aussi beaucoup de yoga tous ensemble, les enfants utilisaient mon corps comme un rocking-chair, ils m'escaladaient ou passaient sous moi quand je devenais un pont.

Avec les années, il est devenu moins facile de trouver le moyen de partager des moments d'activité concentrée et le calme qui en résulte. Malgré tout, nous y parvenions, en jouant au ballon, par exemple, en courant ensemble, même parfois en dansant. Les résonances persistent, les formes changent.

LE TEMPS

Les parents ont aisément l'impression de n'avoir jamais assez de temps. Nous vivons dans l'urgence, poussés par le manque de temps. Un matin, je (jkz) me suis entendu dire à l'une de nos filles, âgée d'environ quatre ans, « Dépêche-toi, je n'ai pas le temps », alors qu'elle choisissait parmi trois robes laquelle elle allait porter ce jour-là. Quel message !

Il y a des choses que nous pouvons faire pour nous donner plus de temps, et pour utiliser au mieux le temps que nous avons. Nous pouvons nous réveiller assez tôt et réveiller les enfants assez tôt pour ne pas avoir à nous dépêcher le matin. Parfois, il est bon de choisir le soir les vêtements qu'ils porteront le lendemain. Nous pouvons nous efforcer d'empêcher nos urgences de contaminer tout ce que nous faisons, par exemple en nous rappelant de nous accorder avec notre respiration. Nous pouvons aussi nous obliger à voir que nos craintes quant à l'avenir ne sont que des pensées, alors que le présent, ce qui se passe en ce moment, est une occasion précieuse à ne pas négliger. La qualité atemporelle de l'instant présent se reflète dans de petites choses : se rappeler de regarder l'autre quand on lui dit « au revoir », prendre parfois le temps d'un câlin. Bien sûr, la clef consiste à ne jamais faire cela de manière automatique, parce que ce sont de « bonnes » choses à faire, mais au contraire à les laisser résulter de notre présence et de notre ouverture.

Il est aussi utile d'écouter le ton de notre voix quand nous comprenons que nous allons être en retard. À titre d'expérience, nous pouvons essayer de baisser la voix pour nous plonger plus profondément dans l'instant présent, dans notre corps, dans notre respiration.

Nous pouvons aussi tenter de ne pas surcharger le programme de nos enfants. Ils ont besoin de temps pour être, simplement. Cela ralentit le temps et laisse la place pour le jeu imaginatif, seul ou avec des amis. Nos enfants ont besoin de temps pour s'ennuyer, pour découvrir comment entrer et sortir de l'ennui, parfois guidés par nous.

Si nous n'avons pas conscience des effets de l'urgence sur la famille, nous courons le risque de vivre dans l'accélération perpétuelle, dans l'activité *non-stop*, et de transmettre ce mode de vie à nos enfants. Aujourd'hui, avec l'omniprésence des diverses technologies numériques qui nous arrachent à l'instant présent en nous interrompant, en nous distrayant ou en nous proposant un « présent meilleur », la tendance planétaire a été décrite par Linda Stone, ancienne employée de Microsoft, comme un état « d'attention partielle continue ». Face à cette maladie sociale, il faut cultiver le calme et la présence, et les introduire dans le foyer pour restaurer l'équilibre et favoriser ces aspects de l'être avec lesquels l'inaction permet mieux d'entrer en contact.

Beaucoup de gens venus à la Clinique de réduction du stress déclarent que se réveiller de bonne heure pour méditer dans le calme est le meilleur moyen de passer une bonne journée et que cela vaut bien plus que de dormir un peu plus longtemps. Ils sont plus calmes, mettent plus d'intention dans leur approche des tâches à accomplir. Ils remarquent aussi que les autres membres de la famille ressentent les effets de leur méditation. Le niveau de stress est réduit pour tous quand un des membres pratique la pleine conscience.

La décision de passer plus de temps ensemble plutôt que de gagner plus d'argent peut être extrêmement saine pour une famille. Cela n'est pas toujours possible, mais c'est parfois plus possible que notre esprit ne veut le penser. Autrement, nous risquons par une ironie tragique de manquer le plus important de notre vie, quand nous travaillons pour « gagner notre vie » sans examiner ce que pourrait être cette « vie ».

Ridicule le temps gaspillé,
S'étendant avant et après.

Thomas Stearns ELIOT, *Quatre Quatuors*.

LA PRÉSENCE

« MAMAN, TU NE M'ÉCOUTES PAS ! » Malgré ma présence apparente, j'ai été surprise l'esprit ailleurs. Je suis rappelée à l'ordre pour un moment, mais je repars vers l'exploration mentale créative ou vers une réflexion sans intérêt sur des détails qui m'obsèdent.

Quand un enfant nous rejoint, pouvons-nous prendre un moment pour le voir vraiment et reconnaître sa présence ? Nous le faisons pour nos amis, mais nous ne le faisons pas souvent pour nos proches.

La qualité de notre présence avec nos enfants est centrale pour une relation de qualité. On l'a vu, la présence est au cœur de la pleine conscience. La cultiver exige un effort conscient et soutenu de l'attention, et un désir d'être authentique, à l'écoute, en accord.

Quand nous sommes authentiques avec quelqu'un, nous sommes sincères. Nous ne dissimulons rien, nous ne faisons pas semblant. Nous ne nous opposons pas à certains sentiments qui naissent en nous ou en nos enfants. Nous identifions nos sentiments, même s'ils nous mettent mal à l'aise. Si nous avons pris l'habitude de masquer nos émotions pour nous protéger, être authentique peut être difficile et effrayant. Ce peut être un territoire nouveau et inconnu.

Dans les moments où nous sommes mal à l'aise, notre propre respiration peut être notre alliée. Se concentrer délibérément sur les sensations liées à la respiration nous met en contact avec notre corps et nous enracine dans l'instant présent. En même temps, nous pouvons être en contact avec nos émotions et sentir où et comment elles s'expriment dans le corps. Plus nous sommes enracinés dans la conscience, plus nous incarnons la présence authentique, et plus sagement nous pouvons choisir que dire et comment le dire.

Lorsque l'on est parent, on croit souvent que la présence signifie qu'il faut constamment prêter attention à ses enfants. Ce n'est bien sûr ni possible ni souhaitable. Il est important que nos enfants aient leur propre expérience. Ils ont besoin de sentir que leur autonomie intrinsèque ne nous pose aucun problème. Être parent en pleine conscience en cultivant la présence ne signifie pas que nous soyons sans cesse en train de surveiller nos enfants, pour les encourager, pour intervenir ou pour leur éviter les défis appropriés à leur âge.

En outre, il est bon que nos enfants nous sentent et nous voient enracinés dans notre propre expérience, pleinement investis dans notre travail et nos loisirs, tout en les incluant dans notre conscience plus large. Nous pouvons pratiquer la concentration et l'implication dans ce que nous faisons, fluides et souples, en ramenant notre attention sur eux si nécessaire, dans le cadre de la danse continue de la conscience.

JACK ET LE HARICOT MAGIQUE

LES ENFANTS EXIGENT DES ADULTES une attention et un investissement totaux à des moments clefs ; à d'autres moments, ils veulent simplement qu'on les laisse seuls ou avec leurs amis.

Pour les adultes, il peut être difficile de prêter toute leur attention à quoi que ce soit, surtout pendant une période longue. L'esprit adulte a tendance à être rempli d'élans et de pensées contradictoires qui rivalisent pour obtenir l'attention. Nous avons des responsabilités multiples. Nous sommes très occupés. Un enfant peut avoir envie que nous jouions avec lui, que nous lui lisions une histoire, et, même si nous acceptons, nous pouvons le faire avec seulement une portion de notre esprit, et ils s'en rendent très bien compte. Souvent, je me suis surpris à lire une histoire à l'un de mes enfants, tout en pensant à un coup de fil que je devrais passer dès qu'il serait endormi. Ou à me rendre compte que je lisais l'histoire sans avoir la moindre idée de ce qu'elle racontait. Entre deux lignes, voire entre deux mots, je songeais à des milliers de choses.

Un jour où j'étais si fatigué que je pouvais à peine

tenir les yeux ouverts, je racontais à ma fille l'histoire d'un lion que j'inventais au fur et à mesure. Mais, cinq minutes plus tard, dans mon épuisement, le lion était devenu un lapin. Elle s'en est aperçue. Cela nous a bien fait rire.

Quand notre fils avait quatre ans, *Jack et le Haricot magique* était une de ses histoires préférées. Il ne me laissait pas simplement la lui lire une ou deux fois avant de passer à autre chose. Il voulait l'entendre et la réentendre plusieurs fois de suite. J'aimais beaucoup cette histoire, moi aussi, mais j'avais du mal à la lire sept ou huit fois d'affilée. Puis j'ai compris qu'il l'entendait chaque fois comme si c'était la première. Cette famille obligée de vendre sa vache, le héros qui doit se cacher pour échapper au géant dans son château, le défi consistant à s'emparer de l'or du géant, de sa poule magique et de sa harpe enchantée, la poursuite du haut en bas du plant de haricot, la hache saisie juste à temps pour abattre le haricot et tuer le géant, tout cela était réel pour lui chaque fois. Son corps se tendait quand le géant entrait en scène, et il souriait de bonheur chaque fois que Jack tuait le géant.

En voyant l'histoire par ses yeux, j'ai compris que je pouvais moi aussi essayer d'être pleinement présent à chaque lecture, même si une partie de mon esprit adulte résistait farouchement. Quand je me détendais, l'histoire devenait comme un morceau de musique, où la répétition est essentielle. L'histoire est la même chaque fois qu'on la lit ou la raconte, mais elle n'est aussi jamais la même. En comprenant cela, j'ai agrandi mon univers. Jack et le haricot magique ont fait partie de ma pratique de méditation pendant un certain temps, et m'ont appris à être présent quand je n'en avais plus envie. Une fois encore, l'enfant devient le maître du parent.

L'HEURE DU COUCHER

IL EST BON DE PRÉSERVER des moments de calme, où il ne se passe « rien ». Dans ces instants, souvent avant que les enfants se couchent, ou quand ils attendent de s'endormir, des occasions de créativité, de partage et de connexion apparaissent. Le monde s'est arrêté. Dans le silence, ma fille (mkz) attrape son carnet à dessin, s'assied calmement, se concentre et crée, entièrement absorbée par son travail. Un autre soir, je lui lis une histoire simple qui absorbe son imagination, et je la regarde dans les yeux aux moments où l'histoire nous touche ou nous fait sourire. Parfois, je reste simplement assise près d'elle, et, au bout d'un moment, elle me raconte une chose qui s'est produite à l'école, elle me parle d'une chose qui la tracasse. Dans le silence de la nuit, les choses ont l'occasion de faire surface.

Quand nos enfants étaient petits, nous leur chantions des chansons, nous leur lisions ou leur racontions des histoires. Adolescents, ils aimaient parfois encore qu'on leur lise des livres. Ils écoutaient aussi de la musique avant de s'endormir. À l'heure du coucher, différents courants de la journée se réunissent.

Chaque enfant est différent. Les uns s'endorment facilement ; pour les autres, la transition est très difficile. Quand nos enfants étaient petits, il nous arrivait de tout essayer pour créer un environnement calme à la fin de la journée, souvent en vain. Surtout quand nous étions nous-mêmes fatigués, quoi que nous fissions, la soirée n'avait rien de paisible.

Malgré tous nos efforts pour préserver ce moment, bien des obstacles nous en empêchaient. Du travail à faire, des coups de fil à passer pour organiser le lendemain, plusieurs enfants nous réclamant à la fois, les besoins différents d'enfants d'âges différents, tout cela nous écartelait. Les besoins des plus grands passent souvent après ceux des plus petits. Il faut jongler constamment avec les exigences des uns et des autres. Le coucher paisible devient souvent impossible. Mais, les jours où nous trouvions le temps d'être pleinement présents, pour partager les soucis d'un enfant ou pour le sentir basculer dans le sommeil, nous nous rappelions combien ces moments pouvaient être précieux.

À présent, près du petit corps de mon fils endormi,
la rivière cachée dans ma poitrine coule avec celle de mon fils
et j'accorde ma parole au rythme de sa respiration

joignant ma nuit à la sienne, chantant son chant nocturne
comme si ces eaux souterraines
étaient des rivières secrètes qui nous traversent l'âme

pour faire émerger la vie à venir,
ce flux qu'il rejoindra en grandissant,
dans les heures silencieuses où la certitude

de son moi recule. C'est là qu'il trouvera
le repos entre les notes solides
qui font tout le prix de la chanson.

David WHYTE, « Looking Back at Night »,
Where Many Rivers Meet.

GATHAS ET BÉNÉDICTIONS

Parfois, des dictons et de petits poèmes sont utilisés lors des retraites de méditation ou dans le cadre de la pratique quotidienne pour nous rappeler ce que nous savons déjà mais que nous avons tendance à oublier ou à considérer comme acquis. Ces poèmes ou dictons sont appelés *gathas* dans la tradition bouddhiste. Il y a des gathas pour s'éveiller le matin, des gathas à dire avant le repas, pour se souvenir d'apprécier cette inspiration et cette expiration, presque pour chaque occasion du quotidien, tout cela afin de rester en contact avec ce qui est réel, au lieu de nous perdre dans la pensée.

Si on les répète sans y penser, par habitude, ces poèmes n'ont pratiquement aucune valeur. Mais, si on les tient dans la main comme des oiseaux précieux, si on les invite à nous rendre visite et si on les utilise de façon judicieuse, ils peuvent avoir un immense pouvoir. Ce sont de simples rappels, mais pleins d'une merveilleuse énergie directionnelle. Ils apaisent, ils guérissent. Ils nous indiquent ce dont nous devons nous souvenir. Nos enfants ont appris ce petit gatha à l'école :

Le soleil est dans mon cœur
Il me réchauffe de sa puissance
Et éveille la vie et l'amour
Chez l'oiseau,
Chez l'animal
Et chez la fleur.

Toute la classe le récitait à haute voix au début de chaque jour à la maternelle puis dans les premiers niveaux de l'école primaire. Les mots étaient accompagnés par une série de gestes qui formaient une fleur : un grand cercle au-dessus de la tête pour le soleil, les mains ramenées ensuite vers le cœur, les paumes ouvertes vers le ciel, les bras tendus avec chaleur et à la fin les mains contre la poitrine, fermées l'une contre l'autre, s'ouvrant de la vie de l'oiseau et de l'animal, puis formant les pétales d'une fleur.

Nous aimions beaucoup que les enfants rendent régulièrement visite à ce petit gatha du cœur. Cela nous semblait bon pour leur esprit et pour leur corps, et aussi important, sinon plus, que tout le reste de ce qu'ils apprenaient. La répétition quotidienne de ce poème protégeait et nourrissait en eux quelque chose de précieux et leur rappelait chaque jour la puissance et la valeur de la vie, et de cette énergie centrale du cœur que nous appelons amour. Une petite méditation matinale pour la classe, un appel à l'éveil du cœur, qui rappelait aux enfants leur interconnexion… Le soleil, le cœur, la vie, la puissance, l'oiseau, l'animal, la fleur, les enfants, l'amour, tout cela ne formant qu'un tout indissociable.

Nos enfants nous ont appris de nombreux gathas. À l'école avant le déjeuner, ils en répétaient un qui devint notre moyen de passer des occupations de la journée à un moment de connexion silencieuse, réunis en famille pour le dîner, nous tenant par la main autour de la table :

La Terre qui nous donne cette nourriture,
Le Soleil qui la rend mûre et bonne,
Chère Terre, cher Soleil,
Par vous nous vivons,
À vous nous devons
Tous nos remerciements.

Puis nous gardions le silence quelques instants, nous nous regardions, nous regardions notre nourriture, puis la table entière mise pour le dîner, et nous disions : « Que soit bénie notre nourriture et que soit bénie notre famille. » Quand il y avait des invités, nous disions : « Que soient bénis nos invités. » Dans les familles où nous avons grandi, ma femme et moi, on ne disait jamais de bénédicité, et nous étions parfois mal à l'aise chez des amis où c'était au contraire la règle. Avec le temps, nous avons de plus en plus compris l'importance de bénir délibérément et en pleine conscience ce qui est bon afin que les bonnes choses ne passent pas inaperçues.

Voilà peut-être pourquoi nous appréciions tant ces gathas de conscience et de gratitude quand nos enfants les rapportaient de l'école et nous les apprenaient. C'étaient des bénédictions en pleine conscience. Elles semblaient si englobantes, si reconnaissantes. Nous aimons à penser que, pendant toutes les années où nous avons répété ces petits poèmes, où nous avons pris le temps de nous attarder sur les sentiments qu'ils évoquent, ils arrosaient dans notre cœur des semences qui continuent à pousser dans notre famille et dans nos enfants, partout où ils vont. Il est bon de *savoir* que le soleil est dans votre cœur.

Et ces gathas peuvent aussi avoir planté en nos enfants les graines qui poussent à aimer ce qui se cache derrière le voile des apparences, ce que les grands poètes connaissent et célèbrent de façon si extraordinaire…

> Si grande est la douceur qui coule dans la poitrine,
> Nous devons rire et nous devons chanter,
> Nous sommes bénis par toutes choses,
> Tout ce que nous regardons est béni.

William Butler YEATS, « Dialogue de l'âme et du moi ».

Septième partie

Les choix

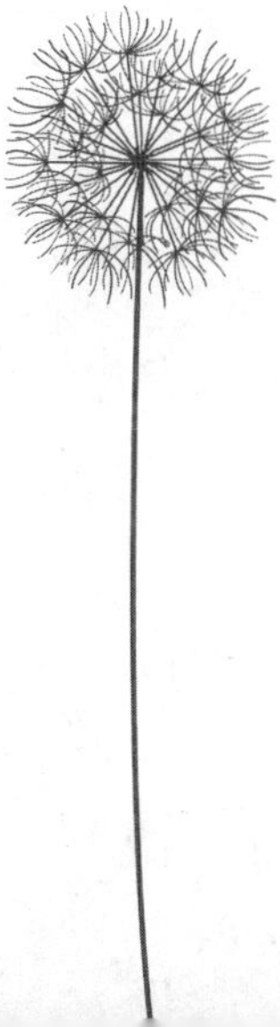

LES MOMENTS QUI GUÉRISSENT

La plupart de ce que j'ai (MKZ) appris dans ma vie, je l'ai tiré de mon expérience de parent. Mes enfant m'enseignent constamment ce que j'ai besoin de savoir, quand j'ai besoin de le savoir. Avec les années, j'ai souvent dû m'obliger à voir les choses du point de vue de chacun de mes enfants ; cela m'a ouvert les yeux sur des modèles de relation hérités de mon enfance, qui pouvaient nous limiter ou même nous nuire. Il est encore plus difficile de voir comment je peux parfois surcompenser la négligence ou le manque de soutien en basculant dans l'extrême inverse. Nos décisions de parents sont souvent influencées par notre propre expérience d'enfant, et il est utile de nous rappeler que le vécu de nos enfants n'est pas le même que le nôtre. Notre attitude de parent peut refléter cette prise de conscience.

Chaque fois que nous pouvons voir et comprendre une partie de notre expérience d'enfant, cela peut nous guider dans notre métier de parent et nous libérer un peu de l'emprise du passé. Quand nous sentons revenir les vieux schémas destructeurs, que ce soit dans notre ton de voix (quand nous minimisons les sentiments d'un enfant), dans l'expression de notre visage (mépris), dans nos paroles (« Mais qu'est-ce qui *te* prend ? », les noms blessants), une occasion précieuse se présente de faire un choix. Nous pouvons garder un comportement automatique et parfois cruel, qui nous paraît familier et confortable parce que nous avons nous-mêmes été traités ainsi dans notre enfance, mais nous pouvons aussi y mettre fin et tenter d'y voir plus clair derrière nos propres réactions intenses. Malgré la force de ces habitudes affectives fortement conditionnées, nous pouvons essayer de voir les choses d'un œil neuf, de nous poser des questions : « Que suis-je en train de faire ? Pourquoi ai-je une réaction aussi forte à cette situation ? Si je continue dans cette direction, où cela va-t-il me mener ? De quoi mon enfant a-t-il vraiment besoin en ce moment ? Quels sont mes choix ? »

Bien sûr, exiger que nous ouvrions notre cœur *ici et maintenant*, c'est beaucoup demander, surtout quand nous sommes déjà entraînés par l'élan d'habitudes profondément ancrées. En de telles occasions, est-il possible de nous arrêter, de retenir l'instant dans notre conscience et d'observer nos élans sans les suivre automatiquement ?

À mesure que nos enfants passent d'un stade à l'autre de leur développement, nos propres démons reviennent nous hanter, remontant à une époque similaire de notre vie. Ils se manifestent en se faisant tout à coup reconnaître, ou ils se contentent de flotter comme des nuages, sur les marges de notre conscience. Certaines situations familières déclenchent en nous des réactions intenses qui sont plus liées à nous-mêmes qu'à nos enfants : sévérité face aux actes de nos enfants, refus de les écouter, sentiments de peur, d'angoisse ou d'inconfort.

Quand apparaît l'un de ces sentiments inquiétants, il est bon de faire une pause, ne serait-ce qu'un instant, pour se mettre à l'écoute. Plus ces sentiments sont perturbants, plus il est difficile de les examiner. La rapidité avec laquelle nous cherchons à les écarter révèle combien ils sont problématiques. Au début, nous avons du mal à fixer notre attention sur ces instants, surtout si nos sentiments en tant qu'enfant n'étaient pas pris au sérieux dans notre famille. Nous avons l'habitude de les balayer sous le tapis.

Si nous parvenons à prendre conscience d'un sentiment de ce genre, cela devient un indice vers un phénomène plus profond. Son importance peut ne nous apparaître que plus tard, après des expériences répétées qui suscitent des sentiments semblables. En prenant le temps de respirer, de situer l'émotion et la tension qui l'accompagnent dans le corps, nous nous donnons au moins une chance de comprendre que nous sommes victimes d'un vieux sortilège, et nous pouvons peut-être nous en réveiller, avec une réponse plus imaginative, en pleine conscience.

Dans les instants où nous nous surprenons ainsi et où nous parvenons à changer de cap, quand nous choisissons d'agir autrement, de manière plus alignée sur les besoins de notre enfant, une transformation, une guérison se produit en nous. Cela devient un moment qui guérit.

Quand nous choisissons d'honorer ainsi les besoins de nos enfants, il nous devient aussi possible d'honorer les besoins qui sont restés inassouvis dans notre enfance. Quand nous prenons le parti d'être gentils plutôt que cruels, nous faisons l'expérience de la gentillesse. Si nous avons été battus dans notre enfance, nous trouvons une profonde satisfaction à choisir un meilleur moyen de résoudre le conflit alors que nous sommes prêts à frapper. Si nous avons manqué de protection, nous ressentons une plus grande sécurité quand nous protégeons nos enfants.

À tout moment, nous pouvons choisir de renoncer à l'armure affective qui nous a été utile dans le passé, nous pouvons faire à nos enfants le don d'un parent plus ouvert, plus compatissant et plus compréhensif. Au cours de ce processus, nous découvrons ce qu'aurait pu être notre enfance et, surtout, nous partageons la liberté de cet instant, en connexion non seulement avec notre enfant, mais avec nous-mêmes. En décidant de sortir du cycle négatif, la magie d'un amour inconditionnel nous touche nous aussi. Chaque fois que nous sommes capables de cela, nous faisons un pas dans le sens de l'intégrité et de la libération.

Une jeune mère raconte l'histoire suivante :

> « Je me rappelle un moment de grande clarté qui a suivi la naissance de mon deuxième enfant. Mes parents sont venus me rendre visite, et ma fille de trois ans traversait une période difficile parce que le bébé recevait beaucoup d'attention. Mes parents désapprouvaient, ils la grondaient et lui ordonnaient de mieux se tenir ; j'ai alors compris que, tant que mes enfants et moi étions "gentils" ou "sages", nous étions merveilleux à leurs yeux, mais que, dès que nous nous écartions du comportement qu'ils estimaient "acceptable" et que nous exprimions une émotion "négative", ils nous jugeaient. Alors j'ai pris la défense de ma fille. Ç'a été pour moi et pour elle un

moment bienfaisant. J'ai fait preuve d'empathie, j'ai pris son parti. Je ne l'ai pas trahie. L'apparence des choses ne comptait pas autant que le bien-être de ma fille à ce moment-là. »

COMBIEN DE MOMENTS vous rappelez-vous où vos sentiments ont été méprisés, ridiculisés ou minimisés quand vous étiez enfant ? Chaque interaction prise isolément peut paraître banale et sans importance (« Pourquoi en fais-tu une montagne ? »), mais ce n'est pas vrai, et, quand elle se répète, elle peut nuire à l'assurance et à la confiance de l'enfant.

C'est ce qui se produisit tandis qu'une mère ramenait de l'école son fils de neuf ans et un camarade. Dans la voiture, alors que son ami n'arrêtait pas de lui parler, son fils restait exceptionnellement muet et ne répondait que de temps en temps, d'un air bougon. Elle lui reprocha ce comportement peu chaleureux et lui rappela qu'il avait bien de la chance qu'un ami vienne jouer avec lui. Après avoir laissé les deux garçons ensemble pendant une heure, elle vit son fils s'effondrer, hurler, donner des coups de pied et pleurer ; elle-même se mit en colère, trouvant cette attitude exaspérante. C'est seulement plus tard, en y repensant, qu'elle comprit combien la politesse et la courtoisie comptaient dans sa propre famille d'origine. En disant à son fils qu'il avait de la chance, elle lui ordonnait en fait de nier ses sentiments pour mettre son ami à l'aise. Elle se souciait des sentiments de l'ami, de ses sentiments à elle, mais non de ceux de son fils.

Elle comprit aussi qu'elle aurait pu répondre à la situation de bien d'autres manières pour prendre en compte l'état affectif de son fils. Elle aurait pu décrire ce qu'elle voyait de façon neutre, identifier les sentiments qu'il manifestait, suggérer que les deux garçons s'accordent un moment de silence ; cette prise de conscience l'aurait aidée dans les choix qu'elle offrirait aux enfants une fois à la maison. Au lieu de quoi elle avait adopté un comportement automatique, elle avait répété un vieux modèle consistant à nier tous les sentiments qui n'étaient pas « positifs », courtois et amicaux.

Un autre jour, cette même mère avait emmené son fils de neuf ans chez sa grand-mère, qu'il n'avait vue que deux ou trois fois dans sa vie. L'aïeule avait décidé d'inviter en même temps une de ses amies, avec qui elle se mit à bavarder allégrement, ignorant son petit-fils. Prisonnier d'un environnement qui ne l'intéressait guère, l'enfant en vint très vite à s'ennuyer, se mit à courir à travers la pièce en se cognant aux meubles. Gênée par son incapacité à contrôler ce fils turbulent, la mère le ramena à la maison, furieuse. Elle le réprimanda pour son comportement intolérable et pour ne pas l'avoir écoutée quand elle lui avait dit d'arrêter. Il la regarda d'un air suppliant et répondit : « Mais, maman, mamie ne m'a même pas parlé ! »

Soudain, un voile lui tomba des yeux, et elle comprit qu'elle avait mis son fils dans la situation où elle-même s'était trouvée dans son enfance. Alors que sa propre mère ignorait ses sentiments et ses besoins, elle devait toujours se montrer polie, gentille et attentionnée. Devenue mère, elle se rendait enfin compte que la grand-mère n'avait fait aucun effort pour lier le contact avec son petit-fils, pour se demander ce qui lui ferait plaisir. Et, lorsqu'il avait réagi comme l'aurait fait n'importe quel enfant plein d'énergie, il avait été grondé. Au lieu d'en vouloir à sa propre mère, elle s'en était prise à son fils et avait rejoué une scène familière de son enfance. Son fils savait que sa grand-mère le négligeait, mais elle n'avait pas été capable de le voir avant que *lui* ne le lui signale, autre exemple de ce que nos enfants nous apprennent.

En y réfléchissant par la suite, cette femme déclara qu'il lui semblait irréaliste d'espérer un changement de la part de sa propre mère, mais que, lors de leur prochaine visite, elle apporterait des activités pour son fils, qu'ils se retrouveraient dans un jardin public ou qu'elle inviterait la grand-mère à venir chez eux. Elle fit une autre chose très importante pour recréer la confiance. Elle présenta ses excuses à son fils pour s'être mise en colère contre lui alors qu'il passait un moment difficile. En lui faisant savoir qu'elle comprenait et acceptait ce qu'il avait vécu, elle renforçait la confiance qu'il avait en elle, elle l'aidait à avoir confiance en ses propres sentiments.

Même si nous adorons nos enfants, même si nous voulons être les meilleurs parents qui soient, nos réactions automatiques suscitent parfois des moments de discorde et de déconnexion. Ces moments sont inévitables, ils font partie de la vie, puisqu'il nous est pratiquement impossible de vivre en pleine conscience chaque instant, ou même la plupart de notre temps. Et ce ne serait pas non plus souhaitable. L'essentiel est de découvrir que nous pouvons négocier les difficultés interpersonnelles que nous rencontrons ou que nous nous créons. Par ailleurs, nos enfants comprennent que ces ruptures temporaires et douloureuses peuvent être identifiées, faire l'objet d'un travail et donner lieu à réparation. La pleine conscience n'est pas un idéal ni un état suprême. C'est plutôt un processus constant, une manière d'être en relation avec ce qui se passe réellement, notamment ou particulièrement dans les moments d'inconscience. Chaque instant offre une nouvelle occasion de travailler sur nos automatismes, nos attentes, nos craintes et leurs conséquences, une nouvelle occasion d'apprendre.

Nous avons parfois besoin de présenter des excuses, de reconnaître combien notre comportement a pu être blessant, mais les excuses peuvent devenir trop fréquentes et trop faciles. Il est parfois plus utile d'admettre en silence ce qui s'est passé et d'examiner en silence notre volonté d'adopter la pleine conscience, de nous montrer plus ouverts au présent. Quand nous nous prenons sur le fait, nous pouvons aussi nous arrêter et appliquer la conscience à notre respiration, nous enraciner à nouveau dans le présent et dans le corps, et peut-être dire à notre enfant : « Recommençons de zéro. » Nous pouvons ainsi favoriser et reconstruire une relation de confiance et d'affection.

Prendre conscience des comportements limitatifs ou destructeurs qui existaient jadis dans notre propre famille, prendre conscience de la tristesse, de la colère, de l'aliénation que nous avons vécues dans notre enfance, voilà un processus d'apprentissage douloureux mais terriblement utile. Nous pourrons utiliser ces découvertes pour faire de meilleurs choix en tant que parents.

QUI EST LE PARENT, QUI EST L'ENFANT ?

Il existe une certaine quantité de souffrance qui fait partie de la condition humaine. Et il y a la souffrance que nous fabriquons pour nous et pour les autres, sans le vouloir, mais par inconscience, par ignorance, à cause de besoins affectifs non satisfaits, qui viennent souvent de notre famille d'origine et de la façon dont nous étions vus et traités dans notre enfance. Il y a déjà suffisamment d'angoisse dans les familles pour ne pas en rajouter en créant des fardeaux et des carcans émotionnels superflus pour ceux que nous aimons, à partir de vieilles habitudes jamais examinées d'un œil critique. Pour concentrer notre attention sur ce point, nous pouvons réfléchir sur les règles affectives implicites de notre famille d'origine et sur la façon dont elles nous ont affectés.

Une amie m'a raconté que son père la voyait uniquement quand elle parlait avec lui de son travail scientifique à lui. Le jour où elle rata ses examens de médecine, elle comprit qu'elle était sur une voie qui n'était pas la sienne et décida de se consacrer à plein temps à l'art, ce qui entraîna une vive désapprobation paternelle. La règle tacite était : « J'approuve volontiers tant que tu fais des choses que j'apprécie. »

Cette entente tacite varie d'une famille à l'autre. Les unes sont dominées par les besoins affectifs des parents. Les autres ignorent totalement les besoins affectifs. Des schémas implicites sont souvent installés dans l'intérêt des membres les plus puissants de la famille, en général l'un ou l'autre des parents, voire les deux. Culpabilité, honte, dévouement, devoir, responsabilité sont autant de notions qui peuvent servir à manipuler les enfants et les obliger à respecter ces schémas, sans guère laisser de place à l'expression de leurs propres sentiments et besoins.

Certains parents ne peuvent établir un lien étroit que par le biais de leurs blessures et de leur souffrance. Inconsciemment, ils veulent que leurs enfants partagent leur douleur et, parfois, en portent le poids à leur place. Un entraînement subtil a lieu entre parent et enfant – entièrement en deçà de la conscience et des intentions du parent – par lequel l'enfant s'accorde aux besoins émotionnels du parent, souvent sans que rien soit dit. Ce n'est pas le parent mais l'enfant qui doit faire preuve d'empathie et de compassion, qui doit partager les sentiments, les soucis, les pressions dont souffre le parent. Les sentiments, les besoins et les désirs de l'enfant sont enterrés. L'enfant devient un « gentil garçon » ou une « gentille fille » aux dépens de ses propres sentiments, de son moi interne. Pour coller à celui qu'il est vraiment, il doit parfois accomplir un acte extrême : rejeter ses parents complètement, adopter un comportement autodestructeur, s'enfuir ou choisir l'isolement affectif.

Pour devenir un être humain affectivement intelligent, l'enfant doit prendre conscience de ses sentiments et les accepter. Il a besoin de savoir ce qu'il ressent et comment, ce qu'il veut. Quand il est petit, il peut apprendre ce qu'il éprouve lorsque nous le nommons (« Tu as vraiment l'air contrarié/fatigué/furieux/impatient... », « Joe a l'air bien triste, pourquoi est-il comme ça, d'après toi ? »), et en communiquant notre conscience de nos propres sentiments et besoins. L'enfant apprend ainsi à communiquer ses sentiments de manière plus efficace. Il tire aussi grand profit de la réponse affective de ceux qui l'entourent. Grâce à la sympathie qu'il reçoit, l'enfant devient peu à peu plus conscient d'autrui. Il commence à vivre le dialogue et à comprendre la notion de l'« autre ». L'enfant parle, l'autre écoute ; l'autre parle, l'enfant écoute. Il commence à faire l'expérience directe de la réciprocité. Lorsque l'on écoute ses sentiments et ses besoins, lorsque l'on y répond, lorsqu'il peut faire confiance aux autres, l'enfant acquiert les compétences nécessaires pour établir ses propres relations réciproques. Cela prend du temps. Pour certains, c'est un processus qui occupe plusieurs années. Pour d'autres, cela se produit très tôt.

Quand l'enfant se sent libre de dire sans crainte ce qu'il éprouve réellement, d'expliquer comment il voit vraiment les choses, il est naturel qu'il s'oppose ainsi à ses parents. Il faut parfois des années pour qu'un enfant puisse identifier sa propre implication, sa propre responsabilité dans un conflit. Cela suppose beaucoup de patience de la part des parents ; même pour des adultes, ce processus ne paraît pas toujours si facile.

Un homme écrivit à son père pour lui parler des choses qui lui faisaient de la peine et le troublaient dans leur relation. Le père répondit : « Je te pardonne cette horrible lettre. » Il niait qu'il y eût quoi que ce soit de vrai dans ce que son fils avait écrit. Au lieu de demander à son fils de lui pardonner, il se comportait comme si son fils avait commis un crime en lui avouant ses sentiments. L'effet aurait été bien moins dévastateur et aurait même pu être bénéfique si ce père avait pu entendre la douleur de son fils, éprouver un peu de compassion pour lui, même s'il était incapable de comprendre. Il aurait alors pu répondre : « Je compatis, je regrette les souffrances que j'ai pu te causer. Si tu le désires, nous pouvons nous rencontrer, et je suis prêt à essayer de comprendre ce qui s'est passé. »

UNE FEMME QUI AVAIT RENONCÉ à son « couple parfait » pour se déclarer lesbienne disait : « Je n'avais pas envie de perdre ma mère, mais j'avais le choix entre la perdre et me perdre moi-même, ce qui n'était pas possible. »

DEUX SŒURS PARLENT DE LEUR MÈRE. L'une dit : « Nous ne la considérons pas comme notre "vraie" mère parce qu'elle ne se conduit pas en mère. C'est plutôt nous qui lui servons de mère. Elle nous rappelle sans cesse que nous n'en faisons pas assez, que nous sommes incapables de l'aimer et de l'apprécier suffisamment. »

Qu'est-ce que vos parents attendaient de vous ? De quoi étiez-vous responsable, sur le plan affectif, dans votre famille ? De quelle manière vos parents étaient-ils orientés vers leurs enfants ? Quels besoins fondamentaux étaient satisfaits et comment ? De quelle marge de manœuvre disposiez-vous pour agir de manière différente ? Dans la famille, qui était responsable de la qualité des relations ? Qui devait arrondir les angles ? Qui nourrissait qui ?

En tant qu'adultes, nous portons parfois de lourds fardeaux affectifs, contenant toutes sortes de choses qui ne nous appartiennent pas vraiment, mais auxquelles nous nous sommes habitués avec le temps : la souffrance de nos parents, leurs attentes, leurs déceptions, leurs secrets, leur colère, leurs blessures. Parfois, le simple fait d'envisager de poser ce fardeau à terre nous inspire un tel sentiment d'inadéquation ou de culpabilité que cela nous paralyse émotionnellement. Si nous posons ce fardeau, nous serons un « mauvais » fils, une « mauvaise » fille. Comment pourrions-nous faire ce choix ?

Quand nous essayons enfin de nous délester, quand nous essayons de quitter le rôle qui nous est imposé depuis longtemps et que nous jouons surtout par habitude, par crainte, par culpabilité, quand nous refusons de respecter les vieilles règles affectives tacites de la famille, ce peut être l'anarchie.

Se dégager de vieux schémas confortables afin d'opter pour une plus grande indépendance affective peut être perçu comme une grave trahison. Nous risquons de nous opposer à des critiques féroces, à une résistance opiniâtre. Il faut beaucoup de courage et de patience pour créer de nouveaux modèles affectifs dans sa vie.

Il n'est jamais trop tard pour poser le fardeau que nous portons et pour tenter de créer de nouveaux modèles relationnels plus appropriés, plus équilibrés. Ce processus peut à son tour nous aider à y voir plus clair dans les schémas implicites que nous imposons à nos propres enfants. Nous avons le potentiel nécessaire pour nous libérer et libérer nos enfants de certains de ces fardeaux superflus. Tout le monde peut profiter de cette légèreté, de cet espace supplémentaire, acquérir plus d'authenticité.

Ce peut donc être une bonne idée, de temps en temps, de nous demander si nos enfants sont ici pour satisfaire nos besoins ou si c'est à nous de satisfaire les leurs. Quand nos enfants sont petits, notre métier de parent consiste évidemment à satisfaire leurs besoins, qui changent avec le temps. En outre, quand ils grandissent, nous pouvons en conscience les aider à identifier leurs propres besoins et à apprendre à les satisfaire. Cette capacité est cruciale pour devenir un être humain sain. L'autre aspect du phénomène, c'est que nous avons nos propres besoins, en tant que parents. Cultiver une plus grande conscience de soi, apprendre quand et comment communiquer efficacement nos besoins est essentiel pour avoir une relation saine avec nos enfants.

MÊME QUAND ILS SONT DEVENUS ADULTES, nos enfants ont parfois besoin de notre soutien, de notre compréhension, de l'aide que nous pouvons leur apporter. S'il y a un désaccord, une fracture entre nous, trouverons-nous le courage de tendre la main vers notre enfant adulte, saurons-nous guérir et nous reconnecter, malgré toute la douleur, malgré le fossé creusé par le temps ? Ce n'est pas toujours possible. Nous pouvons essayer, sans jamais renoncer à vouloir recréer le lien de manière plus saine. Mais nous devons parfois attendre que nos enfants en aient eux-mêmes envie.

Comme l'ont montré de nombreuses recherches en psychologie, si nos parents n'ont pas satisfait nos besoins affectifs, nous risquons d'avoir du mal à donner satisfaction à nos enfants ou à nous-mêmes, et le cycle peut se répéter à l'infini, de génération en génération. En travaillant en conscience, à chaque instant, nous avons une chance de briser le cercle vicieux.

Même quand nos enfants grandissent, ils continuent à avoir besoin de notre soutien. Et, alors que nous vieillissons, nous avons parfois besoin du leur. Le même cycle de vie, où l'on donne et où l'on reçoit, peut nous nourrir tous, évoluant avec le temps.

Je baisse des mains tremblantes de rage vers l'enfant qui appelle, mais, au lieu de le malmener, elles se ferment doucement sur son corps, comme un murmure. Comme si j'étais physiquement agrandi, je l'attire vers moi, en inspirant profondément. La tension tombe. À cet instant, je suis investi non pas de ma faible endurance, mais de la patience de ma mère. C'est un don qu'elle me transmet de loin. Ses mains l'ont déversé sur moi. Les heures qu'elle a passées à m'apaiser, le profond silence dans lequel je la regardais bercer, nourrir et rassurer mes petits frères et sœurs, tout cela est passé en moi, invisible. Ce don est en moi depuis toujours, comme un oiseau dans son nid, attendant l'instant où mes mains auraient besoin de la force douce des ailes.

Louise ERDRICH, *The Blue Jay's Dance*.

LES VALEURS FAMILIALES

Ce à quoi notre famille attache de la valeur change avec le temps, mais, en général, cela inclut le sentiment d'être reliés, d'appartenir à un grand tout aimant qui abrite, nourrit et permet à chacun d'être reconnu et accepté pour ce qu'il est, et où chacun s'engage fondamentalement à se montrer sincère et respectueux, avec la volonté de surmonter les moments difficiles.

Cela ne se produit pas par magie. Il faut un travail interne et externe pour construire et maintenir au sein du foyer une culture familiale qui reflète nos valeurs. La forme en change constamment à mesure que la famille devient plus nombreuse, que les enfants grandissent, que nous évoluons comme parents et comme individus, que la société se transforme avec un profond impact sur nous. Et, à un moment, les enfants quittent la culture familiale pour créer la leur.

Chaque famille élabore sa culture unique, de manière consciente ou non. Pour être parent en pleine conscience, le défi consiste notamment à rendre conscientes les qualités de la culture familiale et à faire les choix conscients qui reflètent et incarnent nos valeurs en tant que parents.

La question des « valeurs familiales » a fait couler beaucoup d'encre, souvent dans un contexte politique ou moral, avec un point de vue étroit sur ce qu'est une « bonne » famille. Le mot « valeur » signifie littéralement ce à quoi on accorde la priorité. Nos priorités définissent notre culture familiale. Ces « valeurs familiales » ne sont donc pas seulement un concept théorique. Peu importe ce que nous pensons ou croyons, ou ce que sont nos principes, si rien de tout cela n'est mis en pratique.

Nos valeurs individuelles et collectives en disent long à travers la façon dont nous agissons au quotidien. Que nous le sachions on non, nous incarnons nos priorités. Il peut donc être très utile d'appliquer la conscience à tout ce que nous incarnons déjà, dans un esprit d'examen et d'acceptation, plutôt que de jugement. Si nous ne sommes pas très à l'aise avec certains aspects de notre propre comportement, avec nos propres priorités au sein de la famille, nous pouvons peut-être envisager, dans un esprit de pratique de la pleine conscience, ce qu'il faudrait faire pour établir peu à peu d'autres priorités, plus en accord avec ce qui compte à nos yeux. Posons-nous ces questions : « Qu'est-ce qui est vraiment le plus important pour nous ? Quelles sont vraiment nos valeurs en tant que parents ? Y a-t-il des principes fondamentaux qui sont les priorités de notre famille, qui influent sur nos choix et nos actes ? »

Dans notre propre famille, nos valeurs sont la souveraineté, l'empathie, l'acceptation et la conscience, comme voies fondamentales pour exprimer l'amour et l'affection. D'elles découlent d'autres valeurs, comme le respect, la gentillesse, la sincérité, la responsabilité, la souplesse, l'autonomie et le droit à l'intimité. Nous essayons de notre mieux de vivre en accord avec ces valeurs. Elles sont ce qui compte le plus pour nous, ce que nous tentons de manifester au quotidien. Bien sûr, nos actions ne sont pas toujours en harmonie avec ces valeurs. Quand nous en prenons conscience, il faut examiner ce qui se passe, si pénible cela soit-il, et réitérer notre volonté d'agir de manière plus conforme à nos valeurs essentielles.

Nous privilégions aussi la paix et l'harmonie, mais la vie de famille est parfois tout sauf paisible et harmonieuse. Dans notre expérience, la paix et l'harmonie ne peuvent être imposées aux enfants, pas plus que les autres valeurs. Elles peuvent seulement être encouragées, cultivées, nourries par l'exemple. Cela exige de la patience et la certitude que ces qualités finiront par s'enraciner et se développer. Il ne s'agit pas d'être des individus exemplaires, des parents parfaits. Le plus important est notre engagement en faveur du processus, du travail réalisé avec notre conscience. Quand nos enfants voient que nous sommes humains, que nous pouvons nous tromper et reconnaître nos erreurs, ils en apprennent bien plus sur les valeurs et sur la vie que si nous leur dispensons des leçons de morale.

L'ATMOSPHÈRE AFFECTIVE ET PHYSIQUE que les parents créent au sein de la famille est le cadre dans lequel se déploie l'évolution d'une famille. Plus la pleine conscience peut être appliquée à cette dimension de la vie familiale, plus les profondes valeurs internes de la famille auront de chances d'être identifiées et privilégiées dans les décisions des parents.

Un aspect de l'atmosphère familiale qui est très précieux pour nous est le sentiment du foyer comme refuge, loin du bombardement des stimuli extérieurs, un lieu où nos propres valeurs donnent le ton et peuvent tempérer les valeurs parfois superficielles, frénétiques et matérialistes de la culture ambiante.

Les rituels familiaux contribuent à façonner une culture du foyer. Les rituels peuvent créer une atmosphère réconfortante, qui enracine les membres de la famille dans l'espace et le temps, qui renforce les liens entre parents et enfants, et entre les enfants. C'est la qualité de notre intentionnalité et la conscience que nous leur apportons à chaque instant qui donnent leur sens aux rituels familiaux.

Tout peut devenir un rituel familial : le réveil des enfants le matin, le laçage de leurs chaussures, le peignage ou le nattage des cheveux, le bain, le dîner que l'on partage aussi souvent que possible, les bougies que l'on allume à table, les grâces prononcées avant le repas, la chanson que l'on chante ensemble, le feu devant lequel on s'assied en hiver, les histoires qu'on raconte à l'heure du coucher. Tout cela sert à enrichir la vie familiale.

Il peut aussi être bon d'avoir conscience de l'environnement physique de la maison. Ce n'est pas forcément la plus haute des priorités, mais, quand la maison est sale et en désordre, l'énergie de tous peut en être affectée. Et il ne s'agit pas simplement de tenir la maison pour sauver les apparences.

La pleine conscience peut être appliquée aux activités quotidiennes du ménage. Préparer les repas, cuisiner, dresser la table et la débarrasser, faire la vaisselle ou la lessive, passer l'aspirateur, autant d'occasions auxquelles les enfants peuvent participer, selon leur âge. Nettoyer la maison peut devenir un rituel familial où chacun joue son rôle. C'est une façon de préparer le foyer pour de nouveaux départs.

En tant que parents, nous devons cultiver une conscience de la famille dans son ensemble. Nous entretenons la cohésion familiale quand nous la gardons présente dans notre esprit, en considérant ses besoins de la même manière que nous examinons les besoins de chacun de nos enfants. C'est parfois la famille en soi qui requiert notre attention. On réunit tout le monde, tantôt pour identifier et résoudre tel ou tel problème, tantôt simplement pour se parler, tantôt simplement pour s'amuser. Avec le temps, un sentiment collectif d'appartenance s'établit chez les enfants.

Les enfants forment naturellement leurs valeurs sociétales plus larges à partir de l'atmosphère et de la culture de la famille, mais aussi à partir de leur interface croissante avec le monde. On l'a dit, de même qu'on ne peut imposer les valeurs de paix et d'harmonie dans la famille, on ne peut inculquer par des sermons ou par la force des qualités comme la générosité, la compassion, la non-violence, l'égalité et l'appréciation de la diversité. C'est en faisant remarquer ces qualités chez autrui, et en incarnant nous-mêmes ces valeurs que nous permettons à nos enfants d'en avoir l'expérience directe.

Mon fils a grandi dans la banlieue de New York. Son père et moi avons divorcé quand il était encore tout jeune, et je me suis sentie obligée de l'initier aux valeurs qui me semblaient importantes dans la vie. Parmi elles figurait le respect de tous, quels que soient leur origine ou leur milieu.

Depuis son enfance, New York a beaucoup changé. Beaucoup de quartiers, dont celui qu'il habite, étaient peuplés de SDF, qui pratiquaient une mendicité agressive ou restaient passivement assis ou endormis dans l'entrée des bâtiments.

Par une froide soirée d'hiver, je me hâtais d'aller chez mon fils de vingt-trois ans pour l'emmener dîner dans son nouveau quartier. Ces moments passés ensemble m'étaient précieux, trop rares de mon point de vue, mais c'est lui qui décidait de la fréquence. Je savais qu'il fallait qu'il en soit ainsi pour qu'il parvienne à créer sa vie d'adulte selon ses propres critères.

En m'approchant de son immeuble, j'ai remarqué une femme assise sur le trottoir, qui mendiait à droite de la porte. J'ai senti la tension monter en moi et j'ai détourné les yeux pour feindre de ne pas la voir alors que j'entrais. Je ne voulais pas que ma conscience de la souffrance humaine s'oppose à mon désir de passer une soirée en compagnie de mon fils.

Peu après, nous nous sommes mis en route, nous avons ensuite pris l'ascenseur, nous sommes sortis pour choisir parmi tous les restaurants accessibles. Nous en découvrions un nouveau à chaque dîner ensemble.

En sortant de son immeuble, il s'est dirigé vers la femme assise sur le trottoir, à l'endroit précis où j'avais fait un effort pour éviter de la voir. Alors qu'il lui donnait la monnaie qu'il avait dans sa poche, j'ai eu la surprise de l'entendre dire : « Je vous présente ma mère. » Je me

suis retournée, la femme m'a adressé un grand sourire chaleureux, et nous nous sommes dit bonjour.
Il savait qu'il devait la considérer comme un individu à part entière, certes dans une situation terrible, mais avec qui il pouvait se montrer aimable.
J'avais voulu qu'il apprenne à percevoir l'humanité commune à chacun d'entre nous sans exception, et il y était parvenu. J'ai été profondément émue en comprenant qu'il m'enseignait à son tour une valeur que j'avais perdue de vue. Une valeur que je lui avais apprise tant d'années auparavant.

CHOISIR DE CONSOMMER SANS SE CONSUMER

DANS LA CULTURE D'AUJOURD'HUI, focalisée sur la consommation, les parents peuvent aisément se laisser entraîner à des choix qui poussent leurs enfants à faire l'expérience du monde à travers les objets plutôt qu'à travers un contact durable avec les êtres. Dans cet environnement, même une petite part de pleine conscience est une boussole nécessaire pour négocier les choix parfois écrasants qu'affrontent les parents. L'immense éventail de produits, dont certains sont censés amuser et instruire dès le plus jeune âge, et dont beaucoup ont pour but de faciliter le métier de parents, peut vite se substituer aux interactions humaines essentielles dont un enfant a besoin.

Par exemple, un bébé peut être porté brièvement, puis déposé dans un siège de voiture, emmené dans un magasin, puis placé dans un berceau ou sur une chaise haute une fois de retour à la maison, et enfin dans une poussette pour une promenade. Le bébé peut passer sa journée de façon tout à fait passive, à toucher des objets sans vie. Les sons qui dominent son univers peuvent venir de la télévision, de la radio ou de ses jouets. Si les parents n'en sont pas conscients, l'environnement de l'enfant peut rapidement être modelé par les besoins des parents plutôt que par ceux de l'enfant, devenir excessivement utilitaire ou potentiellement chaotique, désincarné, disjoint. Que les objets touchés par le bébé soient en plastique ou en matériaux naturels, ils restent inanimés, sans la chaleur et la réponse des parents.

Si nous mettons constamment nos enfants de côté pour faire autre chose, en comptant sur les objets pour les retenir ou les distraire – en actionnant une balançoire électrique, en leur faisant écouter des histoires enregistrées sur disque, en allumant la télévision ou un lecteur de DVD –, nous risquons malgré nous de les encourager à être passifs au lieu de devenir des participants actifs dans le monde. Tous ces objets destinés à « occuper » les enfants peuvent les placer dans une situation d'impuissance et de déconnexion, limitée par l'objet en question.

Bien sûr, dans la journée, il nous arrive d'être obligés de faire autre chose, tout en veillant sur nos enfants. Il est naturel et important que nos enfants nous voient ainsi occupés. Si nous appliquons la pleine conscience aux caractéristiques de notre situation – l'âge et le tempérament de l'enfant, l'environnement familial, le travail à accomplir –, nous pouvons en général trouver une solution créative pour les occuper sans danger pendant que nous travaillons, du moins pendant un certain temps.

En ce qui concerne les bébés, nous pouvons les porter sur notre poitrine tout en faisant autre chose. Pour les nourrissons, nous pouvons créer un enclos où l'enfant peut se déplacer, ramper ou se relever, se laisser rouler, décider de ses propres activités avec plus de latitude. Un sol rembourré en cas de chute, des ballons et des blocs de construction, des structures simples à escalader, voilà qui peut faire de la maison un domaine à explorer sans danger pour les bébés et les nourrissons. Il est difficile mais judicieux de laisser nos enfants éprouver de la frustration, de ne pas se précipiter pour aplanir la difficulté, mais au contraire les laisser surmonter un obstacle approprié à leur stade de développement.

Nos enfants ressentent la qualité de notre présence, que nous soyons en interaction directe avec eux ou non. Même si les parents deviennent très doués pour parvenir à faire plusieurs choses à la fois, l'essentiel est d'acquérir une certaine souplesse d'attention et un champ de conscience plus large, qui englobe non seulement nos enfants, mais aussi l'état de notre corps et de notre esprit. Nos enfants sentent bien si nous sommes rigides et haineux ou souples et gentils. À chaque instant, nous pouvons réguler la qualité de notre être. Quand nous sommes stressés, nous avons toujours l'option de nous imposer un retour à la respiration, aux sensations du corps et à la richesse inhérente à chacun de nos instants.

Quant aux choix de consommation que nous affrontons en tant que parents, parfois peu à peu, par des décisions apparemment mineures et inoffensives, nous courons le risque de perdre de précieuses interactions avec nos enfants, et ils courent pour leur part le risque de perdre un certain type de soutien que nous aurions pu leur apporter. En faisant ces choix, nous pouvons appliquer un certain degré de pleine conscience à la façon dont ces achats affectent l'expérience du monde qu'ont nos enfants et leurs relations avec nous.

Par exemple, nous pouvons mettre un bébé dans une poussette sans réfléchir. Mais, si nous essayons d'imaginer ce qu'il ressent, nous comprendrons qu'il se retrouve face au monde sans rien pour le protéger de tous les stimuli, de tous les corps, de tous les bruits et de toute l'énergie qui affluent directement vers lui. Nous comprendrons aussi que ce petit être tout neuf reçoit ces stimuli imprévisibles, nullement filtrés, alors qu'il est physiquement séparé de ce qu'il connaît le mieux et de ce qui l'aide à se centrer dans son univers : ses parents. Ces poussettes rendent aussi plus difficile pour les parents de parler à leurs enfants, d'établir un contact visuel, d'avoir avec eux des interactions de toutes sortes. Heureusement, certaines poussettes sont réversibles.

Une alternative serait donc de choisir de tenir le bébé dans nos bras, dans une écharpe ou un porte-bébé ventral près du corps. Il est ainsi à la fois dans le monde et protégé du monde. Selon l'âge et le tempérament de l'enfant, même un porte-bébé dans lequel l'enfant est dos contre notre poitrine peut offrir trop de stimulation visuelle et accabler un système nerveux sensible. Il n'y a pas une solution unique. Être parent en pleine conscience est un processus constant d'ajustement de ce que nous faisons en fonction de ce que nous voyons et ressentons.

Une poussette est parfois très utile quand la distance est trop longue pour que l'enfant la parcoure à pied. Mais son expérience sera tellement plus riche si ses parents le prennent de temps en temps sur leur dos dans un porte-bébé. Il peut ainsi sentir le mouvement et la chaleur du corps de l'adulte, dont il peut toucher le visage et les cheveux. Dans cette position, les visages des gens sont à bonne hauteur pour qu'il puisse communiquer avec eux, mais il peut aussi s'appuyer à son parent s'il est timide. En même temps, l'enfant a les pieds sur une barre, il peut pousser contre le métal, s'étirer, déplacer tout son corps. Il éprouve une sensation de sécurité et a accès à tout un monde de stimuli sensoriels.

Ces choix exigent réflexion et nous donnent un peu plus de travail à court terme. Il en résulte néanmoins de merveilleux plaisirs pour les parents comme pour les enfants. Nous pouvons être plus proches, plus en contact, plus à l'écoute. Nous risquons moins de manquer les messages subtils que l'enfant nous envoie, par un sourire ou par un son, par un léger contact de la main, des moments de pure connexion.

Beaucoup d'objets sont conçus pour « nous libérer » et nous permettre d'accomplir d'autres tâches. Nous les achetons dans l'espoir qu'ils nous rendront la vie plus facile. Mais, si nous n'y prêtons pas attention, nous risquons de les voir se substituer à la présence humaine et à l'interaction. Ils peuvent finir par isoler nos enfants, par les priver du nécessaire et par submerger leur système nerveux. Le temps ainsi dégagé nous coûtera très cher quand nous aurons affaire à des enfants en manque d'attention, de contact physique et de chaleur humaine, ou en demande de stimulation constante. Dans cet état de besoin, les enfants deviennent extrêmement exigeants, et c'est bien normal. Réparer les dégâts causés par la négligence et la surstimulation est bien plus difficile et bien moins satisfaisant que de commencer par répondre aux besoins de l'enfant.

Il y a certainement des moments où ces objets pratiques sont à la fois utiles pour les parents et amusants pour les enfants. Mais, en tant que parents, nous devons prendre en considération l'ensemble du vécu quotidien de nos enfants. L'essentiel est de trouver un équilibre. Nous pouvons utiliser une nacelle ou un siège de bébé quand c'est nécessaire, tout en veillant à ce qu'il y ait beaucoup d'autres occasions où nous portons notre bébé. Nous pouvons parfois lui faire écouter une histoire enregistrée sur CD, et trouver aussi le temps de lui lire des livres nous-mêmes. Les tétines, les peluches et les couvertures peuvent être rassurantes, et les bébés peuvent apprendre à s'en servir pour se calmer. Mais nous devons nous demander si nous voulons que ces objets deviennent la principale source de réconfort dans la vie de notre enfant.

Chaque objet qui se substitue à une interaction humaine peut nous priver, nous et nos enfants, de la richesse des moments partagés. Puisqu'une relation se construit sur ces moments partagés, si nous n'y prenons pas garde, l'enfant qui a « tout » risque de devenir un enfant qui n'a rien.

LA FOLIE DES MÉDIAS

Nous vivons une époque où tout change plus rapidement que jamais auparavant. Nous avons plus d'informations disponibles, mais une grande partie n'est peut-être pas ce dont nous avons le plus besoin. Nous avons franchi un seuil invisible et irréversible, depuis le monde analogique de toute l'histoire de l'humanité, de la nature et de l'évolution, pour entrer dans une nouvelle ère numérique où notre vie est en interface avec le pouvoir informatique toujours plus grand, dans un réseau interconnecté de communication mondiale virtuelle. Après l'époque où les parents s'inquiétaient des effets de la télévision, nous affrontons aujourd'hui l'omniprésence d'appareils numériques toujours plus petits et toujours plus mobiles qui peuvent connecter les enfants à Internet et au Web, à tous les réseaux sociaux, YouTube, les textos, la musique, les jeux vidéo, d'innombrables chaînes câblées, des films… une boîte de Pandore qui donne un accès infini à un contenu illimité. Que pouvons-nous faire alors que nos enfants sont exposés à des univers dont nous ne savons presque rien, ou qui nous semblent toxiques ou malsains ? Comment les protéger de ce genre de risques ? Et comment identifier et réguler, selon leur âge, les aspects de la technologie qui peuvent, pensons-nous, être positifs et favorables à leur croissance ?

Entre les smartphones et les tablettes comme l'iPad, nous avons maintenant un accès illimité au monde numérique et des occasions infinies de nous distraire, de nous laisser absorber par lui au point de perdre contact avec l'instant présent. Non seulement nous devons réfléchir à l'exposition de nos enfants aux différents médias disponibles, mais aussi nous devons connaître et peut-être réguler leur usage, voire leur addiction, afin d'être nous-mêmes présents dans notre vie et avec nos enfants. De plus en plus, les enfants doivent rivaliser avec ces appareils pour obtenir l'attention de leurs parents. En outre, les parents en offrent à de très jeunes enfants pour les occuper. Les iPhone sont désormais conçus dans ce but. Nos enfants risquent de s'attacher à des appareils électroniques plutôt qu'à des êtres humains. Et cela vaut aussi pour nous.

Incontestablement, le monde où nous vivons se transforme sous nos yeux. Ces inventions technologiques et celles qui restent à venir, en matériel ou en logiciels, fabriquent un monde nouveau que nos enfants devront connaître, quand ils seront adultes, et avec lequel ils devront avoir une relation effective, quelle qu'elle soit. Raison de plus pour les rendre forts et équilibrés dans leur corps, leur cœur et leur esprit, et pour qu'ils ne perdent pas leur connexion avec le monde analogique.

Des êtres humains pleinement incarnés ne peuvent pas être nourris par la technologie, si intelligente ou si séduisante soit-elle. Nous avons besoin d'une expérience incarnée et de nourritures affectives qui proviennent d'être humains qui éprouvent des sentiments et de l'affection. Excessivement employée comme baby-sitter électronique quand les parents sont occupés, comme distraction quand les enfants s'ennuient, la technologie ne peut que trop vite se substituer à des expériences essentielles de l'enfance et aux interactions et activités avec d'autres êtres humains.

Les parents ont de plus en plus de mal à répondre aux questions difficiles qui se posent à eux. Devons-nous donner à nos enfants un accès illimité à ce nouveau monde simplement parce qu'il existe ? Comment maximiser le positif et minimiser le négatif ? Il y a souvent plus de questions que de réponses. Mais ce questionnement est très important, il nous oblige à réfléchir aux effets de ces technologies sur nos enfants et sur la famille.

Pour appliquer la pleine conscience à cet aspect crucial de la vie familiale, les parents peuvent commencer par observer intentionnellement leurs enfants lorsqu'ils jouent sur ces appareils. Dans quel état est alors leur corps ? Remarque-t-on des signes de tension ? Quel genre de mouvements font-ils ? Quelles images absorbent-ils ? Quel est le degré de violence ? Quels peuvent être les effets cognitifs, affectifs et sociaux sur des enfants qui habitent de plus en plus ce monde virtuel ? Quels messages reçoivent-ils alors ? Quelles valeurs absorbent-ils ? Combien d'interactions sociales réelles perdent-ils en se laissant perpétuellement absorber par ces appareils, même sur les sites de médias sociaux ?

Quand les enfants regardent la télévision, il nous semble important, en tant que parents, d'envisager des questions similaires. Des enquêtes ont montré qu'un enfant américain regarde en moyenne vingt-cinq mille heures de télévision avant d'atteindre l'âge de dix-huit ans, et assiste à plus de deux cent mille actes de violence, dont seize mille meurtres. Dans l'édition 1996 de son guide sur la violence des médias, l'American Medical Association signalait que le temps passé devant un téléviseur ou un écran vidéo était « le principal bloc temporel dans la vie éveillée d'un enfant américain ». Aux États-Unis, une famille moyenne laisse son téléviseur allumé pendant sept heures par jour. Soixante pour cent des familles allument la télévision pendant les repas, et cela ne diminue pas avec le temps. Une étude menée en 2009 par Nielsen Company a révélé que les enfants de deux à cinq ans passent plus de trente-deux heures par semaine devant leur téléviseur.

En tant que parents, nous devons veiller aux effets sur nos enfants de cette exposition et examiner la relation de notre famille avec cette force si grande. Voici quelques questions que nous pouvons nous poser : qu'observons-nous en nos enfants quand ils regardent la télévision, et après qu'ils l'ont regardée ? Quels messages absorbent-ils ? À quel point sont-ils passifs ? À quel point sont-ils fascinés, dans une sorte de transe hypnotique ? Combien d'heures passent-ils ainsi chaque jour, chaque semaine ? Que se privent-ils de faire en regardant la télévision ? À combien d'actes cruels assistent-ils ? Se mettent-ils à se battre dès que le téléviseur est éteint ? Comment cela affecte-t-il leur attitude et leur comportement à la maison et à l'école, leur vision d'eux-mêmes et de la société ? Il suffit de les observer attentivement et de nous poser ces questions pour nous aider à faire des choix qui rehausseront la qualité de notre vie de famille et qui amélioreront la vie de nos enfants. Nous pouvons aussi éveiller chez nos enfants une certaine conscience en leur suggérant de prêter attention à ce qu'ils éprouvent pendant et après ces activités.

Dans beaucoup de foyers, la télévision est presque toujours allumée. Les images des actualités bombardent même de très jeunes enfants de toutes les horreurs qui se déroulent chaque jour dans le monde. Qu'ils « regardent » activement ou non, les jeunes grandissent baignés dans une vision biaisée de la réalité, synthétisée à partir de ce qui « fait l'actualité » selon les directeurs des grandes chaînes. Ce processus tend à se concentrer sur les événements les plus violents et les plus terribles. Inversement, des pans entiers de la créativité humaine, tout aussi importants et réellement nouveaux, sont pratiquement ignorés.

Il faut accorder le même genre d'attention aux autres voies qui exposent nos enfants aux médias et à l'industrie du divertissement. Parfois, les jeunes enfants regardent des films comportant des images grotesques ou terrifiantes, qui se gravent dans leur esprit et leur mémoire, alors qu'ils n'ont aucun moyen de les filtrer, de les mettre en perspective ou de les comprendre. Il est déjà assez difficile pour des adultes de gérer les images qui les épouvantent ou leur engourdissent l'esprit. La bande-son peut à elle seule être une agression pour le système nerveux, visant à provoquer des réactions de détresse physiologique intense. Il y a dans les films violents beaucoup d'images impensables, et il est impensable que des enfants les voient. C'est impensable, mais l'exposition aux images violentes est devenue la norme, et, en tant que culture, nous nous y sommes habitués.

Le cinéma et la télévision peuvent encourager la paranoïa et la méfiance, en donnant l'impression que le monde est un endroit affreusement dangereux, plein de gens fous et violents. Il se passe chaque jour quantité de bonnes choses dans le monde, mais, on l'a dit, cela ne fait pas l'actualité. L'idée du monde que se font les parents et les enfants est donc très déformée. Nous devons sans cesse rappeler à nos enfants et à nous-mêmes que, malgré la violence de notre société, seul un pourcentage encore relativement réduit de la population commet des crimes et fait le mal. Il faut dire à nos enfants que, même dans les quartiers les plus dangereux, il existe beaucoup de gens bons et affectueux. Aider nos enfants à se sentir en sécurité et à voir le monde d'une manière réaliste qui leur permette d'espérer, voilà une tâche difficile et constante. Plus ils voient de violence dans les médias, plus la tâche est ardue.

Il est également vrai qu'il y a des quartiers où la violence est bien plus présente dans la vie des enfants, que ce soit celle qu'ils subissent à la maison ou dans les rues. Les enseignants signalent que des enfants arrivent à l'école après avoir assisté à des actes violents dont ils connaissent les victimes. Certains professeurs introduisent en classe des pratiques de pleine conscience pour éveiller les enfants à ce problème, ils leur apprennent à trouver l'apaisement par des pratiques autorégulatrices. Les bases de la pleine conscience – prêter attention à ses pensées et à ses sentiments, accepter et comprendre la nature changeante des choses, s'enraciner dans son corps et sa respiration – peuvent être très utiles pour les enfants en situation difficile.

Pour revenir à l'exemple de la télévision, une dose quotidienne de dessins animés et de sitcoms ne contribue pas au développement de l'enfant, si attrayantes ou si intelligentes que soient ces émissions. La présence de la télévision transforme radicalement l'atmosphère de la maison. C'est une offre séduisante toujours disponible, à l'aune de laquelle sont mesurées toutes les autres activités possibles pour les enfants. Elle s'interpose ainsi, de manière plus ou moins subtile, au rythme naturel de la journée, avec ses moments de calme, et même d'ennui, qui mènent à des jeux imaginatifs et physiquement actifs, à l'immersion dans le monde naturel, à des temps de rêverie et d'introspection, de créativité, de jeu avec les amis, des moments avec la famille et des moments de connexion avec la communauté au sens large. Les enfants connaissent mieux les personnages de la télévision que les gens qui les entourent, et s'y attachent parfois davantage. La vraie vie est alors mise en attente pour qu'ils ne ratent aucun épisode avec leurs amis télévisuels.

Les médias peuvent finir par prendre la place de toutes sortes d'expériences essentielles au développement, expériences relationnelles, incarnées, concrètes, qui contribuent à l'apprentissage social et affectif et à la maturation des cheminements du cerveau, critiques, pour un bon fonctionnement à l'adolescence et à l'âge adulte. Si certaines technologies peuvent jouer un rôle dans l'apprentissage, il est important pour nous parents d'être conscients de ce qui peut être perdu, et du besoin d'équilibre.

Quand notre fils avait cinq ans, il gardait dans un bocal une chenille de papillon monarque, qu'il nourrissait de feuilles de laiteron. Jour après jour, il la regarda manger les feuilles, puis se transformer par miracle en chrysalide, d'où elle finit par sortir sous la forme d'un papillon qu'il libéra. C'est à partir d'expériences de ce genre que les enfants découvrent le monde. Ce sont là des métaphores vivantes qui font voir le sens, l'ordre et l'interconnexion existant dans le monde, qui stimulent l'imagination et qui ravissent les enfants par leur magie mystérieuse.

On sent que les enfants sont animés d'une vie supplémentaire, leurs yeux brillent, leurs visages expriment le plaisir, quand on les observe après qu'ils se sont adonnés à un processus créatif, dessiner, peindre ou chanter, après un voyage intérieur accompli en nous écoutant leur lire des livres qui les transportent et les exaltent, qui créent et peuplent dans leur esprit des mondes entiers, dans une langue magnifique et avec des personnages développés, des livres comme *Ronya, fille de brigand*, *Le Jardin secret*, *Huckleberry Finn*, *Bilbo le Hobbit*, *Le Seigneur des Anneaux*, les légendes du roi Arthur, des contes de fées issus de différents pays et cultures.

On ne trouve pas ce regard chez les enfants qui viennent de regarder la télévision ou un DVD. Le processus est trop passif, il ne requiert aucune imagination. Toutes les images leur sont données, en une étrange combinaison d'engourdissement et de surexcitation du système nerveux. Les films ne laissent pas le temps à l'introspection ou à la réflexion, aux pauses, pas le temps de connecter l'histoire à d'autres choses importantes dans leur vie, de partager des moments de profonds sentiments quand quelque chose les touche.

Quand nos enfants étaient petits, nous avons compris que ne pas avoir de télévision était un choix tout à fait viable, voire merveilleux, même si c'était une mesure radicale aux États-Unis. Il faut parfois se débarrasser des choses pour prendre la mesure de leur effet sur la famille. Dès qu'elles ont disparu, leurs effets les plus insidieux deviennent flagrants, par contraste avec le calme et les usages créatifs du temps qui ne sont possibles qu'en leur absence. Ce qui est perdu en termes de divertissement pour les enfants et pour les parents est plus que compensé par le renouveau de vie qui en résulte pour la famille.

Une voie plus difficile est celle qui consiste à définir des limites autour des différents appareils et technologies qui occupent désormais tant de place dans notre vie, et qui sont une présence si forte dans nos foyers ; tout dépend de l'âge de nos enfants, et notre entendement de parents est essentiel. Quand les enfants sont petits, ils risquent de ne pas comprendre, et ils n'ont pas à comprendre pourquoi nous faisons cela. Quand *nous* savons qu'un changement s'impose, nous pouvons répondre par la gentillesse à leurs sentiments de colère et de contrariété, nous pouvons leur opposer ce message inflexible : « C'est comme ça. » Bien sûr, les choses évoluent en même temps que notre conscience de ce qui est nécessaire ; à mesure que les enfants grandissent, le besoin de règles et de limites peut être débattu avec eux.

Un ami nous a raconté que sa fille adolescente travaillait mal en classe à cause de tout le temps qu'elle passait le soir sur Internet. Ses parents ont conclu avec elle ce marché : pendant quelques semaines, elle devrait s'abstenir d'avoir recours aux réseaux sociaux à certaines heures. À la fin de la période d'essai, ils eurent une conversation sur les avantages et les inconvénients de ces limites. La jeune fille déclara qu'elle était en fait très soulagée d'avoir une limite claire et qu'elle souhaitait continuer ainsi.

ÊTRE PARENT EN PLEINE CONSCIENCE suppose que chacun de nous découvre sa propre façon de négocier différentes situations au sein de la famille. Bien entendu, ces situations changent sans cesse avec le temps et avec les circonstances. Le travail interne porte précisément sur notre réponse à ces défis spécifiques et aux besoins et exigences de nos enfants. Il n'y a pas de « bonne » réponse absolue ou durable, pas de solution « parfaite ». Le processus que suit chacun de nous pour accomplir ce travail intérieur, plein de moments d'incertitude, de confusion, de tension, de souffrance, est une composante inévitable du métier de parent, inévitable quand on veut appliquer la pleine conscience au métier de parent.

Il est important de se rappeler que la pleine conscience ne consiste pas seulement à être conscient ou à accepter les choses. Il est aussi question d'agir, sagement si possible, face à des situations complexes. Toute prescription que nous pourrions formuler sur une situation spécifique serait nécessairement inadaptée. Vous êtes les seuls à vous connaître, vous, votre famille et vos enfants. De plus, en ce qui concerne les médias, les technologies évoluent très vite. Ce que nous pourrions recommander aujourd'hui serait périmé d'ici un an ou deux. Mais votre engagement à travailler avec les choses telles qu'elles sont, sans toujours savoir comment procéder, telle est l'essence de la pratique.

L'ÉQUILIBRE

Au fil des années, nous avons toujours essayé de trouver un équilibre dans notre métier de parent. C'est en fait une question très personnelle. Ce qui nous paraît équilibré peut vous paraître tout à fait déséquilibré, et vice versa. De plus, ce qui nous semble équilibré aujourd'hui pourrait nous apparaître différemment à un autre moment. C'est un processus en constante évolution, puisque le point d'équilibre ne cesse de changer. Nous devons travailler pour définir ce que signifie l'équilibre pour nous, et afin de faire les choix judicieux à chaque instant, pour nous, pour nos enfants et pour la famille dans son ensemble. Travailler sur l'équilibre est un processus dynamique, non un point fixe, car en vérité on passe sa vie à perdre son équilibre et à le retrouver. On peut apprendre beaucoup en appliquant la pleine conscience à l'expérience de la perte d'équilibre.

Quand nos enfants étaient bébés, la lutte pour l'équilibre nous obligeait à puiser continuellement dans nos ressources internes et externes, dans cette période de don intense de nous-mêmes. Comme nous dépensions beaucoup d'énergie, physique et affective, nous avions besoin de toute l'énergie neuve que pouvaient nous apporter notre famille et nos amis.

L'équilibre interne de nos petits dépendait de notre réponse à leurs besoins. Quand ils se mettaient en colère, pleuraient ou semblaient mal à l'aise, nous répondions, et l'équilibre était restauré, tôt ou tard. Quand ils avaient des coliques, rien de ce que nous faisions ne semblait marcher, mais nous insistions, nous maintenions notre présence, même dans cette situation éprouvante.

Quand nos enfants ont commencé à explorer le monde, nous gardions un œil vigilant et nous les guidions pour qu'ils fassent des choix sains, contribuant ainsi à leur sentiment de sécurité. Dans les moments difficiles, nous tentions de les aider à retrouver l'équilibre en étant sensibles aux indices qu'ils nous donnaient concernant leur colère, leur fatigue ou leur stimulation excessive. Parfois, il suffisait de leur donner l'occasion de lâcher un trop-plein d'énergie par un jeu actif et bruyant ; parfois, ils avaient besoin d'être tenus, consolés, réconfortés. Avec le temps, ces interactions aident les enfants à développer leur propre faculté d'autorégulation.

Quand nous sentons que nos enfants ont perdu leur équilibre, il peut être utile d'examiner leur emploi du temps. Quel est le pourcentage d'activité par rapport aux temps de calme ? Comment s'alimentent-ils ? Leur nourriture est-elle stabilisante (protéines, graisses saines, glucides complexes) ou déstabilisante (trop de sucreries et de graisses saturées) ? Dorment-ils suffisamment ? Les jeunes enfants s'épanouissent grâce aux rituels quotidiens, ils ont besoin de beaucoup de temps pour faire les choses, et pour passer d'une chose à une autre. En appliquant la conscience à ces aspects de la vie quotidienne, nous pouvons tenter de prendre des décisions qui réduisent le stress superflu et favorisent l'équilibre de la journée de l'enfant.

Parfois, surtout avec de jeunes enfants, il peut être bon de suivre le principe «*less is more*» («moins c'est plus»). Il faut simplifier leur journée autant que possible, introduire des rythmes réguliers, passer un peu de temps au calme avec eux. Dans nos vies bien remplies, les moments de calme peuvent se perdre sans même qu'on le remarque.

Les moments nourrissants, réparateurs, peuvent prendre bien des formes : l'instant calme et rêveur du bain, ou un jeu partagé avec l'enfant, pendant lequel nous veillons à être bien présents. Nous pouvons raconter une histoire, chanter une chanson, dessiner, préparer un gâteau ou faire des ricochets. Le renouveau peut résulter d'un plaisir simple, comme le réconfort d'être tenu dans les bras ou sur les genoux. En oubliant notre agenda chargé et notre propre désir de distraction, nous pouvons appliquer notre conscience à notre respiration, la maintenir lente et profonde, sentir notre enfant se détendre, sa respiration ralentir, trouver son rythme, en harmonie avec la nôtre.

Nous pouvons rendre notre esprit
    Tellement semblable à une eau calme
Que les choses s'assemblent autour de nous
    Afin de pouvoir contempler
Peut-être leur propre image
    Et ainsi vivre un moment

D'une vie plus claire,
Peut-être même plus farouche
Grâce à notre calme.

William Butler YEATS, *Crépuscule celtique.*

Chacune des situations dans lesquelles nous nous trouvons est différente. Chaque instant est nouveau. Ce qui était nécessaire hier peut se révéler inutile aujourd'hui. Découvrir les besoins de nos enfants suppose que nous nous montrions sensibles, sans leur imposer notre volonté, à l'écoute de leurs messages, auxquels nous répondons de manière intuitive et créative. Notre propre calme, notre patience rendent plus limpide le miroir dans lequel on peut voir ces reflets.

C'EST EN PARTIE À TRAVERS LEURS AMITIÉS, leurs activités et leur façon de s'habiller que les enfants d'âge scolaire font l'expérience de leur autonomie et de leur individualité. Ils éprouvent leur puissance en tant qu'agents lorsqu'ils découvrent leurs propres intérêts et talents personnels. Il faut leur laisser leur intimité, beaucoup d'espace psychique, mais ils ont encore besoin d'être soutenus et guidés alors qu'ils s'avancent dans le monde. À cet âge, ils savent mieux s'autoréguler, mais nous pouvons parfois encore les aider à retrouver l'équilibre en intervenant pour fixer des limites, pour eux ou avec eux. Trouver l'équilibre signifie alors souvent travailler pour entretenir avec eux une connexion significative alors qu'ils luttent pour la liberté et l'autonomie.

Avec l'entrée dans l'adolescence, ces connexions peuvent paraître bien ténues, par rapport à ce qu'elles étaient lorsqu'ils étaient plus jeunes. Maintenir ces liens, veiller à ce qu'ils durent, faire de notre mieux pour les consolider, même s'il suffit pour cela de rester présents, constitue en soi un travail parfois monumental, qui est au cœur même de la pleine conscience. Ces connexions se renforcent uniquement quand nous sommes prêts à offrir à nos enfants la liberté de découvrir leur propre personnalité malgré nos craintes, nos réserves, nos doutes, notre désapprobation, même si nous regrettons une époque plus idyllique apparemment révolue.

D'un autre côté, pour maintenir un certain équilibre, nous devons aussi fournir des limites quand c'est nécessaire, limites qui reflètent nos valeurs et manifestent notre affection. Quelle dose de liberté accorder ? Quels actes sont dangereux, quels actes sont sans danger ? Voilà les questions que nous nous posons continuellement quand nous tentons de trouver le juste équilibre entre liberté et limites.

Quand nous sentons qu'un adolescent souffre d'un manque d'équilibre, nous avons parfois envie de l'encourager à examiner par lui-même ce qui fonctionne et ce qui ne fonctionne pas dans sa vie, pour qu'il trouve ses propres solutions créatives. En d'autres occasions, il peut être nécessaire que ses parents l'aident à instaurer des changements majeurs ou mineurs : changer de matières étudiées, trouver les bons exutoires pour son énergie et sa créativité hors du cadre scolaire, découvrir des moyens de se connecter avec la communauté au sens large pour qu'il éprouve un plus fort sentiment d'appartenance. Faire cela sans diminuer la confiance qu'a l'adolescent en ses propres ressources exige beaucoup de délicatesse et d'attention. Nous devons être conscients de notre propre tendance à vouloir intervenir, dominer, tout savoir, tout contrôler. Il n'y a parfois rien à faire, il faut seulement être patients, en sachant que l'adversité fait partie de la vie et que chaque épreuve nous aide à apprendre et à grandir. Cette attitude montre que nous croyons nos enfants capables de gérer une situation difficile.

Être parent d'adolescents peut être particulièrement éprouvant, et nous avons parfois du mal à préserver notre propre équilibre émotionnel. Nous exerçons sur eux un contrôle bien moindre et nous avons souvent bien davantage de sujets d'inquiétude. La communication est malaisée, en dépit de tous nos efforts. Nous perdons nos repères, nous avons peur, le désespoir n'est pas loin. Tout le défi consiste à explorer ces sentiments, si pénibles qu'ils soient, et à les accepter sans nous juger parce que nous les éprouvons, sans rien faire d'autre que de les identifier. En prenant conscience de nos émotions et en les acceptant, nous pouvons commencer à restaurer un certain équilibre, à remettre les choses en perspective. Cela nous aide et nous permet d'y voir plus clair.

LES PARENTS SONT PARFOIS AMENÉS À LUTTER contre les influences négatives de la culture ambiante sur leur famille. Dans ce cas-là, nous devons prendre des décisions qui vont à l'encontre des désirs de nos enfants et de ce que leurs camarades sont autorisés à faire. Avec des enfants d'âge scolaire, il est bon d'imposer des limites fermes mais raisonnables en matière d'exposition aux aspects destructeurs de la culture. Notre position peut les irriter sur le moment, ils risquent de nous « détester » provisoirement, mais savoir que leurs parents les aiment assez pour s'en tenir à une position impopulaire fondée sur leurs valeurs peut aussi leur donner un sentiment de sécurité. En tant que parents, nous avons beaucoup d'occasions d'apprendre à entendre la colère sans y voir une attaque personnelle.

Il faut énormément de temps et d'énergie pour parvenir à ces décisions et pour aider nos enfants à découvrir d'autres activités, d'autres débouchés pour leur énergie. Il peut être difficile de trouver des solutions acceptables, qui ne soient pas totalement punitives. Nous travaillons toujours dans le champ de forces du conformisme, qui exerce parfois sur nos enfants une influence considérable. Il est important d'œuvrer avec cet état de fait et non contre lui, de respecter chez nos enfants le désir d'être « comme tout le monde », mais en même temps de les encourager à trouver le moyen d'exprimer leur propre individualité. Quand ils luttent pour se définir, nous pouvons offrir un cadre rassurant auquel se heurter. Pour trouver le bon équilibre, nous devons tracer des limites saines, sans être rigides au point de rendre le fruit défendu encore plus attrayant et ainsi de pousser nos enfants à s'éloigner.

Des amis nous ont raconté l'histoire suivante. Leur fille de onze ans avait été invitée à une fête d'anniversaire où les enfants devaient manger du gâteau et des glaces, puis aller au cinéma. Nos amis ayant appris que le film prévu incluait des scènes de violence qu'ils ne voulaient pas laisser voir à leur fille, une crise éclata. « Mais tout le monde y va, pourquoi pas moi ? » Les parents n'avaient aucune intention de céder. En discutant avec d'autres adultes, ils en trouvèrent pour qui le problème était l'heure à laquelle le film se terminerait. Avec eux, ils décidèrent donc de laisser leurs enfants aller à cette fête, mais non au cinéma, et de passer la soirée ensemble. Cette solution fut jugée satisfaisante par tous. Fin heureuse, donc, mais seulement après une négociation créative et sensible.

« Tous mes amis ont le droit de regarder la télé autant qu'ils veulent ! » « Pourquoi doit-on toujours manger des légumes ? » « Lauren a le droit de passer la soirée à envoyer des textos à ses copines, alors pourquoi pas moi ? » « Dans ma classe, ils ont tous une télé dans leur chambre. » Il faut beaucoup de force intérieure pour résister à une pression qui paraît continuelle. Il peut être tentant de céder, surtout quand nous sommes fatigués. Mais envoyer à nos enfants des messages contradictoires sur des questions qui nous semblent importantes ne peut que les encourager à insister davantage pour « obtenir ce qu'ils veulent », et ce n'est bon ni pour eux ni pour nous.

Dans notre société, avoir, c'est pouvoir. Un enfant qui se sent perdu ou impuissant pourra se tourner vers les choses matérielles en pensant que cela résoudra ses problèmes. Le développement de la vie intérieure d'un enfant, son sens de soi, de sa personnalité unique, exige quelque chose de plus complexe que les dernières baskets à la mode. Pour offrir une alternative aux solutions rapides de notre culture tournée vers la consommation, nous devons aider nos enfants à trouver des activités enrichissantes, qu'il s'agisse d'arts martiaux, de danse, de sport, de musique, de randonnée, de dessin, de travail manuel, de tenir son journal, de faire du chant ou du rap, ou de toute autre chose qui parle à ce qu'ils sont.

Ce faisant, nous sommes mis au défi de trouver le bon équilibre entre, d'une part, surcharger l'agenda de nos enfants, leur donner trop de choix, trop d'activités, et, d'autre part, négliger nos enfants, ne pas consacrer assez de temps et d'énergie à trouver avec eux un débouché pour leur créativité et leurs dons uniques. Un programme surchargé devient une forme de négligence si les activités *non-stop* nous dispensent de passer du temps avec eux, ou aggrave le déséquilibre et le stress de leur vie.

Certains enfants trouvent sans peine leur équilibre, en recherchant naturellement les activités qui les intéressent, tout en se réservant des plages de calme propices à l'introspection. D'autres ont besoin qu'on les pousse, parfois très vigoureusement, pour faire des choses, pour essayer de nouvelles activités, ou même pour être simplement actifs. Il en existe d'autres encore qu'il faut encourager à ralentir, à rediriger leur énergie vers des activités plus tranquilles. Aider nos enfants à créer un équilibre dans leur vie requiert de notre part des efforts, des encouragements et de l'action. Il faut y parvenir sans dominer nos enfants, sans les écraser. Grâce à notre expérience unique, grâce à notre désir de travailler en pleine conscience sur les situations, nous pouvons trouver des manières créatives de leur faire découvrir de nouvelles possibilités d'équilibre.

MA FILLE CADETTE, À L'ÂGE DE ONZE ANS, rapporte de son cours de dessin l'esquisse d'un visage. On dirait le portrait d'une femme d'une trentaine d'années. Elle a saisi l'unicité d'un individu, avec des couleurs que je n'aurais jamais eu l'idée d'employer, du jaune, du bleu, du vert olive, pour donner forme à ce visage. Ma fille ne se vante jamais de savoir dessiner, mais je vois bien qu'elle est fière de ce dessin-là, et elle finit même par me le dire. Plus tard, je la vois le contempler. Elle est passée d'une activité inconsciente (regarder, dessiner) à une prise de distance par rapport au résultat. À un moment, elle s'étonne que les deux yeux soient si différents l'un de l'autre, et elle me demande ce que j'en pense. Je lui réponds que c'est ce détail qui rend le portrait si réel, si intéressant. Les visages sont rarement symétriques. Ma fille semble satisfaite. Toutes les tempêtes et toutes les perturbations, toutes les luttes et toutes les difficultés de ces derniers jours, de ces dernières semaines sont oubliées. Un sentiment naturel d'équilibre et de bien-être existe alors en elle et entre nous. Comme une plante, elle pousse vers la lumière, exprimant sa nature la plus profonde.

IL EST TARD QUAND JE (JKZ) PASSE À L'ÉCOLE reprendre ma fille de quinze ans. Elle a suivi toute une journée de cours, a participé à une épreuve d'aviron et vient d'aller voir à Boston une pièce de théâtre étudiée en classe. Elle se lève toujours très tôt et, en général, elle devient grincheuse vers 22 heures. Pourtant, ce soir-là, elle est pleine d'énergie et de bonne humeur. Les jours sombres d'ennui et de vide semblent loin. À présent, elle est très active, les mains calleuses à force d'avoir ramé, sensible à la qualité du spectacle auquel elle a assisté, elle s'organise pour les devoirs à rendre le lendemain, elle me demande ce que je pense des matières qu'elle a choisies pour l'année. Quand nous évoquons ce qu'elle fera l'année prochaine, j'apprécie, dans ce moment même, un sentiment d'équilibre. Il est minuit, je suis imprégné de cet instant printanier, dans un échange paisible.

L'ENFANCE EST UNE PÉRIODE D'INNOCENCE et de naïveté, innocence qu'il faut protéger, mais, en grandissant, les enfants risquent d'être trop naïfs. Aux âges appropriés, et de manière appropriée, nous pouvons les encourager à prendre conscience de la façon dont les autres se conduisent envers eux, à se fier à leurs intuitions et à leurs sentiments. Par notre propre comportement, nous pouvons leur faire savoir quand nous voyons des gens se montrer irrespectueux ou hypocrites. Nous pouvons leur demander ce qu'ils éprouvent dans certaines situations, et les soutenir dans leurs sentiments. Nommer les attitudes quand nous les voyons est une importante leçon de vie, nous devons inciter nos enfants à mieux voir comment les autres se conduisent envers nous. Par cette prise de conscience, nos enfants apprennent à être prudents, voire méfiants, dans certaines situations, ce que compensent amplement les relations aimantes qu'ils trouvent au sein de la famille ou avec leurs amis, liens construits au fil du temps sur une base de confiance, de respect, de sincérité et d'acceptation.

POUR UNE MÈRE, il peut être délicat de trouver un équilibre entre le soutien à apporter quand nécessaire et ce que Clarissa Pinkola Estés appelle, dans *Femmes qui courent avec les loups*, « le soutien-gorge de cuivre », image merveilleuse qui évoque les frontières maternelles. Une mère doit avoir conscience de ses propres besoins et apprendre à prendre soin d'elle-même. On peut commencer par nommer ce que l'on entend et ce que l'on voit : « On dirait que tu… » ou « J'entends que tu… », et en y répondant de façon détendue, avec gentillesse, en expliquant à nos enfants ce que nous attendons d'eux : « Je pourrai t'aider plus tard, pour le moment je dois finir ce que je suis en train de faire », « Il faut que tu t'occupes toi-même de ce problème » ou « J'ai besoin d'aller m'allonger un quart d'heure, après je serai prête à discuter de ça avec toi ». Surtout quand nous nous sentons au bout du rouleau, épuisées, accablées, il peut être particulièrement difficile de ne pas être hostiles. Il faut du discernement pour savoir à quel moment offrir son aide ou son soutien, et quand il est important de laisser l'enfant se débrouiller.

À mesure que nos enfants grandissent, nous avons de plus en plus besoin de trouver un équilibre entre la mère disponible et ce que Estés appelle la « mère lunaire », pleine de compassion mais qui laisse un espace de liberté utile à la mère comme à l'enfant.

Les mères et les pères peuvent avoir du mal à équilibrer leur besoin d'agir dans le monde et de gagner de quoi nourrir leur famille, d'une part, et le besoin et le désir qu'ont leurs enfants de les avoir disponibles à la maison, d'autre part. Il faut constamment ménager l'interne et l'externe, étudier les possibilités, faire des choix, observer l'effet de nos choix sur nos enfants et ajuster de notre mieux.

Quand nous sommes nous-mêmes équilibrés, nous pouvons avoir conscience de nos enfants et de leurs besoins sans être obsédés par eux. Il y a une grande différence entre une appréciation des qualités uniques de notre enfant et la surimplication, le surinvestissement. Quand nous nous sentons équilibrés, nous sommes plus à même d'apprécier ce qui est positif sans vouloir à tout prix que ce positif soit toujours en évidence. Nous pouvons avoir avec nos enfants une relation qui part de notre propre centre de forces, en contact avec notre intégrité, connectés à notre propre être au monde, avec nos propres plaisirs et nos propres connexions significatives.

Nous sommes toujours impressionnés quand nous voyons des parents qui ont su transcender les limites de leur propre enfance, des mœurs de l'époque où ils ont grandi, pour créer, parfois à partir de rien, une autre manière d'être parents. Ils ont réussi à créer plus d'équilibre, à offrir de la douceur là où il n'y avait que dureté, à fournir des limites saines là où il n'y en avait aucune, à donner soutien et encouragement alors qu'ils ont eux-mêmes été ignorés ou négligés. Cela nous permet d'espérer qu'une nouvelle façon d'être parents est envisageable, plus équilibrée, plus entière, si nous prêtons attention aux choix qui se présentent réellement à chaque instant.

En tant que parents, nous sommes constamment sur la corde raide entre libertés et limites, confiance et méfiance, activité et immobilité, frivolité et substance, connexion et séparation. Ce numéro d'équilibre vaut la peine d'être tenté, c'est une pratique comme n'importe quelle posture d'équilibre dans le yoga, mais beaucoup plus stimulante.

Huitième partie
Réalités

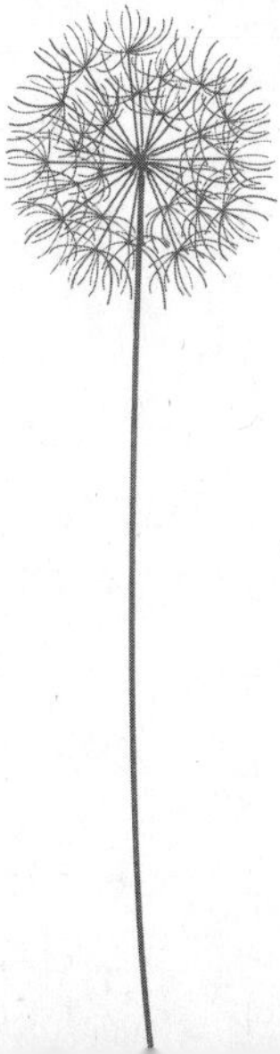

LES GARÇONS

L'EXUBÉRANCE NATURELLE DES GARÇONS, leur fascination, leur émerveillement de chaque instant face au monde et les mille façons dont leur énergie s'exprime dans l'exploration ou le jeu, dans les moments de calme et de silence, de colère ou de désespoir, tout cela représente pour nous, les pères, une infinité de défis et d'occasions pour renouer avec les énergies élémentaires que nous avons aussi en nous. Nous en faisons l'expérience quand nous apportons à nos fils une éducation sur le plan affectif et dans bien d'autres domaines, quand nous espérons leur fournir un exemple de présence masculine incarnée alors qu'ils avancent vers l'âge adulte. En tant que pères, nous avons tout intérêt à rester ouverts, afin de connaître nos fils pour ce qu'ils sont, comme des êtres uniques qui ne partagent pas forcément nos qualités, nos capacités et nos centres d'intérêt. Nous devons surtout être une présence dans leur vie, les voir et les accepter tels qu'ils sont vraiment, et trouver des moyens imaginatifs pour aller à leur rencontre à travers l'immense étendue de l'enfance, de l'adolescence et au-delà. Ce n'est pas toujours facile. Cela exige de nous affection, engagement et discernement, et la volonté de sortir parfois de notre propre zone de confort, à mesure qu'ils grandissent, changent et en viennent à habiter plus pleinement leur vie. Cela exige aussi notre présence physique, notre disponibilité émotionnelle, plus importante encore, et notre propre désir d'apprendre et de grandir.

En tant que père, j'ai ressenti une joie particulière lors des milliers d'instants que j'ai passés avec mon fils à différents âges, quand nous partions ensemble à la rencontre du monde, quand je le regardais exprimer les qualités uniques de son être émergeant jour après jour. Son exubérance faisait de chaque chose une aventure. Partager le monde à travers son regard m'a plus d'une fois ouvert les yeux.

Quand il était fasciné par les dinosaures, nous allions au musée d'histoire naturelle et nous contemplions l'énorme tyrannosaure, si féroce d'aspect, d'abord du haut du premier étage, à la hauteur de son regard, puis du rez-de-chaussée, en levant la tête pour l'admirer. Ensuite nous explorions le reste du musée. Je l'emmenais parfois quand j'allais courir : installé sur sa petite moto dont je tenais le manche, il faisait, devant moi, le tour du grand lac où tout le monde faisait son footing ou promenait son chien. Par la suite, il nous est arrivé de courir ensemble. J'adorais lui lire des histoires à la maison le soir ou quand nous campons, et lui raconter des aventures dont il était l'un des personnages, récits que j'inventais au fur et à mesure.

Nous jouions souvent à nous battre, roulant sur le plancher du salon, comme deux lions ennemis, jusqu'à l'épuisement. Nous l'avons fait pendant des années, jusqu'à ce qu'il se mettre à pratiquer la lutte au lycée, ce qui signifiait pour moi un risque de blessure nettement accru.

Quand il était très jeune, je m'entraînais régulièrement au combat de sabre zen coréen (Shim Gum Do, la voie du « Sabre de l'Esprit »), et je l'emmenais parfois au dojo pour qu'il puisse nous regarder. Il adorait ça, moi aussi. J'ai renoncé à l'entraînement quand il avait environ trois ans, mais, pendant des années, nous pratiquions de temps en temps, lui et moi, les formes codifiées du combat avec des épées de bois, nous saluant avec admiration avant et après chaque assaut. Il avait une épée courte qu'il pouvait manier facilement. C'était enthousiasmant d'arrêter les coups de l'autre avec son épée, de voir que nous pouvions nous protéger des assauts effrayants venant de différentes directions, tout en restant calmes et stables, enracinés dans le mouvement, le rythme et le bruit des bâtons s'entrechoquant. Il a commencé à pratiquer plusieurs arts martiaux à sept ans. Il n'a jamais arrêté.

En de rares occasions, nous nous affrontions dans la colère, non avec des sabres, mais dans le choc de nos deux volontés. J'ai peu à peu appris à reconnaître et à modérer mon tempérament, à faire de la place pour le sien. Ces leçons m'ont demandé de grands efforts, à mesure que je m'efforçais de dépasser les vestiges de ma propre enfance. Il était important pour moi d'être aussi présent que possible quand j'étais avec lui. Les nombreuses choses que nous aimions tous deux facilitaient cette proximité. Cela demandait quand même parfois des efforts délibérés, surtout quand j'avais beaucoup de choses en tête ; c'est l'un des « risques du métier » de parent, puisque la pression constante de tous les autres éléments de notre vie peut aisément subvertir la présence. Les enfants s'en aperçoivent toujours. Cela peut nous déconnecter, nous diviser, en donnant l'impression que tout le reste est plus important.

Selon leur tempérament et leurs intérêts, les garçons n'ont évidemment pas tous les mêmes besoins en grandissant. Mais ce qu'il leur faut à tous, c'est une bonne dose d'espace psychique pour grandir par eux-mêmes, pour découvrir les choses loin de leurs parents. Moi qui ai grandi à New York, j'ai bénéficié de leçons incomparables rien qu'en passant d'innombrables heures à jouer au ballon dans la rue, ou à traîner dehors. Mes parents n'auraient jamais pu m'inculquer cela. Nous avions fait de cette habitude un véritable art de vivre, regardant les dessous de la vie urbaine. Mais j'avais la chance d'avoir une vie familiale stable, de pouvoir rentrer dîner chez moi tous les soirs, de quitter la rue pour apprendre d'autres choses auprès de mes parents et de mes frères.

Les garçons tirent un immense bénéfice d'un encadrement masculin quand ils explorent leurs intérêts, leurs compétences, leur force et ses limites, et quand on les encourage, quand on leur montre comment utiliser leur énergie de manière positive, pour eux-mêmes et pour le bien d'autrui. Au fil des âges, nous pouvons les soutenir quand ils cherchent à explorer et à connaître leur propre force, la traiter avec respect, sans l'exagérer ni la sous-estimer. De même, en tant que pères, nous pouvons encourager leurs jeux, leur créativité, leur sentiment d'appartenance, la conscience de leur valeur.

Ce genre de découverte vient lorsque les pères et les fils font des choses ensemble, ou lorsqu'ils passent du temps ensemble à ne rien faire, ce que pêcher, jouer au ballon, regarder les nuages dans un champ, se promener, prendre le métro, aller au parc ou au musée semblent être. Cela vient rarement des grands discours ou des sermons. Il faut du temps pour assimiler ces leçons et en tirer profit, ce qui a plus de chances de survenir dans le cadre d'une relation avec des adultes conscients de leurs propres émotions, les pères dans la plupart des cas, mais aussi un grand-père ou un autre homme qui puisse jouer un rôle majeur dans la vie d'un garçon, celui de mentor, s'il se soucie vraiment du bien-être de l'enfant et s'il veille à être une présence fiable.

Même si nous ne nous sentons pas toujours à la hauteur, même si nous sommes accaparés par notre travail, par nos obligations professionnelles, nos corvées, nos préoccupations, nos ambitions et addictions, nous pouvons nous impliquer, nous les pères, pour aider nos fils à trouver le moyen d'agir selon leurs intérêts, à développer leurs points forts pour en tirer un sentiment de maîtrise. Tout aussi important, nous pouvons créer un paysage émotionnel dans lequel ressentir profondément est non seulement acceptable, mais important et respecté. Cette orientation ne diffère pas fondamentalement de ce que les filles ont elles aussi besoin de trouver chez leur père. Les énergies peuvent paraître différentes selon le tempérament, mais le besoin de présence, d'être vu et reconnu avec bienveillance est le même.

Sur la question de ce qu'un homme doit être, notre culture peut sembler très polarisée, et cette polarisation peut être dangereuse pour les pères comme pour les fils. En Occident, quantité de stéréotypes voudraient faire croire que, pour être un homme et s'amuser, il faut être macho, boire, prendre des risques, courir les filles : vous n'avez qu'à regarder les publicités pour la bière. Et il existe bien d'autres stéréotypes encore. Les pères peuvent aider leurs fils à identifier et à interpréter les messages plus ou moins subtils que présente la culture dominante, la plupart donnant une image dégradante de la femme, et même de l'homme, quand on prend le temps d'y réfléchir. Peut-être alors nos fils risqueront-ils moins de se laisser séduire par cette pensée stéréotypée et par les comportements qui en découlent, peut-être pourront-ils trouver le moyen d'être fidèles à eux-mêmes, de faire l'expérience de leurs propres modes d'être.

Nombre des images sociales dominantes en Occident sont le fruit de ce que Robert Bly appelait à juste titre, il y a plusieurs décennies, la « société des frères et sœurs », un monde où le père et, de plus en plus, la mère sont absents, physiquement ou affectivement, voire les deux, et où les modèles sont, par défaut, synthétisés par les médias, par l'industrie du divertissement et par les autres jeunes. Cela passe de plus en plus par Internet et les réseaux sociaux. Dans ce monde, il est difficile de voir les aînés tenir réellement leur rôle de mentors, et rares sont les occasions d'initiation ritualisée à l'âge adulte, de cérémonial introduisant à la sagesse et à la connaissance de ceux qui nous ont précédés. Dans notre monde, le passé est rejeté sans même être connu. Une profonde aliénation mutuelle peut pousser les jeunes à vouloir se socialiser eux-mêmes, devenant ainsi encore plus vulnérables. Par certains côtés, la culture dominante favorise l'exploitation et la prédation, alors même que des efforts sont accomplis pour protéger les droits des enfants et des femmes.

À mesure que les start-up Internet rencontrent un succès toujours plus précoce, on observe, en contrepartie, une augmentation du besoin de relations incarnées avec soi-même et avec les autres. Il est encourageant et émouvant de voir combien de jeunes chefs d'entreprise du monde numérique, hommes et femmes, décident de travailler la pleine conscience auprès d'aînés qui cultivent la sagesse et la compassion. Ils veulent à la fois une vie plus satisfaisante et moduler le stress de la fortune instantanée, du succès phénoménal rencontré très jeune et du défi sans fin qui consiste à continuer à aller de l'avant à force d'innovations. Beaucoup de ces jeunes novateurs semblent chercher un sens et une expérience plus enracinée. Ils semblent de plus en plus conscients de notre interconnexion et de la nécessité d'œuvrer pour améliorer le monde.

De nos jours, l'accès à Internet et aux médias sociaux ajoute une nouvelle dimension à l'enfance et au métier de parent, d'où le besoin d'ajustements constants. Ce monde relativement neuf et toujours changeant exige que nous en suivions l'évolution de près et que, si nécessaire, nous réglementions son usage et le type de contenu auquel nos enfants sont potentiellement exposés. En restant conscients de ses attraits, nous pouvons trouver un moyen d'instaurer un équilibre avec d'autres activités, territoire inconnu qui reste à cartographier pour ceux qui tentent d'être parents en pleine conscience à l'ère du numérique. Si nous sommes nous-mêmes fascinés par ces technologies, nous risquons de donner à nos enfants l'impression qu'ils comptent moins à nos yeux que nos e-mails et nos tweets.

Nous pourrions nous demander de quoi a aujourd'hui besoin un jeune garçon pour vivre sagement dans un monde qui change si vite que nous, ses parents, ne pouvons pas savoir quels défis il devra affronter dans vingt, dix ou même cinq ans.

En l'absence d'une culture qui honore, apprécie et fait passer au premier plan les besoins de tous ses enfants, en prenant la responsabilité de leur développement et de leur entrée dans le monde des adultes, les parents doivent accomplir un immense travail pour jouer le rôle de guides. Des recherches approfondies nous ont appris que l'intelligence émotionnelle et l'équilibre émotionnel, la capacité à entrer en relation avec autrui dans toutes sortes de circonstances sont assurément des facultés nécessaires pour mener dans l'avenir une vie heureuse et productive. La pleine conscience est une autre compétence qui se révélera essentielle. En tant que pères, dans l'intérêt de nos enfants, nous pouvons cultiver nos propres forces intérieures, des qualités comme la tendresse, la compassion, la constance, la fiabilité affective, la flexibilité, la clairvoyance et même la sagesse. Tout cela naît quand nous sommes conscients à chaque instant de notre caractère relationnel, interne comme externe. Nous pouvons nous appuyer sur notre souveraineté, notre nature la plus vraie, et sur le meilleur de notre héritage culturel, que nous soyons africains, américains, asiatiques, européens, chrétiens, juifs, musulmans, bouddhistes, hindouistes, « rien de tout ça » ou « autre chose encore ». L'alternative est une sorte de déracinement, qui consiste à ignorer qui nous sommes et à ne guère nous en soucier, à ne pas avoir de « peuple », de communauté à laquelle nous appartenons, où nous sommes connus et acceptés tels que nous sommes.

Les garçons ont besoin de la présence d'hommes compétents et incarnés. Pour nous, il ne s'agit pas d'être un idéal fixe et inaccessible d'homme ou de père. Il s'agit plutôt d'un processus dans lequel nous nous engageons par amour et par affection, parce que nous voulons nous-mêmes grandir et être, pour nos fils, notre moi le plus authentique. Pouvons-nous prêter suffisamment attention à notre expérience de chaque instant, intérieurement et extérieurement, pour apprendre à être plus à l'aise dans notre peau, à mieux accepter de ne pas savoir, à travailler avec nos peurs, avec notre désir de nous fermer sur le plan émotionnel ? Pouvons-nous nous entraîner à introduire la conscience dans ce que nous ressentons tout au long de la journée ? Nous entraîner à montrer davantage d'empathie, d'acceptation, à être joueurs, voire fous ? Nous rendre compte à quel point nous sommes absorbés par notre travail et chercher ensuite un meilleur équilibre ? Pouvons-nous nous impliquer en faveur de la créativité que cela suppose ? Pouvons-nous tenter de devenir plus sûrs et plus à l'aise avec les femmes, tout en maintenant notre propre centre ? Autant d'applications de la pleine conscience à notre vie en tant qu'individus et en tant que parents.

La présence d'un homme fort et empathique dans le rôle du père, du grand-père ou du mentor est toujours importante pour les jeunes garçons, mais elle le devient plus encore quand ils entrent dans l'adolescence. Les ados ont désespérément besoin d'être vus, écoutés et entendus, rencontrés et acceptés, encouragés à prendre la responsabilité de leurs actes. Pour beaucoup de garçons, c'est l'une des transitions les plus difficiles, les plus incertaines, les plus embarrassantes de leur vie. Devenir un homme suppose une vision, une nouvelle façon de voir, une nouvelle manière d'être. Il faut encourager les adolescents à reconnaître et à apprécier le mystère et l'inconnu, ce qui inclut les autres gens, les autres habitudes. On peut les encourager à apprendre les dangers d'une mentalité tribale qui pousse à instaurer des distinctions absolues entre « eux » et « nous », qui plonge, par peur et par préjugé, dans la violence et dans la guerre pour vaincre l'« autre », sans comprendre qu'« ils sont nous ». C'est le lent progrès vers la maturité, qui consiste à apprendre à occuper sa place, comme le dit Zoketsu Norman Fischer, à entrer peu à peu, avec une conscience croissante, dans une relation sûre, toujours en évolution, avec nous-mêmes et avec les autres.

Les garçons tirent aussi une subsistance essentielle d'une relation affectueuse avec leur mère. Être tenus dans l'aura de l'amour maternel, sans être contrôlés, sans devoir se soucier de ses besoins émotionnels à elle, crée une base de sécurité interne et l'enracinement affectif nécessaire pour affronter les séparations et les aventures qu'ils rencontreront dans le monde en grandissant. Mais, dès leurs premiers instants, les garçons ont également besoin de leur père, tout comme les filles. Et les pères ont besoin de leurs fils. Si nous ne sommes pas présents aux moments clefs de leur vie, nous risquons de ne pas connaître nos fils. Si nous les voyons naître, si nous les tenons quand ils sont petits, si nous rêvons avec eux quand ils dorment sur notre épaule, si nous entrons dans le monde avec eux, si nous parlons avec eux de ce qu'ils voient, si nous leur offrons des outils avec lesquels travailler, des projets pour occuper leurs mains et leur esprit, si nous nous agenouillons à terre avec eux pour jouer et inventer des jeux, si nous racontons des histoires, si nous regardons le soleil se coucher et la pluie tomber, si nous creusons la terre et bâtissons des châteaux de sable, si nous lançons des cailloux dans l'eau et taillons des bâtons, si nous escaladons des montagnes et nous asseyons près des cascades, si nous canotons avec eux, si nous chantons, si nous nous rassemblons en groupe, si nous les regardons dormir et si nous les réveillons doucement… notre cœur connaîtra leur cœur, notre esprit connaîtra leur esprit.

Les pères et les fils peuvent s'aider mutuellement à grandir, à trouver de la beauté et du sens, dans les moments heureux et, comme nous l'avons laissé entendre, dans les moments difficiles et déchirants. Nos garçons ont besoin d'être enracinés en nous : nous devons êtres mûrs, sincères, inébranlables dans notre amour et dans notre engagement auprès d'eux, même si nous devons parfois leur laisser l'espace de découvrir leur propre personnalité dans la douleur et la souffrance, tout en étant là pour eux. Parfois, ils auront besoin que nous établissions des limites, pour les maintenir hors de danger. Parfois, nous devrons peut-être établir des limites pour notre propre bien-être de parents. Il n'existe pas de schéma modèle, mais c'est en cela que consiste l'amour, qui nous transforme et nous enseigne de dures leçons, tout comme nos garçons en tirent leurs propres leçons.

Pour nous, les pères, c'est aussi là que la pleine conscience devient inestimable. Le déroulement des choses dépend beaucoup de notre volonté de devenir plus intimes avec l'indésirable, en acceptant que nous n'ayons parfois rien d'autre avec quoi travailler. Nous pouvons être ouverts à la possibilité de travailler sur l'indésirable même, si nous sommes prêts à accomplir de notre côté un certain type de travail interne. Par exemple, la pleine conscience peut parfois nous aider à voir à quel point nous sommes accrochés à notre propre vision des choses : nous tenons à avoir raison, nous sommes prisonniers de l'illusion selon laquelle nous pouvons rendre les choses différentes, nous perdons de vue notre cœur et notre bon sens quand nous réagissons par peur, par colère, quand nous nous sentons frustrés ou menacés par des événements qui nous déplaisent et que nous jugeons « intolérables ». Chacune de ces contractions de notre présence est l'occasion de reconnaître notre attachement envers notre version mentale de ce qui se passe. Nous pouvons nous rappeler que ce n'est pas la vérité, que ce ne peut pas être toute la vérité, même si nous en sommes convaincus. Nous pouvons nous rappeler que, si nous parvenons à nous libérer de cette vision étroite et de nos présupposés tacites, trop rarement soumis à un examen critique, nous pouvons être présents, à l'écoute, et agir de façon bien plus sage. L'essentiel de notre réactivité vient de notre réflexion, généralement colorée par les vestiges de notre propre passé. Cela nous fait perdre le contact avec ce que requiert l'instant présent, surtout dans les moments les plus difficiles et les plus éprouvants, alors que nous aurions le plus besoin d'être à l'écoute. C'est une pratique que la vie et nos fils nous donnent d'innombrables occasions de perfectionner.

Et, à mesure que nos fils deviennent eux-mêmes, ils trouveront d'autres fils qui partageront leurs passions et avec qui, parfois, ils noueront des amitiés durables et profondes. La musique, la nature, la ville, le sport, la littérature et les arts, tout cela vient apporter des univers pleins de sens et de valeur, dans les périodes de lumière ou de ténèbres ; c'est comme un miroir où les garçons peuvent se voir et continuer à découvrir qui ils sont et ce qu'ils aiment, où ils peuvent vivre pleinement chaque instant, se fier à leur propre pouvoir, enracinés dans leur corps, et devenir des adultes à part entière tout en participant aux mystères de la transmission et de leur nouvelle génération, et en trouvant leur propre place dans le monde.

Ce n'est pas là un idéal romantique. Nous savons que grandir et devenir adulte dans un monde en transformation rapide, y trouver sa place authentique, y découvrir un sentiment d'appartenance, voir quelle contribution on est capable d'y apporter, peut parfois être troublant, effrayant et dangereux. L'entrée dans l'âge adulte est une odyssée. Quand les garçons trouvent, sur une base régulière, acceptation et gentillesse chez leurs pères et chez les autres hommes, cela résonne en eux, à un niveau ou à un autre, même si cela n'apparaît pas tout de suite clairement. Ils en tirent un soutien qui leur permettra de trouver ou de se faire une place dans le monde. Ce sera rapide ou relativement long, mais peu importe. Plus les garçons seront familiers et sûrs du fonctionnement de leur esprit et de leur corps, de leurs pensées et de leurs émotions, de leurs désirs et de leurs aspirations, plus ils auront confiance en cette intimité, en cette capacité de conscience qui est en eux, mieux ils pourront comprendre qui ils sont et être ouverts à tout l'éventail des possibilités qui s'offre à eux.

> Quand mes fils, Kai et Gen, avaient quatre et cinq ans, nous escaladions la Bald Mountain, et nous nous retournions pour voir notre maison. Quand ils avaient sept et huit ans, nous sommes montés sur la Grouse Ridge et nous pouvions contempler, en contrebas, la Bald Mountain d'où on voit notre maison. Quelques années plus tard, nous sommes allés dans la High Sierra et, du haut des 2 500 mètres de l'English Mountain, on apercevait la Grouse Ridge. Puis nous sommes allés jusqu'à Castle Peak qui, à 3 000 mètres, est le plus haut sommet de cette montagne, d'où l'on peut voir l'English Mountain. Puis nous sommes partis vers le nord, nous avons gravi les Sierra Buttes et Mount Lassen, nous ne sommes encore jamais allés plus loin. Donc, de Mount Lassen, on voit Castle Peak, on voit English Peak, on voit Grouse Ridge, on voit Bald Mountain, et on voit notre maison. C'est comme ça qu'il faut découvrir le monde. C'est une géographie intense qui n'est jamais très loin de votre corps.
>
> Gary SNYDER, *La Pratique sauvage : Neuf clés pour une nouvelle écologie.*

HOCKEY SUR LAC GELÉ

LORSQUE LA TEMPÉRATURE S'ÉLÈVE pendant un jour ou deux, puis redescend en dessous de zéro mais sans tempête de neige, les lacs de Nouvelle-Angleterre se transforment en invitation à jouer au hockey sur glace. Quand cela se produisait le week-end ou pendant les vacances, mon fils et moi (jkz) enfilions plusieurs épaisseurs de vêtements chauds, nous prenions nos crosses et nos patins, et nous courions vers l'étang situé au pied de la colline. Pour chausser nos patins, nos doigts frigorifiés devaient se débattre avec les longs lacets jusqu'à ce qu'ils soient assez serrés, puis il fallait traverser encore quelques mètres de neige pour jouir de cette liberté qu'offrait la glace.

Nous patinions un moment, en inspectant tout l'étang, le temps de se réhabituer à ces sensations. Puis nous choisissions avec soin le bon endroit où délimiter un but avec deux chaussures séparées par un bon mètre.

Nous jouions face à face, l'un défendait le but tandis que l'autre tentait d'y envoyer le palet. Le défenseur était libre de sortir du but pour essayer de confisquer le palet, si bien que nous patinions souvent à toute allure sur l'étang gelé, entrechoquant nos crosses, chacun courant pour devancer l'autre au but. Il y avait des cris et des rires, on se cognait, on se poursuivait, tout en se déplaçant à une vitesse grisante. Et, bien sûr, on marquait beaucoup de points, on ressentait la joie toute simple de voir le palet échapper à l'attention du défenseur et passer entre les deux chaussures, parfois selon une trajectoire hautement improbable qui nous faisait rire encore plus.

Tout en jouant, nous produisions de la chaleur. Malgré le temps glacial et le vent mordant, nous finissions par enlever nos bonnets, nos gants, nos manteaux et nos pulls. Parfois, nous jouions en chemise. Tant que nous patinions, nous avions chaud.

Nous jouions pendant des heures. Chaque instant était le meilleur de tous. Nous ne vivions que dans l'instant, pris dans la joie de partager cette énergie masculine particulière que nous éprouvions quand nous luttions l'un contre l'autre, nous pourchassant, bloquant les tirs, gardant le but.

Parfois, notre partie de hockey se déroulait le soir, dans la lueur orange d'un grand lampadaire installé par la ville, sans bien voir le palet dans la pénombre. Mais, le plus souvent, nous jouions l'après-midi, alors que le soleil d'hiver déclinait lentement pour se coucher derrière l'horizon. Nous devions quelquefois nous arrêter pour reprendre notre souffle. Étendus sur nos manteaux étalés sur la neige au bord de l'étang, nous contemplions les nuages qui se découpaient sur le bleu du ciel, ou les rubans de rose et d'or qui commençaient à apparaître à l'ouest ; notre haleine se matérialisait dans l'air, et nous goûtions en silence cette perfection.

J'aimerais dire que nous avons fait ça tous les week-ends pendant des années, mais ce n'est pas vrai, et cette époque semble maintenant bien révolue. J'aimerais dire que je partageais les mêmes moments quand je jouais au hockey avec mes filles, mais cela ne s'est que rarement produit. Les filles avaient d'autres intérêts. Elles aimaient patiner, elles patinaient mieux que mon fils et moi-même, mais les crosses, le palet, le but et la poursuite, tout ça n'était pas pour elles.

La plupart du temps, l'étang était couvert de neige, ou bien la glace n'était pas assez lisse pour qu'on puisse y patiner. Certains hivers, il ne gelait pas assez. Et nous avions aussi d'autres occupations, d'autres occasions d'être ensemble. Mais aucune n'était plus agréable que de jouer au hockey sur le lac gelé.

CAMPING SAUVAGE

Il nous est arrivé de prendre du temps avec nos enfants individuellement, chaque parent en tête à tête avec un enfant, au lieu de toujours faire les choses tous ensemble, en famille. Les enfants ont besoin de leur dose de pleine attention, de temps à autre, ils ont besoin de faire des choses particulières sans devoir rivaliser avec leurs frères et sœurs ou avec l'autre parent. Ces sorties peuvent être de précieuses aventures, qu'elles durent quelques heures ou quelques jours, qu'elles aient lieu dans la nature ou en ville, que nous soyons seuls tous deux ou entourés d'une foule de gens. Ce sont de nouvelles occasions de se rapprocher, grâce auxquelles chacun peut voir l'autre sous un jour différent.

Une des choses que j'ai (JKZ) préférées, c'était emmener mes enfants un par un faire du camping sauvage. En un jour ou deux, nous vivions des expériences qui donnaient une forme nouvelle à notre relation et nous en rapportions des souvenirs pour une vie entière. Il n'y a rien de tel que de passer quelques jours dans la nature pour se rappeler ce qui est important et pour revenir à l'essentiel.

Alors que l'une de mes filles avait neuf ans, je l'ai emmenée à la Wild River, dans les White Mountains. Nous avons garé la voiture à l'entrée d'un chemin de randonnée et nous avons longé la rivière à pied sur huit kilomètres. Dès le départ, ma fille a commencé à dire que sa mère lui manquait. Et la chaleur accablante n'arrangeait rien. À un moment, la voyant si triste, j'ai proposé qu'on se mette en maillot de bain pour aller se rafraîchir dans la rivière. Elle a adoré l'eau froide, mais a continué à pleurer quand nous sommes repartis. Je portais son sac à dos en plus du mien. Elle avait envie d'être à la maison, d'être déjà arrivée là où nous allions, elle ne savait pas ce qu'elle voulait. Elle était tout simplement malheureuse.

Il y a eu un instant magique où nous avons croisé un troupeau de lamas. Cela donnait une touche exotique à notre aventure, même brièvement.

Comme d'habitude, il fallait continuer pour arriver là où j'avais prévu de camper avant que le soleil ne se couche derrière les montagnes. Bien sûr, elle ne pouvait le comprendre et ne voyait pas pourquoi tous les endroits ne se valaient pas. Mais j'avais un site bien précis en tête, un grand espace plat, parfait pour y planter la tente, et proche d'une petite cascade, qu'elle trouverait sûrement charmante.

Toujours aussi malheureuse, elle marchait, j'essayais tant bien que mal de garder mon calme, craignant que notre expédition ne soit un désastre. Je m'en voulais de ne pouvoir dissiper ses peurs, de ne pouvoir la rendre heureuse.

Finalement, nous sommes arrivés à l'endroit que j'avais en vue, un site par où j'étais passé avec son frère plusieurs années auparavant, durant l'une de nos aventures qui nous avait emmenés dans cette vallée, de l'autre côté du South Baldface. Les ombres étaient déjà longues. Dès que nous sommes arrivés, ma fille a changé d'humeur. Elle s'est amusée à dresser la tente, à installer notre couchage, à allumer un feu et à préparer le dîner. La petite cascade nous tenait compagnie, chantait tandis que nous travaillions, cuisinions et mangions sur des rondins près du feu. Le ciel était plein d'étoiles comme on ne les voit jamais en ville, leur scintillement parvenait jusqu'à nous à travers les percées entre les arbres entourant notre confortable clairière.

Nous nous sommes couchés de bonne heure, bercés par le chant de la rivière. Elle s'est endormie la première. Étendu sur le dos, je contemplais le ciel, respirant de tout mon corps, si heureux d'être avec ma fille ; j'écoutais sa respiration, j'éprouvais la joie de cette aventure commune.

Quand nous nous sommes réveillés dans la lumière bleue du matin, le sommet des montagnes se teintait d'or. Nous avons pris notre petit déjeuner et, assis devant le feu, nous avons réfléchi au déroulement de la journée. Mon idée était d'aller jusqu'en haut de la crête, mais ce n'était pas du tout son idée à elle. Ma fille voulait rester là, elle n'avait aucune envie de bouger, la vue ne l'intéressait pas. Elle ne voulait ni marcher ni grimper, surtout sac au dos. Maintenant, elle avait trouvé un endroit où elle se sentait chez elle, alors nous y sommes restés ; j'ai préféré oublier mes grands projets car j'avais compris que, dans ces circonstances, il était important de respecter ses choix.

Donc nous avons parcouru les berges de la rivière et, quand le soleil a réchauffé la vallée, nous avons exploré la rivière en nous y baignant. À midi, nous étions assis sur un gros rocher, entouré de tous les côtés par l'eau qui jaillissait bruyamment. J'ai lu à ma fille le livre d'Astrid Lindgren *Ronya, fille de brigand*, cette merveilleuse histoire d'une petite fille qui vit dans la forêt avec son ami Birk et qui essaie de comprendre pourquoi leurs familles sont ennemies. Nous étions bien, tous les deux, dans les bois, loin de la civilisation. Il nous fallait peu de chose pour être heureux : le soleil, l'eau, les arbres, nous deux, cet instant.

UNE BALLE POUR RAMENER LA LUMIÈRE

PENDANT UN WEEK-END DE TROIS JOURS, au début des vacances scolaires, je me sens comme un étranger chez moi, après avoir été en déplacement toute la semaine. Myla et les filles ont mis en place leurs propres rythmes en mon absence. Pour me reconnecter, je pose parfois des questions stupides, du genre « De quoi parlez-vous ? » lorsqu'elles discutent ensemble.

Cela ne leur plaît pas, elles me trouvent envahissant. Je reste sur le seuil de la chambre de ma fille pendant que Myla papote avec elle. Je cherche à me rapprocher, mais elles ont l'impression que je cherche à provoquer un événement, que je suis plein d'attentes non formulées. À ces moments-là, j'ai le sentiment d'être un intrus dans ma propre maison.

Ma pratique consiste alors à être présent sans m'imposer, sans imposer mes besoins. Ce n'est pas facile. En fait, c'est même une lutte. Être simplement présent, faire ce dont j'ai besoin, mais sans devenir aigri et sans m'isoler encore plus en quittant très vite la table du petit déjeuner pour aller travailler ou passer des coups de fil, voilà mes défis. Si je faisais tout cela, j'aurais la sensation d'être fondamentalement ailleurs, même si mon corps est dans la maison.

C'ÉTAIT UNE MATINÉE NUAGEUSE ET FROIDE, mi-avril, je me sentais loin de ma famille et j'avais du travail en retard. Mais, au lieu de m'isoler dans mon bureau, je n'arrêtais pas d'aller et venir dans la cuisine, pour être là, au lieu de céder à mon impulsion de lire le journal.

Convaincre ma fille de sortir de la maison avec moi n'est pas facile, mais j'essaie encore une fois, en fin d'après-midi. À l'âge qu'elle a, elle refuse en général tout ce que je propose. Mais son entraîneur de softball l'a appelée il y a quelques jours pour dire qu'elle devait se préparer pour la prochaine fois où l'équipe se retrouverait. Après le dîner, elle accepte de sortir faire des passes avec moi. Après une journée grise et sinistre, correspondant à mon humeur, le soleil couchant brille à présent sous les nuages. Venant de l'ouest, la lumière du soir inonde le jardin, embrasant tout.

Nous commençons à nous lancer la balle. Au début, comme nous n'avons pas trouvé de gant pour gaucher, elle se sert de sa main droite, se déclarant ambidextre. Et c'est vrai, elle lance très bien du bras droit et attrape très bien de la main gauche. Nous jouons avec intensité, la balle va et vient très vite. Je dirige mes coups d'abord d'un côté, puis de l'autre, puis nous varions les passes, en mélangeant tous les types d'échanges.

Neuf fois sur dix, elle rattrape la balle que j'ai lancée, alors qu'elle n'a plus joué depuis un an. Nous sommes parfaitement synchrones. Je sens qu'elle s'amuse, je reconnais sa maîtrise et sa grâce. Elle est naturellement douée, mais je sais qu'elle jouerait mieux encore avec le gant pour gaucher qui doit être caché quelque part. Nous faisons une pause, je pars chercher ce gant à un endroit où je n'ai pas encore regardé, et je le trouve.

Il lui faut un moment pour s'adapter au nouveau gant et à la nouvelle position. Mais son lancer, habile du bras droit, devient trois fois plus précis et plus puissant du bras gauche. C'est reparti, passes hautes, passes basses, et ainsi de suite. Voilà des années que je n'ai plus fait ça. Je retrouve tous les gestes de ma propre enfance. En quarante ans, je n'ai pas tout perdu. Je suis stupéfait de voir que le gant sait si bien où est la balle.

Ma fille s'échauffe, elle a les joues rouges. Malgré le froid, elle n'a pas besoin de vêtements supplémentaires. Notre relation se transforme, je le sens. Nous sommes enfin parvenus à avoir une activité de plein air ensemble, qui nous plaît à tous les deux et dont nous pouvons parler.

Cela fait des mois que j'attends un pareil moment. Je lui ai proposé de faire une balade à vélo ensemble. « Non. » D'aller faire du roller. « Non. » D'aller faire un tour à pied. « Tu es dingue ? » De partir en voiture nous asseoir au bord d'un lac. « Hors de question. » Pourtant, nous y sommes enfin, et je sens que les effets de mon absence se dissipent. À présent, nous sommes ensemble, nous faisons quelque chose dont nous n'avons pas l'habitude mais que nous pourrons faire tout au long du printemps si elle le souhaite. Maintenant que nous sommes passés à l'heure d'été, nous pourrons jouer tous les soirs quand je rentrerai du travail.

Nous redécouvrons aussi que nous sommes encore capables de nous amuser ensemble. Je sens sa force quand la balle va et vient, je sens que ma fille fait l'expérience de sa force de la façon la plus naturelle qui soit. Je profite pleinement de cette partie de ballon, et je sens qu'elle aussi. Le plaisir est d'autant plus riche qu'il réunit le père et la fille. Nous vivons dans des univers tellement différents que nous risquions de devenir des étrangers l'un pour l'autre. Mais voici au moins un moyen, durant ce moment, qui nous montre que nous sommes profondément connectés et que nous pouvons prendre du plaisir à faire des choses ensemble. En échangeant des passes, en écoutant le bruit des gants, le craquement de la balle qui percute la clôture en bois derrière moi, j'ai l'impression que nous jouons ainsi depuis toujours. Le temps n'existe plus.

Je veille à ne pas interrompre cet instant magique sans raison. Je sais qu'il ne durera pas. La lumière baisse. Ma fille attend un coup de fil d'une amie chez qui elle doit passer la nuit. Le téléphone sonne. Il faut qu'elle se prépare. Mais nous nous sommes retrouvés, elle et moi, et cela compte beaucoup pour nous deux.

Ensuite, nous attendons que son amie et sa mère viennent la chercher. Nous sommes seuls dans la maison. Soudainement, elle propose (cela n'arrive jamais, j'en crois à peine mes oreilles) de me raconter comment elle a réalisé son immense autoportrait, en cours de dessin. Elle explique que l'exercice consistait à ne pas lever le crayon du papier, à se regarder dans le miroir sans baisser les yeux vers le dessin. J'aurais pu lui poser mille questions sans qu'elle consente à m'en parler. Elle ne répond jamais aux questions de ce genre. Mais elle réagit parfois à la présence. Voilà ce que je dois savoir, mon travail est de me rendre accessible, même quand nous semblons être à des années-lumière l'un de l'autre.

LES FILLES

QUAND NOS FILLES ÉTAIENT PETITES, je (mkz) prenais beaucoup de plaisir à observer toute la gamme des qualités qui se manifestaient en elles selon les occasions. Les activités les plus simples leur inspiraient de l'enthousiasme et de la joie : cueillir des fraises et tâter avec soin chaque fruit avant de le mettre dans le panier; se déguiser avec mes vieux habits et des restes de tissu, se transformer en reines ou en princesses; faire semblant d'être des bébés dauphins quand elles nageaient autour de moi dans l'océan. Quand elles voyaient au cœur des choses et partageaient cette vision soudaine avec moi, quand elles faisaient preuve de gentillesse ou de compassion, j'étais ravie par ces aspects merveilleux et chaleureux de leur être. Parfois, en revanche, elles étaient rebelles, en colère, inébranlables. Alors que je me sentais menacée par leur volonté indomptable, je me surprenais à chérir leur force, leur puissance, leur motivation.

En ce temps-là, la maison et l'école étaient en général des abris qui les protégeaient de la culture environnante. Leur monde était simple, avec très peu de pressions, d'attentes ou de préoccupations extérieures. En grandissant, les choses ont changé, bien sûr. Peu à peu, j'ai pris conscience des nombreux messages que leur envoyait la culture dominante, messages omniprésents et limitatifs, qui faisaient peser sur elles toutes sortes de pressions et d'attentes, simplement parce qu'elles étaient des filles.

PARTOUT, DANS LES MAGASINS, dans la presse, à la télévision et au cinéma, les filles sont exposées à des images de la femme qui peuvent profondément affecter leur vision d'elles-mêmes. De manière plus ou moins subtile, ces images suggèrent que leur plus grande force est d'être des consommatrices et des objets sexualisés. Ces messages sont terriblement limitatifs et dommageables pour des filles, surtout à l'approche de l'adolescence.

Ces images sont utilisées pour vendre toutes sortes de produits. Non seulement l'accent est mis constamment sur l'achat et la consommation, mais des industries entières se consacrent à convaincre les femmes et les jeunes filles qu'elles doivent rendre leur corps plus beau et plus « parfait ». Pourtant, la plupart des images montrent des corps que les femmes n'ont jamais naturellement, ou seulement pendant très peu de temps. Cette apparence « idéale », synthétisée par le monde de la publicité, de la mode et des célébrités, peut engendrer chez les jeunes filles une profonde insatisfaction quant à leur propre corps, leurs cheveux, leurs vêtements, leur peau, presque tous les aspects de leur être physique.

Ainsi, on accorde une importance suprême à l'apparence. On met l'accent sur le look à cultiver, la surface à sculpter. Par conséquent, beaucoup de jeunes filles dépensent un temps et une énergie insensés à se soucier de leur allure. Cela peut se produire aux dépens de leur force physique, de leur créativité ou de leur moi profond. Face à ce séduisant barrage médiatique, les parents doivent lutter constamment pour fournir une vision authentique, constructive et équilibrée de ce que signifie être une femme. Si difficile que cela soit, il y a certaines choses que nous pouvons faire.

Pour commencer, nous pouvons prendre conscience de l'influence omniprésente de cette industrie, de manière à ne pas la considérer comme allant de soi dans le paysage culturel. Cette prise de conscience est la première étape. Dès que nous prêtons attention à son influence potentiellement négative sur nos filles, nous commençons à en repérer les effets sur leur image de soi, sur leur estime de soi, sur leur confiance en soi, sur leurs intérêts et leurs objectifs. Au lieu de tenter constamment de réparer les dégâts, nous pouvons agir de manière préventive et, quand elles sont petites, limiter leur exposition et leur consommation. Quand elles grandissent, nous pouvons de plus en plus parler avec elles de ce que nous voyons, sans être pesants, pour qu'elles voient ce que cachent ces images. Elles peuvent prendre conscience des messages implicites, voir comment le désir d'acheter est alimenté dans l'esprit des spectateurs, des lecteurs et des consommateurs.

Une jeune fille qui grandit entourée de tout ce qu'offrent les différents médias sera saturée d'images étroites et humiliantes de la femme, bien plus qu'une jeune fille dont l'exposition aux médias serait moindre.

Limiter cette exposition a l'avantage supplémentaire de dégager du temps libre pour les expériences de la vraie vie qui élargissent la vision qu'elle a d'elle-même, avec tous ses atouts précieux et ses qualités uniques. Les jeunes filles peuvent vivre cette expérience à travers le sport, à travers des activités et des projets artistiques, intellectuels, bénévoles, qui stimulent et développent leurs pouvoirs créatifs.

En même temps que nous essayons de créer un sanctuaire protégé des influences culturelles potentiellement négatives et que nous encourageons une prise de conscience de la puissance des médias, nous devons équilibrer nos restrictions et même l'expression de notre point de vue, sans quoi nous risquons de créer un fossé entre nous. Après tout, les jeunes filles sont attirées non seulement par la séduction de surface du monde de la publicité, de la télévision, des films et des clips vidéo, mais aussi par sa créativité artistique et commerciale.

C'est une des raisons pour lesquelles il est si difficile d'être parent en pleine conscience. Nous devons continuellement travailler sur nos peurs, nos propres limites et notre sentiment d'impuissance lorsque nous affrontons ces forces culturelles. Dans notre famille, notre première ligne de conduite fut d'instruire et de fixer des limites en même temps que nous essayions de rester souples et ouverts. À mesure que les filles grandissaient, cela demandait de plus en plus de négociations et de compromis, tout en les encourageant à faire leurs propres choix après mûre réflexion.

Les enfants veulent tellement se sentir « normaux » dans ce qu'ils font et voient, ils comparent naturellement avec ce que leurs amis ont le droit de faire et regarder. Ce qui est considéré comme « normal » dans notre société est souvent violent, cruel et, la plupart du temps, dégradant pour les femmes. Cette normalité est partout, au point que nous y devenons indifférents, incapables de la remarquer. Face à ce déluge d'images – qui associe inlassablement le sexe à la violence, qui réifie les jeunes filles et qui ignore ou rend invisibles les femmes plus âgées, grosses, musclées, à la peau sombre, qui ne correspondent pas à l'idéal « vendable », classique, d'une femme vulnérable, mince à la peau claire –, la colère serait une réaction adéquate. Mais, bien sûr, les femmes ne sont pas censées se mettre en colère, sinon on leur applique toutes sortes de termes désagréables. « Mais qu'est-ce qui vous prend ? », « Pourquoi prenez-vous ça au tragique ? », « N'avez-vous aucun sens de l'humour ? », « C'est parce que vous avez vos règles ? ».

Les parents de jeunes filles doivent faire de leur mieux pour contrer cette vision étroite des femmes. Quand nous acceptons en silence le point de vue dominant, nous nous faisons les complices du dénigrement des femmes par notre société. En tant que mères, nous devons incarner pour elles une alternative, une autre manière d'être, une autre façon de voir la culture dans laquelle elles vivent. Nos filles ont besoin de nous comme alliées dans une culture où leur point de vue sur ce qui compte le plus pour elles n'est ni valorisé ni même reconnu.

Sur ce point, les filles ont aussi besoin de leur père. Elles ont besoin que leur père incarne une vision plus respectueuse des femmes, elles doivent sentir que leur père apprécie qui elles sont et non leur apparence. Quand nos filles vivent toutes les transformations physiques et affectives de l'adolescence, souvent difficiles, les pères doivent être particulièrement sensibles aux relations inconscientes ou habituelles qu'ils ont avec les femmes. Cette attitude peut se manifester dans leur rapport à leurs filles et prendre des formes diverses : se montrer irrespectueux, dominateur ou trop galant, faire passer leurs besoins avant tout. Le désir d'être aimé et adoré par sa fille peut empêcher un père de voir ce dont elle a vraiment besoin. Inévitablement, de vieux schémas refont surface ; en y appliquant la conscience, les parents pourront agir de manière moins néfaste, plus positive et plus appropriée. Le processus consiste à voir, à sentir, à remarquer et à moduler notre comportement en réponse à cela.

Examiner comment nos attentes peuvent involontairement limiter la gamme d'expression et l'autonomie de nos filles peut se révéler utile. Posons-nous les questions suivantes : qu'attendons-nous de nos filles ? Qu'elles soient gentilles, attentionnées, sensibles, calmes ? Très souriantes ? Prenons-nous en considération leur tempérament, sommes-nous ouverts aux changements qui peuvent les affecter ? Une petite fille timide et réservée est-elle devenue une ado extrovertie et pleine de feu ? Pouvons-nous autoriser nos filles à être furieuses, bruyantes, désagréables comme c'est parfois acceptable chez un garçon ? Les aidons-nous à trouver le moyen d'exprimer leurs capacités, leur créativité et leurs forces ? Nos réponses à ces questions, et à d'autres du même type, peuvent changer d'un jour à l'autre, d'un instant à l'autre. Mais il est essentiel que nous nous les posions dans le cadre de notre travail de parents.

Une grande partie du processus consiste à travailler sur les attentes des autres. Quand nous ou nos filles prenons conscience de messages qui semblent inappropriés, limitatifs ou dégradants de la part d'une figure d'autorité ou de leurs pairs, harcèlement sexuel ou stéréotypes sexuels inclus, nous pouvons les aider à identifier et à nommer l'attitude ou le comportement troublant et soutenir leurs sentiments. Ce faisant, au lieu de minimiser le problème ou de nier la validité de ces sentiments, nous leur montrons que nous sommes leurs alliés et que, face à l'injustice ou à l'humiliation, il est non seulement normal mais sain de se sentir blessé ou en colère.

Trop souvent, on fait croire aux filles que c'est *leur* problème, que ce sont *elles* qui sont responsables des sentiments qu'elles éprouvent. Nous pouvons les aider à apprendre à défendre leurs droits, à parler de manière assurée, en leur envoyant des messages clairs et nets qui définissent les limites et nomment les comportements inacceptables chez autrui.

> Me taire. Détourner le visage. Repartir en arrière. Rendre à l'évêque la gifle qu'il m'a donnée le jour de ma confirmation. Retenir le *non* dans ma bouche comme une pièce d'or, comme une chose précieuse, possible. Enseigner le *non* à nos filles. Apprécier leur *non* plus que leur oui docile. Célébrer le *non*. Saisir le *non* dans votre poing et refuser de le lâcher. Encourager le garçon qui dit *non* à la violence, la fille qui refuse de se laisser violenter, la femme qui dit *non, je ne veux pas*. Aimer le *non*, chérir le *non* qui est si souvent notre premier mot. *Non*, le moyen de notre transformation.
>
> Louise ERDRICH, *The Blue Jay's Dance.*

Quand l'une de mes filles avait onze ans, elle a passé des mois à me relater des incidents au cours desquels elle avait le sentiment que son professeur leur manquait de respect, à elle ou à ses camarades de classe. J'étais contente qu'elle se sente libre de me confier ce qui se passait à l'école, et j'essayais de la soutenir de mon mieux. Un jour, elle m'a raconté l'histoire suivante. Lors d'une soirée à l'école, elle parlait et riait bruyamment avec ses amis ; le professeur est arrivé par-derrière, l'a appelée par son nom et l'a grondée en disant : « Conduis-toi comme une dame ! » Ma fille l'a regardé dans les yeux et a répliqué : « C'est ce que je fais, je me conduis comme une dame qui a de la force ! »

Quand leurs sentiments sont validés, peu à peu, avec le temps, les filles sont plus capables de voir et de nommer les attitudes qui leur paraissent dérangeantes, elles sont plus à l'écoute de ce qu'elles ressentent, elles se fient à ces sentiments et les expriment de façon efficace. Elles peuvent ainsi apprendre à agir et acquérir un répertoire de compétences affectives qui auront une importance cruciale dans la suite de leur développement. Ces forces seront particulièrement utiles quand elles vivront seules dans une société qui, par bien des côtés, exploite et affaiblit la femme.

J'étais dans un petit magasin de tapis orientaux avec ma fille de onze ans. Le vendeur était originaire d'un autre pays et s'adressait à nous avec un sourire qui semblait exagéré. Cela me mettait mal à l'aise, mais je me suis dépêchée de regarder les quelques tapis qui m'intéressaient. En sortant, ma fille m'a dit qu'elle s'était sentie très embarrassée, parce que, chaque fois que je détournais les yeux, l'homme la regardait d'une façon « bizarre ». J'ai fait un commentaire sur les différences culturelles. Plus tard, j'ai compris que j'avais eu une réaction inadaptée et que j'avais cherché à excuser le comportement de cet homme au lieu de valider les sentiments d'inconfort de ma fille.

Ce soir-là, en lui souhaitant une bonne nuit, je lui ai avoué que j'avais repensé à ce qui s'était passé dans ce magasin et que je ne voulais plus que cela se reproduise sans que nous ayons à notre disposition un signal par lequel elle puisse m'indiquer que quelque chose la met mal à l'aise. J'ai suggéré qu'à l'avenir elle me prenne la main et me la serre pour que je sache que quelque chose ne va pas et que nous partions aussitôt. Son regard s'est illuminé et elle m'a souri en y pensant.

SI DIFFICILE QUE CELA SOIT, si impuissants ou même si embarrassés que nous nous sentions parfois, nos filles ont besoin de notre soutien et de notre encouragement pour rester en contact avec ce qu'elles ont de plus fort et de plus vital, puisque entre neuf et quatorze ans la société les oblige souvent à renoncer à leur voix et à leur souveraineté. Voici maintenant un conte norvégien dont l'héroïne est une jeune fille qui reste fidèle à sa vraie nature.

HAILLONNETTE
« J'IRAI COMME JE SUIS »

Il était une fois un roi et une reine qui n'avaient pas d'enfants, ce dont la reine s'affligeait fort. Elle ne cessait de déplorer le manque d'une famille et se plaignait que le palais soit bien triste sans petits êtres pour l'habiter.

Le roi lui fit remarquer qu'elle pouvait toujours inviter les enfants de leurs frères et sœurs. La reine approuva cette idée, et ses deux petites nièces vinrent bientôt courir à travers les salles du palais et jouer dans les jardins.

Un jour où elle les observait par la fenêtre, elle vit les deux fillettes jouer au ballon avec une inconnue, une gamine en haillons. La reine descendit les marches de l'escalier quatre à quatre.

« Petite, dit-elle sèchement, nous sommes dans les jardins du palais. Tu ne peux pas jouer ici !

– C'est nous qui le lui avons demandé, crièrent les fillettes, qui prirent par la main l'enfant en haillons.

– Vous ne me chasseriez pas si vous connaissiez les pouvoirs de ma mère, dit l'inconnue.

– Qui est ta mère, demanda la reine, et quels pouvoirs a-t-elle ? »

L'enfant désigna une femme qui vendait des œufs sur la place du marché.

« Si elle le veut, ma mère peut dire aux gens comment avoir des enfants quand tout le reste a échoué. »

Cela retint aussitôt l'attention de la reine.

« Dis à ta mère que je veux lui parler au palais. »

La petite fille franchit les grilles en courant, et, bientôt, une robuste marchande pénétra dans le salon de la reine.

« Ta fille dit que tu as des pouvoirs, et que tu peux me dire comment avoir des enfants.

– La reine ne devrait pas écouter les sottises d'une gamine », répondit la femme.

La reine lui ordonna de s'asseoir et fit servir les mets et les boissons les plus fins. Puis elle déclara à la marchande d'œufs qu'elle désirait plus que tout avoir des enfants. La femme but sa bière, puis dit prudemment qu'elle connaissait peut-être un sortilège qu'il n'y aurait pas de mal à essayer.

« Ce soir, il faut que vous mettiez votre lit dans l'herbe. À la nuit tombée, faites apporter deux seaux d'eau. Vous devrez vous laver dans chacun d'eux, puis répandre l'eau sous le lit. Le lendemain, quand vous vous réveillerez, deux fleurs auront poussé, l'une sera belle, l'autre sera rare. Il faudra manger la belle, mais ne pas toucher la rare. Surtout n'oubliez pas ça. »

La reine suivit ce conseil, et le lendemain deux fleurs étaient apparues sous son lit. L'une était verte et de forme curieuse, l'autre était rose et parfumée. Elle mangea aussitôt la fleur rose, dont le goût était si délicieux qu'elle s'empressa de manger l'autre aussi, en se disant : « Si ça ne fait pas de bien, ça ne fera pas de mal non plus ! »

Peu après, la reine s'aperçut qu'elle était enceinte, et quelques mois plus tard elle accoucha, d'abord d'une fille qui tenait à la main une cuiller en bois et qui chevauchait une chèvre. C'était une étrange créature, qui hurla « Maman ! » à l'instant où elle vint au monde.

« Si je suis ta mère, dit la reine, j'espère bien que tu acquerras de meilleures manières !

– Oh, ne vous en faites pas, dit le bébé en arpentant la pièce sur sa chèvre, ma sœur jumelle sera beaucoup plus jolie. »

Et c'était vrai. Le second bébé était doux et charmant, ce dont la reine fut ravie.

Les jumelles étaient aussi différentes que possible, mais elles s'adoraient. Elles ne pouvaient vivre l'une sans l'autre. L'aînée fut bientôt surnommée « Haillonnette ». C'était une enfant vigoureuse, bruyante, insouciante, qui cavalcadait partout sur sa chèvre, toujours vêtue de vêtements sales et déchirés. Personne ne pouvait l'obliger à rester propre, elle exigeait de porter de vieilles robes, et la reine finit par capituler, la laissant s'habiller à sa guise.

Le soir de Noël, alors que les deux sœurs étaient presque adultes, un bruit affreux se fit entendre dans le couloir menant aux appartements de la reine. Haillonnette demanda d'où venait ce tapage, et sa mère répondit que le palais avait été envahi par une meute de trolls : cela se produisait tous les sept ans, il n'y avait rien à faire, sauf ignorer ces êtres malfaisants et subir leurs vilains tours.

Haillonnette ne l'entendit pas de cette oreille :

« Fariboles ! Je vais aller les chasser d'ici. »

Tout le monde protesta : il fallait laisser les trolls en paix, ils étaient trop dangereux. Mais Haillonnette n'en démordit pas. Elle n'avait pas peur d'eux et elle allait les chasser. Elle avertit la reine : toutes les portes devaient être verrouillées. Puis elle partit dans le couloir et, avec sa cuiller en bois, se mit à frapper les trolls sur la tête ou sur le dos, les rassemblant pour mieux les expulser. Tout le palais retentissait de coups et de cris, comme s'il allait s'écrouler.

La sœur jumelle, inquiète pour Haillonnette, ouvrit alors une porte et passa la tête pour voir ce qui se passait. Un troll vint aussitôt lui trancher la tête et la remplacer par une tête de veau. La pauvre princesse repartit à quatre pattes et se mit à meugler.

Quand Haillonnette eut terminé, elle fut très fâchée de constater que les suivantes de la reine n'avaient pas écouté ses ordres. Elle les accabla de réprimandes car elles étaient responsables de la métamorphose de sa sœur.

« Je vais voir si je peux annuler le sortilège, mais il me faut un bateau en parfait état et à la cale bien garnie. »

Ayant compris que sa fille Haillonnette était une jeune fille extraordinaire malgré ses manières, le roi consentit mais dit que le navire devait avoir un capitaine et un équipage. Haillonnette fut inflexible : elle manœuvrerait seule. Ils finirent par céder, et elle partit avec sa sœur.

Poussées par un bon vent, elles filèrent droit vers le pays des trolls. Après avoir largué les amarres, Haillonnette dit à sa sœur de rester à bord, tandis qu'elle allait sur sa chèvre jusqu'à la maison des trolls. Par une fenêtre ouverte, elle voyait la tête de sa sœur sur un mur. En un instant, elle s'introduisit dans la maison, récupéra la tête et repartit d'un bond de sa chèvre, poursuivie par les trolls qui hurlaient et grouillaient autour d'elle comme des abeilles dérangées. Mais la chèvre les repoussait à coups de cornes, et Haillonnette les frappait de sa cuiller magique, tant et si bien qu'ils renoncèrent et la laissèrent leur échapper.

Quand Haillonnette revint saine et sauve au navire, elle retira la tête de veau et lui substitua le charmant minois de sa sœur, qui reprit ainsi figure humaine.

« Maintenant, partons découvrir le monde », dit Haillonnette.

Comme sa sœur était du même avis, elles longèrent la côte, s'arrêtant ici et là, jusqu'au jour où elles atteignirent un royaume lointain.

Haillonnette attacha le navire à un débarcadère. Quand les gens du château aperçurent ce vaisseau inconnu, ils envoyèrent des émissaires pour apprendre d'où il venait. Les messagers furent bien surpris de ne trouver à bord que Haillonnette, qui parcourait le pont sur sa chèvre.

Quand on lui demanda si elle était seule, Haillonnette répondit que sa sœur l'accompagnait. Les émissaires voulurent la voir, mais elle refusa. Ils invitèrent alors les sœurs à venir au château où elles seraient reçues par le roi et ses deux fils.

« Non, dit Haillonnette, qu'ils viennent donc jusqu'au navire s'ils veulent nous voir. »

Et elle repartit au galop sur sa chèvre, faisant gronder les planches du vaisseau.

Le lendemain, curieux de rencontrer les inconnues, l'aîné des deux princes courut au rivage. En voyant la plus jeune, il s'éprit aussitôt d'elle et voulut l'épouser.

« Pas question, répliqua-t-elle. Je ne quitterai pas ma sœur Haillonnette. Je ne me marierai pas tant qu'elle ne sera pas mariée. »

Le prince rentra tout triste au château, car, selon lui, personne ne voudrait jamais épouser l'étrange créature habillée comme une mendiante et montée sur une chèvre. Mais, comme l'hospitalité est due aux étrangers, les deux sœurs furent invitées à une fête au château, et le prince pria son frère cadet de servir de cavalier à Haillonnette.

La plus jeune des deux jumelles se coiffa et mit sa plus belle tunique, mais Haillonnette refusa de se changer.

« Tu pourrais porter une de mes robes, dit sa sœur, plutôt que ton manteau en lambeaux et tes vieilles chaussures. »

Haillonnette éclata de rire.

« Tu pourrais enlever ce capuchon déchiré et enlever les traces de suie que tu as sur le visage, dit sa sœur, un peu mécontente car elle voulait que sa chère Haillonnette se présente sous son meilleur jour.

– Non, j'irai comme je suis. »

Tous les habitants de la ville vinrent voir les deux inconnues se rendre au château. En tête de la procession chevauchaient le prince et la plus jeune sœur, sur de superbes destriers blancs couverts de draps d'or. Ils étaient suivis par le frère du prince, sur un cheval magnifique, au harnais d'argent, avec à ses côtés Haillonnette montée sur sa chèvre.

« Vous n'êtes guère causant, dit Haillonnette. Vous n'avez rien à dire ?

– Qu'y aurait-il à dire ? »

Ils cheminèrent en silence jusqu'au moment où le prince ne put plus se retenir.

« Pourquoi montez-vous une chèvre plutôt qu'un cheval ?

– Puisque vous me posez la question, je peux être à cheval si j'en ai envie. »

Et la chèvre se changea aussitôt en un bel étalon. Le jeune homme ouvrit de grands yeux, puis contempla la jeune fille avec un vif intérêt.

« Pourquoi cachez-vous votre visage sous ce capuchon déchiré ?

– Il est déchiré ? Je peux en changer si j'en ai envie. »

Et une tiare d'or incrustée de perles apparut sur ses longs cheveux noirs.

« Quelle drôle de fille vous êtes ! Mais cette cuiller en bois, pourquoi en êtes-vous équipée ?

– C'est une cuiller ? »

Et l'ustensile se transforma en sceptre d'or.

« Je vois ! », dit le prince en souriant et en fredonnant un petit air.

Haillonnette finit par dire :

« Vous ne me demandez pas pourquoi je porte ces vêtements en lambeaux ?

– Non, dit le prince. Il est clair que vous les portez parce que c'est votre choix, et que vous en changerez quand vous en aurez envie. »

Là-dessus, le manteau de Haillonnette disparut et laissa voir une tunique de velours vert. Le prince se contenta de sourire et d'ajouter :

« Cette couleur vous va très bien. »

Distinguant le château au loin, Haillonnette lui dit :

« Vous ne voulez pas voir mon visage sous les traces de suie ?

– Là aussi, ce sera comme il vous plaira. »

Alors qu'ils franchissaient la grille du château, Haillonnette porta le sceptre à son visage, et les traces de suie disparurent. Mais nous ne saurons jamais si elle était belle ou laide, parce que cela n'avait aucune importance ni pour le prince ni pour elle.

Il y a pourtant une chose que je peux vous dire : la fête au château fut très joyeuse, on joua, on chanta et on dansa pendant plusieurs jours.

SOUVERAINETÉ ET AUTHENTICITÉ sont les clefs de l'énergie vitale de Haillonnette et de toutes les choses apparemment si étranges ou même déplaisantes qu'elle fait et dit. Haillonnette n'a pas peur d'être elle-même. Elle est née bruyante et pas comme les autres, on pourrait même dire « laide » d'un point de vue conventionnel. Elle est tapageuse, sale, intrépide et forte. Elle ne suit que son chemin, sans se soucier de ce que pensent les autres. Il n'y a rien de passif en elle. Elle est à la fois le capitaine et l'équipage, elle va récupérer la tête de sa sœur et en profite même pour voir le monde. C'est une femme farouche qui est aussi capable d'amour et de dévouement pour sa sœur « parfaite », une sœur qui a tous les attributs externes conventionnels que la société adore chez les femmes. Haillonnette est aussi noire que sa sœur est blonde. Son aspect, peut-être moins charmant, exige d'être accepté pour ce qu'il est, il faut honorer l'essence sous-jacente de son être, profondément et toujours beau, bien qu'il soit caché aux regards obtus.

Par amour pour elle, sa sœur voudrait qu'elle quitte ses vêtements en lambeaux et qu'elle lave son visage sale. Elle voudrait qu'elle soit plus présentable. En tant que parents, combien d'entre nous n'ont pas lutté avec ce désir de protéger nos enfants des critiques des autres, ce désir qu'ils soient aussi beaux pour les autres qu'ils le sont pour nous ? Mais Haillonnette tient bon : « Non, j'irai comme je suis. »

Le prince qui chevauche à côté de Haillonnette est d'abord silencieux. Quand il finit par parler, parce qu'elle insiste, ce n'est pas pour discuter de la pluie et du beau temps. « Pourquoi montez-vous une chèvre plutôt qu'un cheval ? » Quand la chèvre se transforme en cheval, l'intérêt du prince est éveillé. Plus attentif, il continue à l'interroger, mais évite de la questionner sur ses vêtements. Ce silence montre qu'il l'accepte telle qu'elle est. C'est elle qui doit dire : « Vous ne me demandez pas pourquoi je porte ces vêtements en lambeaux ? » Il refuse, répondant que, de toute évidence, elle a choisi de s'habiller ainsi et qu'elle se changera quand elle le voudra. C'est à l'instant précis où le jeune prince reconnaît sa souveraineté – « Ce sera comme il vous plaira » – qu'elle se métamorphose et lui apprend ainsi ce qui est essentiel dans l'amour.

PLAIDOYER, AFFIRMATION DE SOI ET RESPONSABILITÉ

À UN MOMENT, j'ai été convoquée à l'école pour répondre de la conduite de ma fille, tout comme une amie, appelée pour la même raison. Nos filles étaient pareilles : elles disaient ce qu'elles pensaient, et on les jugeait « irrespectueuses ».

Un après-midi, j'ai dû aller voir la directrice de l'école primaire. Pendant une récréation, ma fille et un groupe d'élèves de CM2 avaient reçu l'ordre de ne plus jouer au football avec les garçons. Ma fille avait répliqué que c'était une mesure sexiste, que les filles avaient autant le droit de jouer que les garçons. La directrice a imité pour moi l'attitude de défi que ma fille avait alors adoptée, croisant les bras, la tête sur le côté : pour cette dame, je ne pouvais qu'être de son avis et sanctionner ce comportement. Elle a poursuivi son récit : ma fille avait été amenée dans son bureau, on lui avait dit qu'elle avait manqué de respect aux surveillants qui étaient là pour veiller à la sécurité des élèves, et que les enfants devaient leur obéir. La directrice m'a assurée qu'elle avait écouté la version des faits proposée par ma fille, qui devrait demander pardon par écrit à chacun des surveillants.

J'ai reconnu que ma fille devait apprendre à s'exprimer de façon plus respectueuse, mais j'ai précisé que, selon moi, elle s'était mise en colère parce que la situation lui semblait injuste et qu'elle avait essayé de communiquer ses sentiments aux surveillants. À mes yeux, son point de vue n'avait pas été pris au sérieux ; on lui avait reproché de s'exprimer. J'ai demandé à la directrice si un garçon aurait été perçu de façon aussi négative s'il avait croisé les bras et parlé de la même manière.

Par la suite, j'ai dit à ma fille qu'elle devait apprendre à défendre son point de vue sans se montrer irrespectueuse, que dénoncer un acte sexiste pouvait sonner comme une insulte si les autres ne comprenaient pas ce qu'elle essayait de dire. Elle devait prendre conscience de sa façon de parler, du langage de son corps et du ton de sa voix ; la façon dont on dit les choses compte autant que ce qu'on dit. Je voulais lui montrer que ses actions affectaient les autres et avaient des conséquences, notamment sur leur capacité à entendre ce qu'elle disait.

Il n'est pas facile d'apprendre à dire de façon respectueuse ce que nous ressentons et comment nous voyons les choses. Cela exige beaucoup d'entraînement. Nous devons donner à nos enfants la possibilité d'apprendre en faisant des essais, en commettant des erreurs et en réessayant.

Personne n'a jamais salué le courage qu'il avait fallu à ma fille pour dire tout haut ce qu'elle pensait. On lui a simplement ordonné de se taire et d'obéir. Si ma fille continuait à recevoir ce message lorsqu'elle tente de défendre ses droits ou ceux des autres, et si elle n'avait pas des parents qui acceptent sa colère et tentent de comprendre son point de vue, elle pourrait commencer à se replier sur elle-même, cesser de parler, perdre toute assurance, comme c'est le cas pour tant de jeunes filles. À neuf ans, on est encore pleine de vie et de certitude, mais, à quatorze ans, cette force peut se dissimuler, s'amoindrir, ou même s'éteindre.

Ma fille a pour amie une élève extrêmement douée, perfectionniste, qui exige beaucoup d'elle-même. Elle a aussi les idées très claires. En CM2, son instituteur lui a dit de laisser en classe, pour le week-end, les marionnettes qu'elle avait fabriquées et les livres qu'elle avait empruntés à la bibliothèque municipale. La fillette estimait que les objets en question ne seraient pas en sécurité à l'école, mais, au lieu de l'expliquer au maître, elle a simplement répondu : « Non, je veux les rapporter chez moi. » L'instituteur l'a trouvée irrespectueuse et a convoqué ses parents. Même si cette élève n'a jamais désobéi en classe, son maître a préféré considérer son attitude dans un cadre très limité et l'interpréter de cette façon, plutôt que d'y voir le signe qu'elle se sentait suffisamment en confiance pour dire ce qu'elle croyait devoir faire.

Il est vrai qu'elle aurait pu communiquer plus efficacement et qu'elle aurait peut-être pu sembler plus respectueuse si elle avait expliqué ses craintes à son maître. Mais, là encore, l'art de communiquer requiert de la pratique et de l'expérience. En tant qu'adulte, l'instituteur aurait pu être plus respectueux envers son élève en lui demandant pour quelles raisons elle voulait rapporter chez elle les livres et les marionnettes.

En tant que parents, nous devons aider nos enfants à identifier leurs inquiétudes, les encourager à les exprimer avec assurance et respect, à défendre ce qui leur paraît juste, même quand ils ne sont pas compris ou quand leurs sentiments ne sont pas pris en compte. Pour cela, nous devons parfois prendre la défense de nos enfants et les aider à comprendre les situations difficiles où ils se trouvent parfois.

Si les enfants sentaient que leurs sentiments comptent, qu'on a essayé de comprendre leur point de vue, que les adultes font preuve de sympathie et d'attention plutôt que d'étroitesse d'esprit et de jugement, beaucoup de compétences essentielles pourraient être apprises à l'école.

LA PLEINE CONSCIENCE EN CLASSE : APPRENDRE À SE CONNAÎTRE SOI-MÊME À L'ÉCOLE

DANS LE MILIEU DES ANNÉES 1990, pendant six ans, Cherry Hamrick, une institutrice de l'école primaire Welby, à South Jordan, Utah, a introduit la pleine conscience dans ses cours pour aider ses élèves non seulement à être eux-mêmes, mais aussi à se connaître mieux pendant la classe. Chaque jour, elle offrait aux enfants un temps pour se concentrer sur ce qui se passe à l'intérieur. Elle parlait d'un moment pour devenir « intime avec soi-même ». À présent, de nombreux instituteurs incorporent les pratiques de la pleine conscience à leur travail, de diverses manières. Cherry fut l'une des premières, une authentique pionnière. Voici une description de son travail.

CHAQUE JOUR, un enfant est chargé de sonner la cloche pour signaler le début et la fin de cette période de calme. C'est lui qui décide pendant combien de temps les autres resteront tranquilles, à l'écoute de leur respiration (jamais plus de dix minutes). Les élèves choisissent combien de temps ils pratiquent, et comment. Outre la méditation assise, ils pratiquent parfois le scan corporel et l'étirement en pleine conscience, la méditation en marchant dans la cour, la méditation debout, en rang, avant d'entrer dans la classe. Ces exercices de réduction du stress, qui leur semblaient « bizarres » au début, sont devenus une partie importante de leur journée, que beaucoup aiment à partager avec leurs parents ou leurs frères et sœurs.

Tout en se concentrant sur leur respiration, en suivant le mouvement de leurs pensées, ils apprennent qu'ils n'ont pas à réagir à chaque pensée qui leur vient à l'esprit, qu'ils n'ont pas à accompagner leur esprit dans le moindre de ses soubresauts. Avec un peu de pratique, ils finissent par être beaucoup plus à l'aise quand on leur demande de rester immobiles, en silence. Un garçon souffrant d'hyperactivité, qui avait toujours eu des problèmes en classe, parvint en cours d'année à rester calme sans trop de peine et à se focaliser sur le flux de sa respiration pendant une période de dix minutes. Sa capacité à se concentrer en classe fut transformée, et, pour la première fois, il fut accepté par ses camarades et par les enseignants. C'est ce que sa mère m'a raconté quand je suis venu visiter cette école. Il a même conduit une méditation assise de dix minutes pour la classe, un jour où des parents étaient en visite, et il donnait lui-même les instructions alors que nous étions assis en silence.

Apprendre dès le plus jeune âge à entrer en contact avec le calme et le silence en soi-même, surtout si on l'apprend à l'école, de manière ouverte, non manipulatrice et non coercitive, est précieux pour contrebalancer la stimulation de la journée scolaire et son ouverture vers l'extérieur. Entre autres choses, les enfants peuvent découvrir comment utiliser leur capacité innée à entrer dans un état de concentration profonde, pour se focaliser sur le travail en cours.

Une des élèves de Mlle Hamrick, une fillette de onze ans, m'a écrit ceci :

> Méditer est devenu une habitude à la maison, et je continuerai pendant toute ma vie. Quand j'ai commencé la méditation, et que j'avais envie de me gratter, je me disais « sensation, sensation », mais, au bout d'une minute, je finissais par me gratter. Maintenant, je ne me gratte plus parce que j'accompagne la démangeaison assez longtemps pour qu'elle passe. Dans la méditation, j'ai aussi remarqué que ma respiration devient plus profonde et je me concentre mieux là-dessus. Avec le yoga, j'ai remarqué que j'avais plus d'énergie qu'avant, et je pense que c'est parce que j'applique davantage la pleine conscience à ce que je fais. Grâce à la méditation et au yoga, j'ai arrêté de tout faire à toute vitesse.

Mlle Hamrick a non seulement introduit dans la classe la réduction du stress par la pleine conscience, elle a aussi intégré la pleine conscience de façon imaginative à presque tous les aspects du programme, les mathématiques, la grammaire, la science et la géographie. Elle encourage ses élèves à utiliser tout leur moi pour apprendre. Ils abordent chaque sujet de manière à développer non seulement leurs compétences cognitives, mais aussi leur intuition, leurs sentiments et leur corps. Ils apprennent ainsi les bases de ce qu'on appelle aujourd'hui *l'intelligence émotionnelle*, et acquièrent un plus grand enthousiasme pour l'apprentissage.

Un instituteur a décrit ainsi son expérience de partage d'une classe ouverte avec Mlle Hamrick :

> L'attitude et le climat dans la classe étaient impressionnants, d'autant que je n'avais encore rien connu de tel. J'ai pris conscience du vocabulaire qu'elle employait pour décrire les choses… Elle disait vouloir parvenir à une « classe fonctionnelle ».
>
> J'ai remarqué l'atmosphère paisible de sa classe, où les élèves coopéraient et discutaient ensemble de leur travail. Ils étaient encouragés à parler, mais seule la prise de parole en rapport avec le travail et avec le « ressenti » était permise. Les élèves et leur maîtresse manifestaient un intérêt authentique ; ils pratiquaient au quotidien l'expression de leurs sentiments. J'ai remarqué que l'amour-propre des élèves se développait, de même que leur respect de la vie humaine et de la vie en général.
>
> Les élèves semblaient réellement plus heureux dans la classe que je ne l'ai jamais observé moi-même. Ils exprimaient leur amour par un contact respectueux (étreintes) et ils savaient comment résoudre les conflits de manière affectueuse plutôt que de manière hostile.
>
> Mlle Hamrick apprenait aussi aux élèves à se concentrer et à entrer en contact avec leur propre respiration, à contrôler leur vie grâce à cette technique. Après quelques instants de préparation méditative le matin, ils semblaient capables de mieux travailler pendant la journée. Nous enseignions dans une situation de classe ouverte, et leur faculté de concentration malgré le bruit en dit long sur le dévouement et la motivation de Mlle Hamrick.

Mlle Hamrick a décrit dans une lettre un moment éprouvant où sa classe avait dû s'installer provisoirement dans un nouvel espace pendant des travaux :

> Les instituteurs de CM2 commentent tous la perturbation liée à ce déménagement et les changements de comportement radicaux chez leurs élèves. En réalité, on entend dans toute l'école des réflexions de ce genre. Le premier jour fut terrible pour la plupart des enseignants. Notre pratique quotidienne [de la pleine conscience] avait ouvert la voie à quelques journées tout simplement superbes [dans le nouvel environnement]…
>
> Notre premier jour du déménagement fut paisible, les élèves se sont concentrés sur le travail en classe… Pendant que l'école devenait folle, alors que les enfants et les enseignants parcouraient les bâtiments en tous sens, les Rainbow Riders voulaient simplement s'installer dans la classe avec ce qu'ils appellent « leur ressenti ». Ils voulaient rester assis ensemble dans le « ressenti » qu'ils éprouvent lorsqu'ils méditent ensemble. Ils adorent la sérénité saturée qu'ils ressentent ensemble. Ils sont mignons quand ils disent que c'est quelque chose de dur à expliquer. Ils affirment qu'il ne s'agit pas de « mots », ce qui est frustrant pour les adultes qui veulent une explication. Les élèves disent que c'est quelque chose qu'il faut éprouver et que « ça a mis du temps à leur venir et que ça vient mieux quand ils sont ensemble ».
>
> Le premier jour, je les ai laissés ouvrir la marche. Je fais ça souvent parce que cela me montre à quoi leur esprit travaille réellement. Ils n'avaient pas envie de savoir où se trouvait telle ou telle chose dans le nouveau bâtiment, juste l'essentiel comme les toilettes et la fontaine. Ils voulaient simplement se connecter les uns

aux autres et créer une relation avec leur propre salle de classe. J'ai attendu 11 heures et je leur ai demandé de me faire savoir quand ils voudraient faire la visite de l'école. Ils ont simplement souri et ont dit qu'ils étaient tous d'accord, que je pourrais leur montrer la cantine à l'heure du déjeuner, mais qu'on avait encore du temps. Les élèves m'ont expliqué poliment que j'utilisais « mes capacités prédictives » et qu'il vaudrait mieux rester dans l'instant présent. J'ai acquiescé en me demandant ce qu'ils pensaient de moi. Un garçon [celui qui souffrait d'hyperactivité] était contrarié et a dit : « Laissez-la réfléchir, elle devinera toute seule. »
C'est notre deuxième semaine [dans le nouveau bâtiment] et ils n'ont toujours pas manifesté le désir de voir autre chose que l'essentiel ainsi que les salles dont ils ont besoin. J'adore les résultats de notre pratique. Je continue à leur demander de me dire quand ils voudront faire la visite, et ils disent que ce sera agréable quand on quittera le bâtiment. Ils commentent l'attitude des autres enfants, « absorbés par un tas de choses dont ils n'ont pas besoin, au lieu de se concentrer sur leur être et sur le travail sur eux-mêmes ou entre eux ». P. a dit : « Ils sont tout le temps en train de courir pour attraper quelque chose et ça n'arrête jamais. »

Ces enfants, guidés par une institutrice très compétente et très motivée, imaginative et audacieuse, sont capables de se concentrer sur ce qui se passe à l'intérieur, ils apprennent à se connaître mieux et découvrent le travail ensemble de manière significative et profondément authentique.

Cela ne veut pas dire que nous devions, en tant que parents, apprendre à nos enfants à méditer de façon formelle, même s'il existe naturellement des applications utiles de la méditation. En fait, nous pouvons, en puisant dans notre expérience et dans notre pratique, suggérer à nos jeunes enfants d'examiner par exemple de près quelle « couleur » a leur souffrance, comment elle change d'un instant à l'autre quand ils se sont blessés ; nous pouvons leur montrer comment « flotter » sur les vagues de leur souffle, comme s'ils étaient dans un petit bateau, quand ils ont du mal à se détendre ou à s'endormir ; nous pouvons voir s'ils peuvent penser à des moments où leur esprit leur a « fait signe » à cause de ce que les autres avaient dit ou fait quand leurs sentiments étaient blessés.

Il semble sage de nous inspirer de l'intérêt exprimé par nos enfants à différents âges. La meilleure façon de leur apprendre les choses est de donner l'exemple, par notre propre engagement à être présents et par notre sensibilité à leurs problèmes. Quand nous pratiquons de façon formelle, assis ou couchés, nous incarnons le silence et l'immobilité. Nos enfants nous voient profondément concentrés et se familiarisent avec cette manière d'être. La plupart des attitudes qui dérivent de notre pratique de la pleine conscience s'infiltrent naturellement dans la culture de la famille et affectent nos enfants d'une manière qu'ils trouveront peut-être utile dans leur vie.

NEUVIÈME PARTIE

Limites et ouvertures

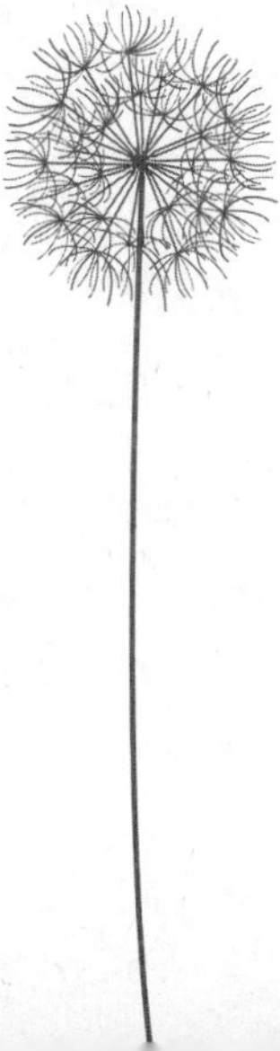

ATTENTES

Les attentes que nous avons pour nos enfants peuvent colorer, à notre insu, notre manière de voir les choses, elles peuvent influencer nos choix et nos actes. Certaines de nos attentes peuvent être utiles et positives, elles peuvent catalyser des ouvertures importantes. D'autres peuvent être limitatives et causer des souffrances inutiles, pour nos enfants comme pour nous-mêmes.

Nous avons tous des attentes, par rapport à nous-mêmes, par rapport aux autres, et surtout par rapport à nos enfants : leur comportement, leur apparence et leur façon de s'habiller, leur réussite scolaire, leurs relations amoureuses, ce qu'ils feront à tel âge ou à telle étape de leur développement, etc. Comme vous l'avez probablement remarqué dans de nombreux aspects de votre vie, ces attentes s'accompagnent en général de jugements. Quand nous prêtons attention à nos pensées et à nos sentiments, nous voyons que les attentes et les jugements souvent tacites qui leur sont associés sont constamment présents dans notre paysage intérieur. Ils sont surtout problématiques quand nous nous y accrochons de façon rigide, oubliant qu'il ne s'agit que de pensées, souvent lestées d'émotions intenses et pas forcément vraies. La pleine conscience appliquée à nos attentes peut donc être extrêmement éclairante et libératrice.

Si nous commençons par examiner les attentes que nous avons vis-à-vis de nous-mêmes, nous découvrons qu'elles sont nombreuses et diverses, et que nous nous jugeons sévèrement quand nous ne sommes « pas à la hauteur ». Nous pensons que nous « devrions » toujours faire les choses bien, ou « correctement », réussir dans notre travail, être un père ou une mère formidable, un fils ou une fille sans reproche, être aimé et respecté des autres.

Cette sévérité à notre égard quand nous pensons ne pas avoir répondu à nos propres attentes peut cacher toute une gamme d'émotions, en fonction des circonstances spécifiques et de notre histoire : honte, déception, embarras, colère, humiliation, sentiment d'inadéquation. Nos enfants peuvent éprouver des sentiments semblables quand ils se sentent jugés. Pour cette raison, il est important d'être conscients de nos attentes et de la façon dont nous les exprimons, des objectifs qu'elles servent, et des effets positifs et négatifs qu'elles peuvent avoir sur nos enfants.

Nos attentes seront différentes selon les enfants et selon les âges. Elles peuvent aussi différer selon qu'elles concernent un garçon ou une fille. Certaines ont à voir avec le fonctionnement quotidien de la famille – qui est responsable de quoi –, d'autres sont liées à la relation que nous avons les uns avec les autres. Nous pouvons aussi avoir des attentes plus lourdes et potentiellement problématiques, souvent inconscientes et inexprimées : nous imaginons par exemple qu'un enfant sera toujours obéissant, insolent, timide ou exubérant. Sans penser à mal, nous risquons de placer nos enfants dans des cases qui sont à la fois contraignantes et indifférentes à la réalité. Là encore, nous nous laissons trop facilement enchaîner par nos idées et opinions, au lieu de voir nos enfants dans leur plénitude et leur complexité.

Dans le cadre de notre pratique de la pleine conscience, nous pouvons être attentifs à nos pensées et ainsi voir plus clair dans nos attentes et dans les émotions qui leur sont associées. Il est utile de se poser des questions spécifiques : quelles sont nos attentes par rapport à nos enfants ? Sont-elles réalistes et adaptées à leur âge ? Contribuent-elles à faire grandir nos enfants dans l'autonomie ? Attendons-nous trop ou trop peu ? Soumettons-nous nos enfants à un stress inutile ? Nos attentes et la façon dont nous les formulons renforcent-elles le sentiment de soi de nos enfants, ou bien le restreignent-elles ? Contribuent-elles à leur bien-être, leur donnent-elles le sentiment d'être aimés et acceptés ? Sont-elles cohérentes pour tel enfant particulier ? Quelle est leur relation avec le tempérament unique d'un enfant, son mode d'apprentissage et ses intérêts ? Ce genre d'enquête suppose une immense créativité, tant pour mener à bien cet interrogatoire que pour appliquer la conscience aux pensées en tant que pensées, aux émotions en tant qu'émotions et aux jugements en tant que jugements.

Il peut être bon de vérifier si nos attentes prennent en compte les nombreuses facettes de la personnalité de chaque enfant, et si elles laissent la place d'essayer différents comportements. Par exemple, pouvons-nous autoriser nos enfants à exprimer leurs sentiments de colère tant qu'ils ne nuisent pas à autrui ? Lorsque, attendant d'un enfant qu'il soit toujours plein de compassion et d'amour, nous nous déclarons déçus quand il fait montre de colère ou d'égoïsme, sommes-nous conscients de ne manifester ni compassion ni amour ?

Si tu veux que tes enfants soient généreux,
Tu dois d'abord leur permettre d'être égoïstes.
Si tu veux qu'ils soient disciplinés,
Tu dois d'abord leur permettre d'être spontanés.
Si tu veux qu'ils travaillent dur,
Tu dois d'abord leur permettre d'être paresseux.
C'est une distinction subtile,
Et difficile à expliquer à ceux qui te critiquent.

Une qualité ne peut être pleinement apprise
Sans comprendre son contraire.

« Les contraires sont nécessaires »,
The Parent's Tao Te Ching, n° 36.

Nous avons d'infinies occasions de nous entraîner à mieux exprimer ce que nous attendons de nos enfants, de façon claire, douce et calme. Nous pouvons être ouverts à leurs réactions et reconnaître leurs sentiments, tout en restant très clairs quant à ce que nous attendons à cet instant. Avec le temps, nous pouvons aider nos enfants à prendre conscience de leurs propres attentes vis-à-vis d'eux-mêmes et des autres, et à rendre ces attentes à la fois réalistes et saines.

Je (MKZ) me rappelle très clairement que mes attentes vis-à-vis de notre premier enfant ont changé quand nous avons eu un autre bébé. L'aîné devait tout à coup devenir plus responsable et plus indépendant, alors qu'on ne lui avait rien demandé de tel avant l'arrivée de sa petite sœur. L'enfant qui avait été notre « bébé » apparaissait soudain sous un jour tout autre, comparé au petit dernier, et nos attentes à son sujet ont commencé à se multiplier. Ce phénomène courant tient peut-être à ce qu'il rend plus facile notre vie avec le nouveau bébé, à moins que, par une sorte de protection biologique de l'espèce, nous tombions amoureux du nouveau bébé tandis que l'aîné perd de son aura magique parce qu'il n'a pas besoin de nous de la même façon qu'un nouveau-né.

Quand je vois des parents avoir des attentes de ce genre face à leurs aînés, j'aimerais pouvoir leur rappeler que leur enfant de deux ans est encore un « bébé » par bien des côtés, que leur enfant de quatre ans n'est justement qu'un enfant de quatre ans, que leur enfant de six ans a encore envie d'être porté, de sentir leur adoration et leur énergie affectueuse, et que, même si leur enfant de huit ans peut assumer plus de responsabilités et en tirer profit, il a encore besoin de câlins, de temps passé avec lui uniquement, il doit encore avoir la liberté d'être un enfant.

Nos enfants ont aussi des attentes nous concernant. Ils s'attendent à ce que nous soyons à l'heure, ou toujours en retard, fiables ou non fiables, disponibles ou non disponibles, compréhensifs ou prompts à nous mettre en colère. Leurs attentes se fondent sur leur expérience de la façon dont nous nous sommes conduits par le passé. Elles peuvent même nous révéler notre propre comportement, auquel nous étions aveugles. Cela nous donne l'occasion de changer pour adopter une attitude plus saine pour eux comme pour nous.

Quand nous devenons tout à coup grognons ou irritables, quand nous parlons sèchement, cela peut troubler un enfant, le bouleverser. Si nous sommes alors capables d'admettre que nous sommes fatigués, nous lui offrons un cadre pour comprendre notre comportement. Quand nous agissons de façon inattendue et que nous pouvons mettre un nom sur notre attitude, nous rendons ordonné et compréhensible un univers imprévisible et troublant. Les enfants risquent alors moins de s'accuser ou d'être inquiets et tendus quand l'humeur de leurs parents change de façon abrupte. Cela leur enseigne aussi quelque chose d'utile sur les gens en général, et ils finiront peut-être par y voir plus clair dans certains aspects de leur propre comportement.

Si un enfant casse quelque chose, il peut s'attendre à ce que ses parents se fâchent, et il sera surpris si ce n'est pas le cas. Par le passé, ses parents l'ont grondé dans des situations similaires. Pourtant, cette fois, les parents se montrent plus compréhensifs, plus tolérants, parce qu'ils font un effort pour être plus conscients de leur propre attitude et de ses effets sur leur enfant, parce qu'ils essaient de garder à l'esprit ce qui est le plus important. Ce faisant, ils incarnent une plus grande gentillesse, une plus grande compréhension, ils sortent du domaine des attentes limitées qu'ils avaient pour leur enfant et transforment du même coup ses attentes vis-à-vis d'eux.

Nos attentes face à nos enfants varient selon les pressions que nous subissons, selon les ressources dans lesquelles nous croyons devoir puiser à un moment donné. Quand nous traversons une période difficile, nous ne pouvons pas attendre de nos enfants qu'ils nous offrent compassion et compréhension. Cela ne signifie pas qu'il ne leur arrivera jamais de se montrer compréhensifs ou compatissants. Les enfants réagissent parfois avec une immense gentillesse, mais souvent ils ne veulent que ce qu'ils veulent et ne s'intéressent pas à nos problèmes. Et les jeunes enfants ne s'intéressent pas aux longues explications pleines de mots. Mais cela les aide de savoir que notre comportement est lié à ce que nous ressentons, tout comme leur comportement est lié à ce qu'ils sentent.

Quand les enfants sont petits, il y a certaines règles dans la famille, comme « Tu n'as pas le droit de traverser la rue sans un adulte », « Tu ne peux pas regarder la télévision tant que tu n'auras pas fini tes devoirs », « Peu importe que tu sois en colère, tu n'as pas le droit de frapper les gens ». Être clair sur les comportements que nous estimons inacceptables et sur ce que sont nos attentes est un autre moyen d'aider nos enfants. Les petits enfants, en particulier, se sentent en sécurité et éprouvent du soulagement quand un parent est cohérent et définit des limites précises.

À mesure que les enfants grandissent, ils deviennent de plus en plus responsables, tant de ce qu'ils ont besoin de faire que de la façon dont ils se conduisent. Nous les aidons en les tenant pour responsables de leurs actes et en réagissant de manière à honorer leur souveraineté et à leur offrir l'occasion de vivre les conséquences naturelles de ce qu'ils font.

Parfois, nos attentes sont en conflit direct avec celles de nos enfants. Quand l'un des nôtres ne voulait pas que nous assistions à un événement à l'école, nous étions surpris et déçus. Nous voulions tellement y aller, et notre enfant voulait en faire l'expérience sans nous. Il voulait que ce soit son expérience à lui.

Lorsque notre fils est parti pour l'université, je (mkz) voulais l'y emmener en voiture, je *m'attendais* à le faire. Je suis sa mère, j'avais envie de voir où il allait vivre cette importante transition. Mais il voulait tout autre chose. Il voulait être conduit par son meilleur ami, avec qui il avait parcouru le pays. Il voulait arriver à la fac en tant qu'être indépendant, et non comme fils amené à l'école par ses parents. Une fois informée de sa décision, j'ai été déchirée entre la déception et la volonté de partager son point de vue. J'ai fini par comprendre pourquoi il était si important pour lui de suivre sa propre voie, et cela m'a aidée à renoncer à mes attentes. J'ai pu lui dire en toute sincérité : « Je comprends pourquoi tu veux y aller avec ton ami, et je l'accepte tout à fait. »

Dans ce genre de situation, les enfants demandent aux parents de voir les choses de leur point de vue. Ils demandent notre compréhension, notre acceptation. Trop souvent, les parents n'opèrent que dans le cadre de leurs propres besoins et désirs, sans penser à ceux de leurs enfants. Le mieux serait d'avoir conscience de ce qui est meilleur pour nos enfants dans le contexte de ce qui est possible pour nous, et de renoncer à voir les choses se produire comme nous le désirons.

Nous offrons à nos enfants un cadeau invisible mais immense quand, au terme d'une lutte contre nos propres attentes, nous renonçons consciemment à celles qui ne les servent pas, qui ne contribuent pas à leur croissance ni à leur bien-être. C'est une part importante du métier de parent en pleine conscience. Quand nous y parvenons, l'atmosphère familiale est plus détendue, il règne un plus grand sentiment d'espace et d'équilibre, chacun a plus de place pour grandir.

S'ABANDONNER

Alors que je (MKZ) sors à peine d'une période de stress particulièrement intense, à l'issue de semaines surchargées, ma benjamine tombe malade. Elle a mal à la tête, le visage rouge. J'essaie de me libérer, mais ma marge de manœuvre est de plus en plus réduite.

Je suis furieuse et contrariée, je me sens poussée dans mes limites. Je ne veux pas de cette situation, j'ai envie de me replier sur moi-même, de me mettre au lit et de fermer la porte, mais je vois qu'elle va très mal. Elle a besoin de moi. J'ai de la compassion pour elle, elle ne fait pas ça pour me torturer. Elle n'y peut rien, elle est malade. Je me surprends à inspirer profondément. Je sens que je commence à m'abandonner à ce qui est nécessaire ; je mets mes attentes de côté, j'oublie la liste de tout ce que j'avais prévu.

La fièvre intensifie son expérience des choses. Comme la lumière la dérange, les rideaux sont tirés, sa chambre est sombre et paisible. Il n'y a aucune des distractions habituelles : musique, téléphone, télévision. Elle dort parfois. Quand elle est réveillée, elle ne veut pas rester seule. Je m'installe à côté d'elle. Je pose un linge mouillé sur son front. Je lui apporte du thé et des toasts, je lui fais la lecture. Je me réjouis de pouvoir contribuer à ce qu'elle se sente mieux. Quand je lis, quand je lui tiens la main, ces instants ont une richesse tranquille. Elle me regarde avec plaisir, elle dit : « Je suis heureuse qu'on soit ensemble. » Elle a les yeux brillants, la peau presque translucide. Sa journée aurait été bien différente si elle était allée à l'école, et je suis frappée de trouver ce moment si profitable. J'ai souvent remarqué qu'après une maladie mes enfants paraissaient changés, comme s'ils avaient grandi, transformés au creuset de cette chaleur intense qu'on appelle la fièvre, dans cette retraite où l'on prend soin d'eux, au calme.

Bien sûr, il y a des moments où elle est irritable, grognon, exigeante. Ces moments sont mon laboratoire. Ils me mettent à l'épreuve. Le prendrai-je personnellement, me mettrai-je en colère contre elle ou me rappellerai-je ce qu'on ressent lorsque l'on est malade, serai-je réceptive et compatissante ? Puis-je la laisser manifester sa contrariété et sa souffrance sans la juger, sans la critiquer ? Puis-je renoncer à mes attentes pour cette journée, m'abandonner à la nécessité et à la beauté de ce qui émerge ?

LIMITES ET OUVERTURES

Certaines études suggèrent que les enfants souffrent inévitablement quand les parents sont soit très permissifs et n'indiquent aucune limite, soit très autoritaires, rigides et dominateurs. Si les parents sont à la fois chaleureux et fermes, si les enfants sont traités avec respect à l'intérieur d'un cadre clair de limites adéquates, ils deviennent plus confiants, plus sûrs d'eux. Dans une relation aimante, connectée et engagée, les limites peuvent être perçues comme des ouvertures qui aident les enfants à se définir, et non simplement comme des obstacles jetés en travers de leur chemin.

Quand nous devions définir des limites dans notre famille, nous ne le faisions pas de manière arbitraire. Nous tentions de ne pas succomber au désir compréhensible d'agir de façon autoritaire, tout en restant fermes pour ce qui nous semblait nécessaire. Ces limites concernaient en général ce qui avait selon nous un impact négatif sur le bien-être de nos enfants (télévision, grignotage, films, jeux vidéo) et les comportements qui affectaient le bien des autres (manque de respect, bagarres, insultes).

En fixant ces limites, nous essayions de suivre nos convictions et de nous montrer justes envers nos enfants. Mais, bien entendu, nos décisions leur paraissent souvent injustes. Malgré tout, quand nous savons ce qui est nécessaire, nous pouvons nous en tenir à notre résolution, avec gentillesse. Sur certains points, si nous sommes trop rigides, nous pouvons à notre insu encourager nos enfants à se focaliser sur ce dont ils sont privés. En grandissant, les enjeux deviennent plus élevés. Si nous sommes trop rigides, nos enfants risquent de ne plus nous faire confiance, de nous mentir ou de se replier complètement sur eux-mêmes.

D'un autre côté, si nous sommes laxistes, si nous leur accordons tout ce qu'ils veulent avant qu'ils aient l'âge de s'autoréguler, nous en verrons très vite les effets négatifs : épuisement, tension, irritabilité, peur, angoisse, agressivité, erreurs de jugement, comportement incontrôlable, déséquilibre général. Une voie moyenne semble donc l'approche la plus raisonnable.

Quand nos enfants étaient petits, nous voulions leur laisser la liberté d'explorer, de poursuivre les objectifs qui les intéressaient, d'essayer différents comportements. Quand ils agissaient de manière potentiellement dangereuse, nous nous efforcions de limiter notre réponse à ces comportements spécifiques, en leur disant de façon détendue que ce qu'ils faisaient n'était pas acceptable. En même temps, ils pouvaient sentir que notre amour et notre acceptation n'en étaient pas diminués.

Parfois, nous fixions ces limites dans la colère, parce que la « goutte d'eau faisait déborder le vase ». Mais, le plus souvent, elles étaient le fruit du bon sens, parce que nous voulions que nos enfants aient leur compte de sommeil, qu'ils mangent bien ou qu'ils soient en sécurité. Avec le temps, ils ont appris, en se heurtant à ces limites, à prendre soin d'eux-mêmes et à faire leurs propres choix sains.

Avec les enfants plus grands, nous devons parfois intervenir et imposer une limite à leurs activités malgré la pression de leurs pairs et de la société. Cela exige beaucoup de persévérance et de doigté, il faut quelquefois de longues négociations. Les adolescents sont épuisants pour leurs parents, mais l'effort est aussi nécessaire et aussi exigeant que de se lever en pleine nuit lorsqu'ils sont bébés.

Plus nos enfants grandissent, plus nous nous surprenons à dire : « Je ne tolérerai pas ça ! » dans certaines situations où nos attentes et leur comportement divergent du tout au tout. Nos protestations sont parfois formulées sur un ton impérieux, qui aggrave encore le problème. En même temps, nous nous sentons tout à fait impuissants, sans la moindre influence, car que se passe-t-il une fois que nous avons déclaré ne pouvoir tolérer telle attitude ? Toutes les stratégies relativement simples qui fonctionnaient quand nos enfants étaient petits, comme détourner leur attention ou les éloigner physiquement, ne sont ni appropriées ni possibles quand ils sont plus grands.

Avec un enfant plus âgé, nous devons souvent attendre qu'il ne soit plus en colère, qu'il soit plus réceptif, pour trouver avec lui des solutions et des compromis. Si nous commençons par identifier ses sentiments, nous pourrons peut-être établir une véritable connexion avec lui et passer à une conversation plus focalisée sur le problème. Il faut combiner son propre bon sens inné et sa conscience de soi croissante, notre capacité à exprimer nos sentiments et nos inquiétudes d'une façon qu'il peut entendre, et parfois des mesures concrètes comme la limitation de l'usage d'Internet, ou de la voiture.

Quoi que nous décidions de dire ou de faire, il est utile de rester à l'écoute de nos émotions et de notre énergie, en appliquant notre conscience à la tension de notre corps et de notre respiration, en la ralentissant délibérément et en la laissant s'approfondir. Ce faisant, nous pouvons calmer notre propre système nerveux, ce qui a forcément un effet sur l'enfant. Nous pouvons aussi prendre conscience du ton de voix que nous employons. Nous pouvons tenter de renoncer à la voix dure, sévère, souvent sonore, qui semble nous venir si naturellement dans ces moments-là, en prononçant les mêmes phrases de façon plus calme, mais avec fermeté. Dans ces instants difficiles, nous devons continuellement nous reconnecter avec notre force interne et nous rappeler ce qui est le plus important. C'est là le cœur de la pratique de la pleine conscience en action.

En fin de compte, la réactivité de nos enfants face aux limites imposées à leur comportement dépend en partie de leur degré de connexion à la famille : voient-ils que les limites viennent de notre sollicitude et de notre affection, sentent-ils que nous voulons être justes ?

Beaucoup de parents qui ont un enfant au collège connaissent cette situation, il y a eu un moment où notre fille passait tout son temps libre au téléphone. Ce qui avait démarré de façon inoffensive devint un vrai problème : de la seconde où elle rentrait à la maison jusqu'au moment où elle montait se coucher, elle était soit au téléphone, soit dans l'attente d'un coup de fil.

Tout ce qu'elle faisait pouvait être interrompu d'un instant à l'autre, y compris ses devoirs. Finalement, même si elle nous affirmait qu'elle ne négligeait pas son travail scolaire, elle n'avait plus la tranquillité nécessaire pour se concentrer vraiment sur ses devoirs, qui ont fini par en souffrir. Cet usage illimité du téléphone avait aussi un effet négatif sur sa relation avec la famille, à tel point qu'elle en était venue à nous traiter comme des étrangers, de façon distante et irritable.

Lui annoncer que son temps de téléphone serait réduit aurait été très autocratique, l'aurait rendue furieuse et aurait provoqué une scène terrible qui n'aurait fait qu'aggraver la distance entre elle et nous. Nous avons donc préféré réunir toute la famille, donner la parole à chacun sans l'interrompre, et dire ce que nous pensions de son usage du téléphone. En nous écoutant à tour de rôle, nous avons tous mieux pu comprendre le point de vue des uns et des autres. Chacun a dit ce qu'il pouvait et ne pouvait pas tolérer, et nous avons fini par établir des horaires, selon un compromis qui nous satisfaisait tous.

Après quelques jours, notre fille dut admettre que ces limites à son usage du téléphone « lui plaisait, en un sens ». Elle éprouvait un certain soulagement à l'idée de pouvoir disposer d'un temps de calme ininterrompu pour elle-même. C'est une chose dont elle n'aurait pas pris l'initiative, il fallait que cela vienne de nous.

Au bout d'une semaine ou deux, elle essaya bien sûr de modifier le compromis en question. Elle nous dit qu'elle voulait utiliser le téléphone une demi-heure plus tôt que prévu, et nous avons accepté à condition qu'elle s'arrête une demi-heure plus tôt, mais elle préféra revenir à l'accord initial. Conscients de l'effet positif de ces nouvelles limites sur notre fille comme sur l'ensemble de la famille, nous pouvions d'autant mieux camper sur nos positions.

Il y aura toujours des situations particulières où il faudra se montrer souple, et il est important d'y être sensible. Cela complique le travail des parents, parce que nos enfants savent qu'il existe une possibilité de négociation et qu'ils pourront trouver un moyen d'infléchir les règles. Ils savent parfois très bien plaider leur cause, comme de véritables avocats, et il est difficile de ne pas admirer cette qualité, même si elle menace notre autorité. Mais, surtout avec de jeunes enfants, apprendre qu'un « non » est un « non » et que nous ne changerons pas d'avis crée des attentes claires et un environnement familial fiable et sûr.

Tous les enfants sont différents. L'heure de l'extinction des feux ne sera pas forcément la même pour les lève-tôt et pour les couche-tard. Un enfant qui aime la lecture a plus de ressources pour occuper ses soirées. Ceux qui sont moins impulsifs et savent s'autoréguler sans mal auront naturellement besoin de moins de limites fixées par leurs parents.

Même si nous remarquons des modifications dans notre propre tolérance, d'un enfant à l'autre et d'un âge à l'autre, le travail des parents en pleine conscience est de réexaminer sans cesse si ce qu'ils font et pensent correspond au meilleur intérêt de leurs enfants, et de se demander s'il pourrait y avoir une meilleure solution qu'ils ne voient pas pour le moment.

QUAND NOS ENFANTS entrent dans l'adolescence, la route parentale devient tortueuse, nous perdons de la visibilité, et les choses ne sont pas toujours ce qu'elles semblent être. Les ados ont besoin de leur intimité, qui signifie que nous ne savons pas toujours ce qui se passe ni ce qu'ils font vraiment ou ce à quoi ils participent. Il peut être tentant pour eux de nous mentir afin de pouvoir faire ce qu'ils veulent. La question n'est plus : « Qu'est-ce qui correspond le mieux à mon intérêt ? », mais : « Qu'est-ce que je peux faire en douce ? » Il est beaucoup plus facile d'ignorer les signaux problématiques émis par les adolescents que les cris d'un bébé. Nous pouvons être tentés de dire « oui » alors que nous aurions aimé dire « non », pour éviter une dispute et parce que nous avons peur d'envenimer les choses en disant « non ».

Comme les jeunes enfants, les adolescents ont besoin de nous pour les ramener de temps en temps à la réalité, pour leur faire savoir ce que nous voyons et sentons, et quelles sont nos inquiétudes. Ils ont besoin que nous leur parlions sincèrement de ce que nous percevons comme des dangers possibles pour leur bien-être. En même temps, nous devons veiller autant que possible à ne pas les pousser à s'isoler, à se couper du reste de la famille, à se déconnecter de nous. Très souvent, quand nous pensons devoir dire « non » à ce qu'ils nous demandent, cette réponse risque de comporter bien d'autres messages tacites : « Nous ne te faisons pas confiance », « Tu agis mal », « Tu es incapable de juger ». Nous devons être conscients de ces sentiments s'ils sont présents en nous et des réactions automatiques qu'ils entraînent, pour ne pas accroître inutilement la distance et l'aliénation, dans une période qui est déjà bien assez difficile.

Si nous disons à une adolescente : « Non, tu ne peux pas rester seule avec ce garçon chez lui », elle risque de répliquer : « Pourquoi, vous ne me faites pas confiance ? » Après réflexion, nous pourrions expliquer : « C'est la situation qui ne nous inspire pas confiance. On peut très facilement se sentir obligé de faire des choses potentiellement dangereuses, qu'on risque de regretter ensuite. » Cette réponse peut être perçue non comme un exercice arbitraire du pouvoir, mais comme une présentation respectueuse et réaliste d'une situation, qui ne remet pas en cause l'intégrité de notre enfant. Il se peut que la jeune fille ne partage pas ce point de vue, qu'elle se mette en colère, mais les parents la renvoient à une réalité, et cet échange n'est qu'une interaction parmi bien d'autres du même ordre. Savoir choisir avec sagesse dans quelle situation nous nous plaçons est l'une de ces leçons de la vie qui ne s'apprennent qu'avec le temps et l'expérience.

Une de nos amies, à Boston, reçoit un coup de téléphone de sa fille de seize ans : « Maman, je suis à New York. » Ce coup de fil survenait après de nombreuses discussions, la fille ne comprenant pas pourquoi sa mère ne voulait pas qu'elle aille toute seule de Boston à New York pour visiter une école qui l'intéressait. La raison de l'appel était la suivante : n'arrivant pas à joindre la personne chez qui elle devait séjourner, l'adolescente avait contacté une autre jeune femme, rencontrée récemment, chez qui elle se trouvait donc.

Ainsi mise devant le fait accompli, comment la mère aurait-elle pu réagir ? Comment travailler avec ce qui se présentait ?

Notre amie prit sagement un moment pour évaluer la situation. Elle comprit que sa fille essayait de prendre sa vie en mains et qu'elle avait été assez attentionnée pour lui téléphoner afin qu'elle ne s'inquiète pas. Sa fille était déjà à New York, et se mettre en colère n'y changerait rien. Elle répondit donc : « Je ne me fâche pas pour le moment, mais je me réserve le droit de le faire plus tard. » Elle se laissait donc la possibilité de gérer son émotion à un autre moment, préférant poser à sa fille des questions sur sa sécurité, pour savoir si elle avait de quoi terminer son voyage et rentrer à la maison. Elle comprit que sa fille essayait d'accomplir quelque chose de très important pour elle. Même si elle n'était pas d'accord, elle pouvait apprécier le courage et l'ingéniosité de sa fille. En exprimant clairement ses sentiments, mais en réfléchissant aux besoins de sa fille, cette mère a pu être compréhensive, sans laisser le conflit s'interposer entre elles.

PLUS NOS ENFANTS GRANDISSENT, plus nous avons peur de les voir s'aventurer dans le monde, à la rencontre de situations potentiellement dangereuses sur lesquelles nous n'avons pas de contrôle, contrairement à ce qui se passait quand ils étaient petits : tel est l'inévitable défi du métier de parents. Un aspect important mais très difficile de notre travail intérieur, en tant que parents, consiste à être pleinement conscients de nos craintes et de nos angoisses. Cela nous donne au moins la possibilité de ne pas nous laisser enfermer dans des peurs qui pourraient occulter notre vision et notre sensibilité, nous rendre incapables de voir ce qui arrive à nos enfants ou de communiquer efficacement avec eux.

C'est le moment de construire, sur le terreau constitué au fil des années, pour créer la confiance et, surtout, un sentiment partagé de connexion au sein de la famille. Avec cette base, il devient possible de parler avec nos enfants, même si ce n'est pas toujours facile, de choses comme les coûts et les risques de l'alcool, de la drogue et des rapports sexuels non protégés (sans protection affective ou physique).

À mesure que les adolescents acquièrent plus de libertés, à mesure qu'ils sont confrontés à toutes sortes de choix – dont certains sont destructeurs et dangereux – et parfois à la forte pression de leurs pairs, il devient essentiel pour eux de développer une conscience de soi. Il s'agit d'être en contact avec ce qu'on éprouve, dans toutes les situations, d'être connecté avec ses propres conflits émotionnels et d'apprendre à savoir de quoi on a vraiment besoin. Avec un peu de conscience de soi, nos enfants sont plus à même de faire des choix sains et ils sauront mieux fixer leurs propres limites.

Certaines activités renforcent naturellement la conscience de soi, l'assurance et l'autodiscipline : les arts martiaux, le sport, le yoga, la danse, la peinture, l'escalade, le camping sauvage, la rédaction d'un journal intime, etc. Il est essentiel que les parents, les écoles et les communautés fournissent aux enfants des occasions de faire cela et les guident dans les situations difficiles auxquelles ils seront confrontés. Ces activités permettent aux enfants de faire l'expérience des limites, réelles ou imaginaires, de vivre les joies de la découverte et des progrès. Une expérience interne de maîtrise et d'autoefficacité dans un domaine rejaillira inévitablement sur d'autres domaines de leur vie. Finalement, nos enfants atteignent un âge où ils doivent se fier à leur propre conscience, à leur bon sens et à leur vécu, à mesure qu'ils surmontent, sans nous, le défi de grandir au fil des jours.

S'OCCUPER DE SES AFFAIRES

Ne tire pas avec l'arc d'un autre,
Ne monte pas le cheval d'un autre,
Ne discute pas des fautes d'un autre,
N'explore pas les affaires d'un autre.

WU-MEN, maître zen chinois
du XIIIe siècle.

« OÙ ÉTAIS-TU ?

– Dehors.

– Qu'est-ce que tu as fait ?

– Rien. »

Il est facile pour les parents d'en venir à penser qu'ils doivent tout savoir de la vie de leurs enfants, y compris leur vie intérieure. Un tel sentiment est naturel : nous sommes si proches d'eux quand ils sont petits. Nous sommes à leurs côtés lorsqu'ils font la découverte et l'apprentissage de ce qu'ils sont, du monde, lorsqu'ils font l'expérience de la joie et de la tristesse. Mais, quand ils grandissent, il devient essentiel de leur laisser l'espace psychique de leur intimité, pour qu'ils nous fassent partager ce qu'ils ont envie de partager, quand ils ont envie de le partager. Cela est en soi un acte d'amour. Ensuite, quand ils ont besoin ou envie de partager quelque chose avec nous, ils sentiront peut-être qu'ils peuvent nous faire confiance et que nous pourrons comprendre leurs soucis.

Cela requiert de la présence et de la disponibilité de notre part, ainsi qu'une saine volonté de ne pas nous mêler de ce qui ne nous regarde pas. C'est un équilibre délicat, qui exige une bonne dose de sensibilité, de discernement et de patience.

Bien sûr, comme tous les enfants sont différents, comme tous les parents sont différents et comme toutes les situations sont différentes, nous devons être conscients des circonstances particulières de notre famille et de notre esprit. Pour ne pas nous mêler de ce qui ne nous regarde pas, nous devons d'abord savoir ce qui nous regarde en tant que parents.

Il ne s'agit pas simplement de « savoir ». La patience et la présence, sans indiscrétion ni harcèlement, contribuent à une relation plus positive que si nos enfants ont l'impression d'être constamment surveillés, si nous voulons en savoir plus qu'ils ne veulent en partager et si nous nous déclarons blessés quand nous nous sentons laissés de côté.

Il peut être bon de se rappeler l'époque où nous étions nous-mêmes adolescents. N'y avait-il pas alors des choses que nous avions besoin de garder pour nous, qui ne regardaient pas nos parents, qui ne les regarderaient jamais parce que c'étaient les premières expériences de notre propre univers intérieur ?

Un jour, notre enfant peut nous annoncer qu'il est amoureux, ou qu'il va se marier. Peut-être savons-nous quelque chose de l'extérieur, peut-être avons-nous une idée de l'intérieur, mais nous ne pourrons jamais pleinement connaître l'intérieur, et c'est très bien ainsi car cela ne nous appartient pas. Notre tâche est de nous occuper de nos propres affaires internes, des affaires de notre propre esprit, de notre propre corps, de nos propres relations et de notre propre vie, tout en offrant à nos enfants la même liberté, le même respect, alors qu'ils passent de l'état d'enfant totalement dépendant à celui d'adulte indépendant et interdépendant.

La qualité et la chaleur de notre connexion avec nos enfants sont proportionnelles au travail interne que nous continuons à accomplir, à notre sens des limites adéquates, si nous sommes prêts à ce que nos enfants devenus grands prennent leurs propres décisions et découvrent les choses par eux-mêmes. Présence et ouverture, amour et intérêt, tout cela – sans oublier la volonté de répondre à une situation – crée un environnement plus spacieux fondé sur le respect et sur la confiance entre parent et enfant. Voilà ce qui *nous* regarde.

C'EST TOUJOURS À VOUS DE JOUER

JE (JKZ) VIENS DE REGARDER UN FILM avec mes deux filles ; l'aînée s'endort, mais la cadette a besoin d'autre chose avant de se coucher. Elle se met en pyjama et demande une histoire, puis change d'avis et demande si nous pouvons jouer aux échecs sur son lit. Nous tombons d'accord : une partie, puis extinction des feux.

Avec l'échiquier posé sur les couvertures, il faudra faire attention à ne pas renverser les pièces. Mais, d'abord, comme une princesse, elle me demande d'aller lui chercher une clémentine, « et aussi une bouillotte, Papa », pour réchauffer son lit, par cette froide nuit de novembre. Je suis ravi de lui rapporter tout ça, dès que j'ai trouvé le bouchon de la bouillotte. Puis je vais chercher l'échiquier.

Nous nous sommes remis aux échecs depuis quelques semaines. Parfois, c'est elle qui me sollicite, parfois, c'est moi. Pendant longtemps, je n'ai pu la convaincre de jouer, mais Myla a eu l'idée d'acheter un échiquier plus grand et des pièces plus grosses, et une de ces pendules doubles qu'on touche après chaque coup. Cette horloge ajoute incontestablement quelque chose au jeu, comme si on signait chaque fois, pour montrer que l'on persiste dans sa décision. Ma fille adore jouer avec cette pendule, moi aussi, même si nous ne nous soucions pas du temps écoulé. C'est d'appuyer sur le bouton à chaque coup qui nous amuse.

Nous nous installons pour cette partie nocturne. Elle prend les noirs, comme toujours. Je la mets très vite échec et mat. Nous sommes tous deux surpris. Je ne m'en suis moi-même pas rendu compte tout de suite. Elle a roqué, j'ai placé ma reine à côté de son roi, protégée par mon fou, et aucune de ses pièces ne pouvait intervenir. C'est arrivé si vite que nous décidons de rejouer, « juste une fois ».

J'essaie de reproduire la manœuvre, mais elle me voit venir. Elle déplace le bon pion au bon endroit pour rendre vaine ma tentative. Avec un minimum d'aide à quelques instants cruciaux, elle me met échec et mat juste avant que je puisse lui infliger le même sort. C'est si drôle que nous décidons de refaire une partie.

Je commence à être fatigué, je suis très réticent à rejouer… jusqu'au moment où la partie démarre. Je me laisse alors entraîner par l'énergie du jeu.

Cette fois, nous aboutissons à une fin de partie complexe, au centre du plateau, avec les deux reines voisines l'une de l'autre, protégées par les deux rois, avec quelques fous et quelques tours tout près. Nous nous pourchassons sur l'échiquier, gagnant et perdant l'avantage. C'est merveilleux, nous n'avons jamais rien vu de tel. Ma fille joue allongée, la tête sur la bouillotte, à la hauteur du plateau.

Nous échangeons parfois des regards amusés ou suspicieux, nous devinons en silence ce que l'autre a en tête, nous ressentons la joie pure de participer à cet univers d'élégants archétypes en plastique disposés sur soixante-quatre cases. Elle ne veut jamais que je l'aide, mais parfois je l'autorise à revenir sur un coup si cela lui évite de perdre une pièce importante ou de manquer une occasion qu'elle n'a pas vue. Elle me laisse faire, mais ne veut plus m'entendre ensuite dire un mot.

Elle veut se débrouiller toute seule, et à chaque partie je m'aperçois qu'elle comprend mieux le jeu et qu'elle fait de meilleurs coups. Elle tire très vite les leçons de son expérience, bien plus vite que moi. Je commets des erreurs absurdes, qu'elle ne me pardonne pas toujours. Elle devine mes coups, elle pressent comment elle pourrait les contrer, tout en forgeant ses propres stratégies pour faire avancer la partie. Elle acquiert une forme d'intelligence de l'espace, je le vois. Mise au défi, sa perception s'étend. Elle doit voir les risques et les soupeser, concevoir des projets, mais aussi les modifier sans cesse, en réponse à l'évolution de la situation sur le plateau. Stratégies et tactiques se forment nécessairement.

Chaque partie est un nombre infini de possibilités qui se restreignent peu à peu jusqu'à la fin inévitable. Mais nous rejouons parfois différentes fins possibles. C'est comme imaginer différentes solutions quand un problème se pose à vous. Nous voyons les éléments en jeu, leur combinaison et notre faculté de choisir, de diriger le flux des choses. Nous visualisons et explorons diverses approches, dont nous découvrons les conséquences. Toutes sortes de psychothérapies utilisent le jeu de rôle pour résoudre les dilemmes affectifs et les différents moyens de traverser les moments difficiles. Imaginez-vous dans cette posture d'apprentissage quand vous jouez à un jeu, quand vous acquérez l'habitude d'envisager les mille gestes susceptibles de favoriser le déroulement de votre vie de manière à incarner un élément de sagesse.

Une fois la partie terminée, il est vraiment temps de se coucher. Ma fille me demande de rester avec elle. J'éteins la lumière et je m'assieds sur son lit. Elle s'endort en quelques instants. Je le sais d'après sa respiration, qui devient tout à coup plus profonde, de plus en plus apaisée.

À cet âge-là, la plupart du temps, quand je demande si je peux venir la border, elle refuse, donc cette invitation compte beaucoup pour moi, et je sens qu'elle compte aussi beaucoup pour elle, c'est l'occasion de revivre une situation qu'elle provoquait souvent.

Je respire avec elle encore quelques minutes, puis je pars sans bruit, en fermant la porte.

PARFOIS, NOUS SOMMES PRÊTS à aller chercher le bouchon de la bouillotte ou autre chose de ce genre lorsque c'est à nous de jouer. Mais, très souvent, nous n'en avons pas envie, nous n'avons pas envie d'aller chercher une clémentine. Il est trop tard, nous sommes trop fatigués, nous voulons simplement que notre enfant aille se coucher, et nous n'avons aucune envie de jouer aux échecs ou à autre chose.

Mais, quand nous choisissons, à titre d'expérience, d'accorder à nos enfants ce que tout nous pousserait plutôt à refuser, quand nous nous rendons disponibles, prêts à nous engager avec eux, nous nous apercevons que tout un monde s'ouvre, pour eux *et* pour nous, un monde partagé que nous n'aurions surtout pas voulu manquer, que nous n'aurions pu prévoir et qui compte peut-être pour nous bien plus que tout ce que nous aurions pu faire d'autre, malgré notre fatigue, si pressés ou si occupés que nous ayons cru l'être.

En faisant le choix de vivre un pareil moment avec notre enfant, nous n'agissons pas comme son serviteur (même si c'est l'impression que nous avons parfois), mais plutôt comme un roi, comme un monarque, riche de temps et au cœur généreux.

Mais ne nous leurrons pas. Même si nous sommes souverains dans notre rôle de parents, à certaines étapes plus qu'à d'autres, nous sommes *aussi* serviteurs, tout comme un dirigeant sage est le fidèle serviteur de son royaume. Et cela en vaut la peine.

C'est une tâche bien délicate. Se consacrer pleinement à ses enfants, sans limites – comme notre être est sans limites dans sa nature profonde, nous l'avons vu –, va tellement à l'encontre des valeurs de notre société qu'il est presque tabou d'en parler. Pourtant, il est important d'évoquer, d'examiner et d'expérimenter notre propre pratique, de tenter de nouveaux coups sur l'échiquier, parfois des coups audacieux dont nous n'avions encore jamais eu l'idée, et d'en tirer les leçons, alors que le monde s'ouvre pour accueillir notre apport, ainsi qu'il le fait si souvent quand nous en prenons l'initiative.

> Vous êtes les notes, nous sommes la flûte,
> Nous sommes les montagnes, vous êtes les sons qui en descendent.
> Nous sommes les pions, les rois, les tours
> Que vous disposez sur l'échiquier ; nous gagnons ou nous perdons.
> Nous sommes des lions qui s'enroulent et se déroulent sur les drapeaux.
> Votre vent invisible nous porte à travers le monde.

Djalal AL-DIN AL-RUMI.

EMBRANCHEMENTS

AVEZ-VOUS JAMAIS PRIS LE TEMPS de songer combien votre vie aurait pu être différente sans la remarquable confluence d'événements minuscules, insondables, apparemment fruits du hasard, qui ont une telle influence et qui offrent autant de possibilités que de restrictions ? Si j'avais (jkz) décidé d'aller déjeuner cinq minutes plus tôt ou plus tard, ce jour de décembre, si Myla n'avait pas croisé une amie avec qui elle s'était mise à bavarder à un endroit précis, nous ne nous serions sans doute jamais rencontrés. Nous n'aurions pas eu les enfants que nous avons eus, nous n'aurions pas eu la vie que nous menons aujourd'hui. Cela nous invite à réfléchir sur ce que l'existence a de mystérieux et de précieux.

Si les choses avaient pris un autre cours, d'autres événements se seraient sûrement produits, et nous vivrions maintenant une autre vie, très différente. Celui que je suis aurait aussi été très différent, car mon moi résulte en grande partie de la texture de nos relations et de notre amour l'un pour l'autre.

La vie relève du général, mais l'amour et la beauté sont de l'ordre du particulier. Le monde nous incite constamment à célébrer ce particulier, dans les lieux où nous nous sentons profondément chez nous. Il nous invite à célébrer les enfants que nous avons, la vie que nous vivons, si nous pouvons être ici, nous éveiller à sa texture, à ses images et à ses sons, afin que ces aspects intimes et toujours présents ne soient pas confinés à des souvenirs rangés avec les albums photo. Notre présent réel est une bénédiction, dont l'apparition quotidienne tient du miracle.

Cette remarque me rappelle toujours d'aborder avec le plus grand respect la prégnance de chaque instant, toujours chargé d'un potentiel immense, même si nous ne pouvons ni connaître ni prévoir l'instant suivant tant qu'il n'est pas advenu, et même si tant de nos instants semblent à première vue ordinaires, même si chaque jour ressemble aux autres. Il est facile de ne pas voir en quoi chaque instant contient l'immensité de l'univers entier, plein de surprises et de possibilités insoupçonnées, il est facile d'oublier que nous pouvons les regarder se déployer, déploiement auquel nous sommes conviés à participer. Les jeunes enfants vivent dans ce monde magique où tout est neuf, où tout est réalisable.

Voir chaque moment comme un embranchement possible peut être un excellent moyen de contempler notre vie à mesure qu'elle se déroule. Si nous désirons que l'avenir soit différent, comme c'est souvent le cas, pour avoir de meilleures relations avec notre enfant ou pour faire advenir un événement précis, le seul moment d'agir en ce sens est le présent. Le présent n'est-il pas en réalité l'avenir ? Aujourd'hui n'est-il pas l'avenir d'hier ? Nous y sommes déjà.

En voyant ainsi le présent, nous pourrions nous demander si nous sommes vraiment chez nous dans cette réalité. À aucun moment de notre vie, savons-nous, sentons-nous où nous sommes et comment nous sommes arrivés à cet endroit, à cet instant ?

Le seul moyen de le savoir est de garder les yeux ouverts, c'est-à-dire tous nos sens. Même ainsi, savoir ne signifie pas forcément savoir, mais plutôt savoir que nous ne savons pas, et néanmoins persister à poser la question parce qu'elle est intéressante et que nous sommes curieux. Notre vie se déroule dans le présent, dans l'instant.

Nous savons que chaque instant découle du précédent, qui le colore d'une certaine manière. L'instant présent a sa propre énergie. Nos actes ont toujours des conséquences. Si nous espérons apprendre quoi que ce soit, grandir, exprimer nos sentiments, améliorer notre vie à l'avenir, *cet* instant présent est le seul moment où nous pouvons agir pour modifier le cours de ce flux incessant d'actions et de conséquences auxquelles nous pensons. Si nous acceptons la responsabilité d'examiner la qualité et les possibilités de l'instant présent, que ce soit avec un enfant ou par nous-mêmes, l'instant suivant sera affecté par cette prise de conscience et sera donc différent.

La pleine conscience peut ainsi nous fournir des ouvertures qui n'auraient pas été accessibles un instant auparavant, parce que notre esprit voit désormais différemment. Ces ouvertures existaient peut-être déjà potentiellement, mais leur actualisation exige souvent notre pleine participation. Donc, quand il est l'heure de faire la vaisselle, nous la faisons, en pleine conscience. Et cela ouvre d'autres possibilités. Il en va de même pour tout.

Le défi consiste à voir si nous pouvons réellement et pleinement incarner cette vie qui est la nôtre, avec ces enfants que nous devons élever, ici et maintenant, et à chaque instant, chaque jour et chaque nuit marquant un nouveau commencement, alors que nous traversons la lumière et l'obscurité.

Dixième partie

Ombre et lumière

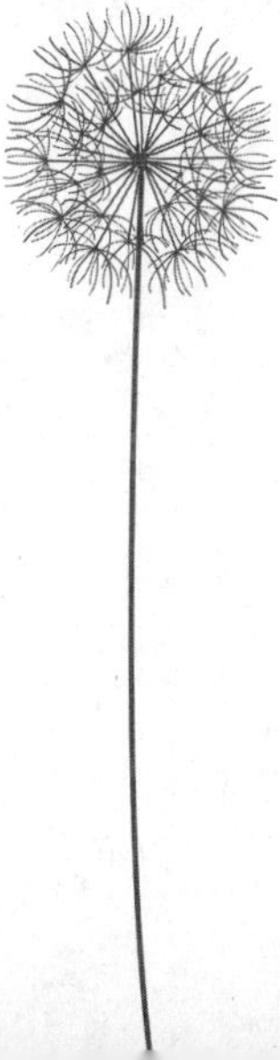

IMPERMANENCE

UN PETIT MATIN DE JUILLET, sur un lac du Maine, je (jkz) cherche des élans tandis que ma famille dort dans un bungalow. Dans mon canot, je regarde les tourbillons que laisse ma rame dans une eau par ailleurs calme, l'un du côté extérieur de la pale, l'autre du côté intérieur. Ils tournoient un moment en directions opposées, puis glissent derrière moi à mesure que le canot avance. Ce n'est que de l'eau en mouvement, qui crée un instant des formes mobiles. Quand je me retourne pour garder le contact avec elles, je vois qu'elles ont disparu. L'énergie de leur mouvement est engloutie par le lac. D'autres tourbillons se forment à chaque coup de rame, toujours différent, toujours unique. Je suis sous le charme. Une forme naît du vide, grâce aux conditions qu'offrent généreusement le lac et ma rame.

Pour moi, ces tourbillons sont aussi fascinants que les élans que je cherche en vain, et pas si différents, en un sens. Les êtres vivants eux aussi apparaissent un bref instant, en entités apparemment distinctes que nous appelons « corps », ils dansent à la lumière du jour et disparaissent bientôt. Nous savons que la vie apparaît dans ses formes distinctes grâce à certaines conditions. Nous savons qu'elle se retire bientôt de ces formes distinctes pour réapparaître ailleurs. Nous savons que la mort existe. Mais nous voyons cet élan ou cet individu comme plus ou moins permanent, et son décès nous prend par surprise, nous emplit de crainte, de tristesse ou parfois même d'horreur. Nous savons pourtant que ce trépas fait partie de l'ordre des choses, autant que sa naissance. Nous savons que les êtres ne durent qu'un temps, mais nous occultons cet aspect jusqu'au moment où il est là, sous nos yeux.

Plusieurs semaines après, ces méditations me reviennent à l'esprit alors que je regarde le corps pâle et émacié d'un ami qui meurt d'un lymphome à cinquante ans, entouré par sa famille et ses amis. C'est déjà presque un squelette, les muscles et les tendons exposés comme dans la mort, mais, malgré la douleur, la diarrhée, ce corps épuisé par la peur trouve encore l'énergie de venir à une fête, de s'allonger sur le canapé et de jouer de la guitare avec une virtuosité à couper le souffle, tirant des cordes ces bouffées de beauté qu'il envoie à nos cœurs. Son épouse et sa fille de onze ans sont assises près de lui, pleines de vie.

Je suis frappé par le côté poignant de cette scène. Mes enfants voient une chose qu'ils n'ont encore jamais vue. Ce n'est pas beau, mais cela inspire le respect, c'est un moment de transcendance. Nous ne pouvons pas faire grand-chose pour lui, même son vieil ami médecin chez qui la soirée a lieu, nous pouvons simplement lui offrir un peu de réconfort et honorer la vie qui est encore en lui.

Nous ne pouvons pas interrompre le processus. Nous pouvons à peine le nommer, si fort est le désir de nier ou de détourner les yeux. Ses doigts maigres pincent les cordes, l'autre main définit les notes, son visage se tord-il de douleur, ou de plaisir ? Il semble alors dépasser le temps, même si j'ai l'impression qu'il nous montre, qu'il partage avec nous, et surtout avec sa fille, le pouvoir qu'il a encore, la beauté de ce qu'il a connu dans sa vie, de ce qu'il a entendu dans son oreille.

Récemment, j'ai rencontré une femme dont le fils a été tué pendant sa dernière année à l'université : sa voiture a quitté la route et s'est écrasée. Peut-être s'était-il endormi, elle ne le saura jamais. Quelle explication pourrait suffire ? Une vie éteinte en son jeune âge, une déchirure dans la vie de cette femme, l'être qu'elle avait engendré et nourri lui est arraché, soudain il n'est plus. Comment supporter cela ? Comment parvenir à accepter l'inacceptable ? Pourtant, cela aussi fait partie de la condition de parent, depuis la nuit des temps.

Le mieux à faire est peut-être de ressentir le caractère éphémère de la vie, de notre présent, et de vivre à l'intérieur de chaque instant aussi pleinement que possible, d'embrasser nos enfants et de nous réjouir de les voir en vie, tout en étant conscients de la certitude de la mort, de la vie qui vient et s'en va. Notre respiration peut nous le rappeler, puisqu'elle aussi vient et s'en va, comme nos instants, nos amis, le temps qu'il fait, nos pensées. Pouvons-nous trouver un moyen de naviguer sur ce courant en pleine conscience et un moyen de laisser la vie s'écouler à travers nous ? Pouvons-nous honorer ces mystères qui nous dépassent, mais qui modèlent notre humanité fragile et lui confèrent une force et une sagesse étonnantes ?

LIMITES D'AMOUR

Au-delà et avant
Les iniquités de la passion,
Les quatre moitiés
Sont secrètement entrelacées.
Dispositions de notre vérité;
Des possibilités naissent
Et sont un jour enterrées.
Des galaxies cachées
Et des pertes futiles,
Nos cœurs impatients l'interdisent.
Des lieux où l'inconnu
Est exquis et insaisissable.

Ryan Jon ROBINSON, 16 ans, octobre 1995.

Ce poème a été écrit plusieurs semaines avant la mort de Ryan Robinson, abattu accidentellement d'une balle dans la tête, lors d'une fête d'adolescents chez un ami, où l'on buvait de l'alcool sans qu'aucun adulte soit là pour surveiller. Les garçons avaient trouvé dans la chambre des parents un revolver qu'ils ne croyaient pas chargé. C'était une arme russe. Contrairement aux modèles américains, la sécurité n'empêchait pas d'appuyer sur la détente. Les garçons avaient plusieurs fois fait semblant de tirer dans la cheminée. La sécurité avait dû être retirée par accident quand le revolver parvint entre les mains de Ryan. Personne ne soupçonnait qu'il y avait une balle à l'intérieur. Son père, qui avait participé à une retraite de pleine conscience que je dirigeais l'été précédent, m'a écrit la lettre que voici :

> Ryan venait d'arriver dans un nouveau lycée, beaucoup plus grand. Le premier jour, il a tenu à porter un tee-shirt qu'avaient fait pour lui ses amis de son ancienne école. Sur le devant, le message était : « Salut, je m'appelle Ryan », et sur le dos : « Je suis nouveau, soyez sympas. » J'étais dans la cuisine quand il est parti en courant, en retard une fois de plus. Il est revenu comme un fou : « Où est ma cape ? J'ai oublié ma cape. » J'ai dit : « Mais non, tu n'as pas vraiment besoin de ta cape. Pas le premier jour. Attends de voir un peu comment ça se passe là-bas. » Il m'a demandé prudemment : « C'est ce que tu penses que je dois faire, ou c'est ce que tu ferais à ma place ? » Eh bien, la réponse était évidente. Ryan avait la capacité de voir vraiment ce qui se passait dans l'esprit des gens, même s'ils le cachaient, et il le disait tout haut. Parfois, cela ressemblait à de la provocation, mais c'était toujours sincère.
>
> La mort de Ryan, peu après son seizième anniversaire, a brisé à jamais notre petite famille. Ma vie passée, que j'avais jusque-là considérée comme allant de soi, n'avait plus aucun rapport avec la souffrance que j'endurais chaque jour. Le chagrin que j'ai ressenti durant les deux premiers mois était bien plus grand que le goût que je pouvais trouver à la vie. Être en vie était tout simplement trop douloureux.
>
> Toute une partie de moi est morte en même temps que Ryan, cette froide nuit d'octobre. Depuis quatre mois, j'ai l'impression d'être condamné à une peine de prison ; je subis la vie, je n'en profite plus. Pendant des semaines après l'accident, je n'ai pas pu contrôler les pensées et

les images qui se bousculaient dans mon esprit. Elles consommaient mon sommeil et ma veille. Je tentais de les observer, d'y prêter attention, de respirer avec elles, mais c'était sans espoir. Partout, tout me rappelait Ryan. J'étais comme mille étalons sauvages échappés dans la nature…

Je dois beaucoup à ma pratique de la pleine conscience. C'est devenu une carte routière qui me guide en terrain très accidenté, très douloureux mais inexploré. C'est intéressant, je croyais autrefois que j'étais mes pensées. À présent, mes pensées sont ce que j'ai, non ce que je suis. Ma vie semble être devenue le contexte dans lequel toutes mes pensées surviennent, dans lequel se produisent mes émotions. Tout au long de la journée, les pensées et les émotions arrivent comme toujours. Certaines, les plus farouches des étalons, continuent à courir sans contrainte, incontrôlables, et je suis à leur merci. Je peux néanmoins en observer la plupart, en faire l'expérience puis les abandonner, tout en retournant à ma respiration. Avec la majorité d'entre elles, je peux maintenant saisir la selle et m'y hisser avant d'être entraîné au bout de la corde, traîné par-dessus mes propres rochers appelés « victime » et « apitoiement sur mon propre sort ». C'est ce que je dois à la pleine conscience.

Dans la journée, j'observe toute une gamme de pensées. « Je ne peux plus faire telle chose… Ma vie ne vaut pas la peine d'être vécue ; j'ai échoué en tant que parent. » Pendant la méditation assise, j'observe ces considérations, et d'autres… Pendant tout ce temps, je tente patiemment de revenir à ma respiration. J'oublie, et j'y reviens. Je m'en vais avec mes pensées, et je reviens. Je remarque mon impatience, et je reviens. Je vois maintenant que, sous les pensées et les émotions, sous la tristesse, le vide et tout mon chagrin, il y a autre chose. C'est l'amour absolu et inconditionnel que j'éprouve pour un beau jeune homme qui me manque beaucoup, tout simplement.

La plus grande leçon que m'a apprise cette tragédie concerne peut-être l'arrogance que j'avais dans mon rapport au temps avant cet accident. J'ai appris combien il est important de dire aux gens qu'on les aime, parce que « demain » n'est qu'un concept de notre esprit.

LE FLEUVE DU CHAGRIN ENFOUI

JE (JKZ) SUIS DANS UNE PIÈCE avec sept cents hommes de tous âges, tous en larmes à cause du lien perdu avec leur père. Avant d'entrer dans cette salle et de passer du temps à se parler et à s'écouter les uns les autres, ils ignoraient pour la plupart cette charge douloureuse, et pratiquement aucun d'entre eux ne l'aurait partagée avec quiconque.

J'ai l'habitude de ces groupes de centaines de professionnels de la santé : pendant une formation intensive à la pleine conscience, une immense tristesse personnelle remontant à l'enfance se déverse de chaque individu l'un après l'autre. Lors de ces retraites, nous laissons advenir ces expressions de chagrin et les histoires qui les contiennent, nous les laissons se poursuivre sans réponse ni commentaire autre que notre attention pleine et silencieuse. Les gens ont du mal à comprendre que faire place aux émotions profondes et désagréables s'intègre à la pleine conscience au même titre que le suivi de la respiration.

Un véritable fleuve de chagrin semble couler à travers nous. Son cours souterrain n'est pas toujours visible, donc nous ignorons parfois qu'il est là. Mais ce fleuve n'est jamais aussi loin ni aussi inconnu que nous pourrions le penser en le voyant parcourir le cœur d'un autre. Visible ou invisible, il peut colorer tout le voyage d'une vie, notre tempérament, le choix de notre profession, notre attitude en tant que parent.

Je suis convaincu que ce fleuve coule en chacun de nous, porteur de profonds sentiments peut-être archétypaux, avec lesquels nous entrons rarement en contact et dont nous ignorons même parfois l'existence. Quand nous n'avons aucun contact avec notre chagrin, il paraît passablement étrange de voir quelqu'un d'autre entrer en contact avec le sien. On est gêné, et l'on se sent aussi un peu supérieur : « Pourquoi font-ils tant d'histoires pour une chose pareille ? », « C'est arrivé il y a si longtemps ! », « N'ont-ils pas déjà géré le problème en thérapie ? », « Pour ma part, j'ai dépassé ce stade-là. ».

Nous avons tous des défenses contre nos plus profondes émotions, sans quoi nous ne pourrions les porter comme nous le faisons. Le véritable travail de la pleine conscience consiste à faire de la place à ce qui se produit, avec ouverture, sérénité, empathie et compassion. Il faut être patients avec nous-mêmes et avec les autres, ne pas passer prématurément à autre chose à cause de notre embarras.

Dans ces rares instants où nous reprenons contact avec notre propre chagrin, quand ce sont *nos* sentiments qui font surface, quelle que soit la raison, la situation est tout à coup très différente. Alors le monde entier est plongé dans la douleur, l'univers entier est coloré par une tristesse qui semble s'étendre bien au-delà de la dimension personnelle.

Peut-être ne porterions-nous pas autant de chagrin enfoui à l'âge adulte si nous avions été traités, dans notre enfance, avec plus de gentillesse et plus d'attention. Impossible de le déterminer avec certitude, chaque cas est différent. Chacun a sa propre constellation d'expériences douloureuses et de réactions, les unes enfouies, les autres exhumées.

Il faut des années de travail interne et externe pour surmonter ces pertes diverses et une enfance pendant laquelle nous n'avons été ni reconnus ni honorés. Il faut souvent des années pour prendre conscience des profonds sentiments que nous inspire notre expérience, la façon dont nous avons été traités. Nous n'avons pas tous eu des parents violents, alcooliques ou négligents. Pour beaucoup d'entre nous, la blessure est venue alors que nos parents tentaient de faire de leur mieux avec ce qu'ils avaient et dans le cadre de leur univers, de leur vision du monde. Ils avaient eux-mêmes été formés par leurs propres expériences, positives et négatives, et par ce que leur avaient transmis leurs parents. Chaque famille a sa propre combinaison d'amour, de honte, de culpabilité, de reproches, de secret et de manque. Ces émotions sont surtout dangereuses lorsqu'elles sont associées à l'inconscience.

Une femme m'a raconté qu'à la mort de sa mère, alors qu'elle était encore une jeune fille avec de nombreux petits frères et sœurs, son père a exigé que leur mère ne soit plus jamais mentionnée à la maison. Comme si, une fois enterrée, elle n'avait jamais existé. Tous les enfants furent enfermés dans ce placard émotionnel. Le père croyait qu'il serait mieux, moins traumatisant, d'aller de l'avant et de ne pas s'attarder sur le passé. Cela fit énormément de mal à la famille.

Nous voyons donc qu'à la base de notre souffrance se trouve le plus souvent l'ignorance, au sens bouddhiste d'ignorance des choses telles qu'elles sont réellement. C'est le genre d'ignorance qui pousse les parents à ne pas connaître leurs propres enfants. Cette ignorance peut exister dans une famille pleine d'éléments positifs et où règnent en apparence l'harmonie et l'amour. L'un n'empêche pas l'autre.

Le chagrin inconscient projette une ombre qui envahit notre psyché et la dépasse. Il s'insinue dans les recoins obscurs de notre mémoire. Il a une vie propre, souterraine, même quand la surface paraît brillante. Parfois, plus brillante est la surface, plus longues et plus sombres sont les ombres émotionnelles.

Robert Bly, dans *A Little Book on the Human Shadow*, décrit la dynamique de nos émotions enfouies en utilisant l'image d'un sac invisible que nous acquérons très tôt dans la vie et dans lequel nous entassons peu à peu toutes les parties de nous-mêmes dont on nous fait sentir qu'elles ne sont pas aimables, lorsque nous tentons d'être vus et acceptés dans le cercle de ceux que nous apprécions et estimons. Cela peut durer une vie entière, une vie de mensonge pour sauver les apparences ou pour s'intégrer.

Tout peut avoir commencé à la maison, avec nos parents, quand nous étions de tout jeunes enfants, quand nous avons reçu des messages sur ce qui leur plaisait ou leur déplaisait, ce qui était « acceptable » ou non en matière de pensées, de sentiments, de comportements. Mais cela continue à l'école avec nos camarades et nos professeurs, puis dans le vaste monde. Avec le temps, notre sac devient de plus en plus long, de plus en plus lourd, à mesure que nous insérons de plus en plus de nous-mêmes : notre colère, notre impulsivité, notre spontanéité, notre douceur, notre force, même notre intelligence, dans nos efforts parfois désespérés pour être aimables, acceptés, bien considérés, ou pour nous insérer dans un certain cadre que nous nous croyons obligés d'adopter – le stoïque, le martyr, le sage. Il fait vraiment noir dans ce sac, parce que nous refusons d'y laisser entrer la moindre lumière et de voir ce qui se passe dans une grande partie de notre psyché.

Si nous faisons comme si nous n'avions pas ce sac sur l'épaule, si nous refusons de l'ouvrir de temps en temps pendant trente ou quarante ans, sauf pour y entasser plus de choses encore, ces ombres que nous y avons fourrées – qui sont des parties valides et importantes de nous-mêmes, bien que rejetées – s'enveniment et deviennent toxiques, faute d'avoir été reconnues et exprimées. Elles peuvent rester là et influencer la trajectoire de notre vie, de manière décisive que nous ne connaissons pas mais que nous voyons parfois dans nos rêves, ou quand le tissu de notre vie semble s'effilocher et soudain se désintégrer. Ce que nous ne voulons pas voir dans le monde intérieur est souvent visible sur notre visage dans le monde extérieur. L'interne reflète l'externe, et vice versa. Pour atteindre l'harmonie, il faut marier l'interne à l'externe, les réunir à la lumière de la conscience et de l'acceptation.

Peut-être est-il temps de nous instruire sur ce fardeau que nous portons une fois pour toutes, et de produire des efforts conscients, de chaque instant, pour accepter tous les aspects de notre être, pour écouter notre ombre et lui parler, notre fleuve souterrain de chagrin enfoui, et pour saisir tous ces aspects de notre mieux, avec une acceptation et une gentillesse inconditionnelles. C'est comme si nous devenions nos propres parents, comme si nous complétions le travail, sur la route de ce qu'on pourrait appeler le véritable âge adulte.

Si nous pouvons ainsi être des parents pour nous-mêmes, peut-être – « peut-être » seulement – aurons-nous une vision plus claire de nos enfants, et peut-être pourrons-nous les voir et les accepter d'une manière qui les poussera moins à supprimer certaines parties d'eux-mêmes dans le désir déchirant d'être acceptés pour qui ils sont vraiment, et non pour ce que nous voudrions qu'ils soient, par peur et dans notre ignorance des choses telles qu'elles sont.

Sonne les cloches qui peuvent encore sonner.
Oublie ton offrande parfaite.
Il y a en tout une fissure.
C'est ainsi que la lumière y pénètre.

Leonard COHEN, *Anthem.*

SUSPENDU À UN FIL

Lorsque nos enfants souffrent, nous souffrons. Même lorsque nos enfants ne souffrent pas, être parent est difficile. Parfois, nous avons l'impression d'être suspendus à un fil.

Les enfants qui se disputent, des crises de colère, des « Je m'ennuie », des caprices, des maladies, des insomnies, de longues journées d'hiver, de sombres journées pluvieuses, des jours où l'on se sent déprimé, fatigué, où l'on essaie de satisfaire différents besoins, où l'on jongle avec le travail, la famille et mille autres choses, où l'on négocie, où l'on invente encore une nouvelle solution, créative ou non, et même le dîner… à la fin de la journée, je me sens épuisée, exaspérée, terriblement limitée, restreinte. Mon monde est devenu trop petit. J'éprouve un immense besoin de m'enfuir en courant, d'aller respirer un peu d'air, de prendre mes distances, d'avoir plus d'espace.

Quand le temps ne permet pas une activité de plein air et que nous sommes enfermés pendant de longs moments, je prends vivement conscience de mes propres limites en tant que personne, de toutes les compétences que je n'ai jamais acquises et que je ne peux donc transmettre à mes enfants.

Je suis aussi très consciente des limites de notre culture. On dirait qu'il n'y a rien d'autre à faire que consommer, d'une manière ou d'une autre. Faire les courses, manger, aller au cinéma, tout cela paraît vide et mort. Où sont dans nos villes les centres où l'on peut danser et faire de la musique, raconter des histoires, bavarder tous âges réunis ?

On dit qu'il faut tout un village pour élever un enfant. Mais où sont les villages, dans notre société ? Nous voyons encore d'importants vestiges des villages d'autrefois dans la famille étendue, les centres sociaux, les groupes de soutien, les amitiés intergénérations et les communautés de foi. Néanmoins, les parents se trouvent bien trop souvent isolés. C'est particulièrement vrai des parents célibataires, qui ne peuvent pas toujours partager leurs combats quotidiens, découvrir un point de vue différent ou même trouver une oreille compatissante ; on peut aussi estimer que les conjoints ne sont pas toujours encourageants et donnent plus de travail encore. Même soutenus par nos amis et notre conjoint, c'est quand nous sommes seuls que nous rencontrons les moments les plus difficiles. Le métier de parent est une activité solitaire.

Nous avons besoin d'une communauté pour rassembler nos ressources individuelles et nos talents nécessairement limités, pour fournir une masse critique d'idées, d'enthousiasme et d'expérience, sous la forme d'individus aux origines et aux talents les plus divers qui nous soutiennent quand nous pensons avoir épuisé notre répertoire personnel. En tant que parents, nous devons fournir les bases de la famille, mais nous pouvons tout apporter nous-mêmes.

QUAND NOS ENFANTS entrent dans l'adolescence, avec toute sa complexité et ses problèmes, élever des bébés et des nourrissons paraît rétrospectivement bien simple, et nous sommes troublés, découragés, parfois même désespérés. On l'a vu, nous avons parfois l'impression de perdre nos ados lorsqu'ils s'éloignent de nous, influencés de plus en plus par leurs pairs, attirés par des comportements potentiellement autodestructeurs. Nous comprenons aussi qu'en un sens nous les perdons bel et bien lorsqu'ils s'élancent dans le monde. Leur vulnérabilité nous inquiète, tout comme notre incapacité à les protéger, et leur façon de s'exprimer (ou de ne pas s'exprimer) nous irrite.

Le travail intuitif, élémentaire et très physique que nous faisions en tant que parents de jeunes enfants n'est plus adéquat. Notre épuisement physique cède la place à un épuisement mental et affectif, en partie parce que nous devons continuellement ajuster notre rôle de parent, tandis que nos adolescents se débattent avec leur besoin d'autonomie, de connexion, d'amour et de sens.

Ils grandissent et subissent diverses métamorphoses vertigineuses, inattendues et parfois éprouvantes, et nous devons nous aussi grandir et changer. À mesure qu'ils deviennent indépendants et ont moins besoin de nous, nous pouvons nous laisser aller à une routine à leur égard, attitude superficielle, insatisfaisante et déconnectée de nous-mêmes comme d'eux. Ils veulent que nous leur laissions plus de temps seuls, plus d'espace, que nous nous adressions à eux avec une sensibilité *différente*. Par certains côtés, nous n'avons plus aucun intérêt pour eux, mais, par d'autres côtés, nous n'avons *rien perdu* de notre intérêt.

Il peut être difficile de voir qu'ils ont encore besoin de nous, quand ils sont en colère, critiques et fermés, et surtout à travers le voile de notre propre colère ou de notre propre inquiétude. Il faut un engagement, une intentionnalité immense pour refuser de disparaître et de nous déconnecter entièrement d'eux, même quand nous nous sentons marginalisés, frustrés, désespérés.

Il y a inévitablement des moments où les adolescents trouvent la vie insatisfaisante, où leurs besoins les plus profonds ne sont pas comblés, où ils sont malheureux et où ils s'interrogent : « Que signifie la vie ? Où en est le sens ? La vie se borne-t-elle à ça ? Quelle est ma place ? » Ils deviennent boudeurs, réservés, ils nous paraissent plus distants que nous n'aurions pu le croire possible quand ils étaient petits. Ils nous chassent par leur attitude hostile, irritable. Nous voyons qu'ils souffrent, mais nous avons du mal à les atteindre.

Quand ils éprouvent solitude et aliénation, ils ont besoin de sentir que nous sommes encore avec eux, de la manière qu'ils nous permettent. Nous les voyons nous regarder comme si un abîme nous séparait. Tendre la main peut être difficile. Le gouffre est effrayant, pour eux comme pour nous. Nous nous sentons impuissants comme jamais nous ne l'avons été. À leur insu, ils nous laissent entrevoir notre propre fragilité, nos doutes et nos craintes, nos propres sentiments de vulnérabilité, souvent enfouis au plus profond de nous, à l'abri de tout examen quotidien.

Quand nos enfants contestent l'authenticité des sentiments, des gens et d'eux-mêmes, nous avons tout intérêt à trouver l'endroit en nous qui est authentique, enraciné, simple et réel. Dans ces occasions, nous pouvons prendre quelques instants pour nous concentrer vers l'intérieur, pour appliquer notre attention à notre respiration, à notre corps, à nos sentiments. Même si nous ne nous sentons ni très connectés ni très proches de nos enfants, nous pouvons être une présence sympathique et saisir tous les fils qu'ils nous tendent, si ténus soient-ils.

Nous pouvons aussi lancer nos propres fils, même de manière hésitante, si cela paraît indiqué. Il peut simplement s'agir d'écouter et de reconnaître la réalité des difficultés qu'ils traversent, leur souffrance et leur incertitude. Il faut parfois un geste plus spectaculaire, comme les prendre en tête à tête pour une journée, un week-end ou une semaine. Cela peut ne pas être possible, ne pas sembler possible, mais les temps vraiment difficiles appellent des solutions vraiment créatives. Choisir une chose qu'ils pourraient aimer faire, trouver le temps d'être ensemble, comme nous le pouvons, peuvent leur rappeler la signification profonde qui se cache sous la routine affairée et parfois monotone du quotidien. S'écarter de l'ordinaire, même à cause d'une crise, peut également remplir cette fonction et peut nous aider à renouveler notre connexion avec eux.

Quand nos grands enfants se sentent bloqués, limités, mécontents de leur vie, il y a des moments où l'action s'impose. C'est particulièrement vrai quand nous pensons qu'ils ont tendance à adopter des comportements dangereux ou autodestructeurs. Ils ont besoin de savoir que nous nous inquiétons pour eux, et quelles sont nos inquiétudes. Ils ont besoin de nous pour résoudre leurs problèmes avec eux, ou même prendre leur défense, en les aidant à trouver le moyen de rendre leur vie plus satisfaisante, plus pleine de sens.

Les adolescents ont souvent une vision claire du cœur du problème, mais il y a aussi des moments où ils savent que quelque chose ne va pas, sans savoir quoi; c'est alors qu'ils ont besoin de nous pour leur apporter la sagesse que nous avons pu acquérir grâce à notre expérience. Nos enfants et nous-mêmes, nous mettons du temps à comprendre comment fonctionne le monde (le comprend-on vraiment jamais à fond ?) et comment faire fonctionner les choses.

Il peut être particulièrement difficile de les aider si nous apparaissons à leurs yeux comme une partie du problème. Même si nous sommes prêts à modifier notre attitude, nous ne pourrons pas forcément les aider à introduire des modifications dans leur propre vie. Nous ne serons pas forcément d'accord avec eux sur la solution à adopter, ni même sur la nature du problème. Pourtant, il suffit parfois de prendre conscience des difficultés qu'ils traversent pour qu'ils ne se sentent plus isolés mais connectés, non plus jugés mais aimés. Quand ils perçoivent la sollicitude et l'acceptation aimante de leurs parents, ils peuvent resituer leurs difficultés dans un contexte plus significatif.

Quel que soit leur âge, il y a des moments où nos enfants semblent « régresser » vers un âge antérieur. À seize ans, le fils d'un de nos amis avait opéré un repli affectif le coupant de sa famille ; en même temps, il souffrait d'une grave infection. Ses parents auraient pu choisir de voir cette maladie soudaine comme purement physique, sans rapport avec son état émotionnel ou avec les difficultés qu'ils connaissaient. Au contraire, ils ont pu envisager cette maladie dans un contexte plus large et commencer à examiner les tensions physiques et affectives présentes dans la vie de leur fils, et au sein de la famille. Ils ont profité de sa période de convalescence pour favoriser une guérison plus générale. Ils ont accepté son besoin de « régresser » en restant à la maison, en ralentissant, en se repliant sur lui-même, en consommant des nourritures particulières, en se reconnectant avec sa famille, ils ont reconnu les avantages de ce processus, pour lui comme pour leur relation avec lui.

Le mot « régression » a de fortes connotations négatives : il renvoie à un individu inadapté, incapable d'agir comme son âge le voudrait, revenu à un stade plus « infantile ». Mais les enfants, et non seulement les jeunes enfants, ont parfois besoin que l'on s'occupe d'eux, qu'on leur fasse la lecture, qu'on leur chante des chansons, ils ont besoin de se replier sur l'intérieur afin de pouvoir ensuite repartir vers l'extérieur. Dans ces cas-là, répondre à la situation avec gentillesse et acceptation, sans les juger, aide la partie de leur personnalité qui s'efforce de grandir. Cela favorise leur progrès, leur mue. C'est un service à leur rendre, un cadeau à leur faire.

Nous n'avons pas toujours ce type de disponibilité. À cause de notre travail et des autres exigences de la vie, c'est souvent difficile, voire impossible. Mais il est bon de se souvenir que l'aspect extérieur de notre enfant n'est pas tout. En réfléchissant, nous pouvons admettre qu'une transformation interne est en train de se produire, et la laisser s'accomplir avec le maximum de gentillesse. Avec le temps, nous finirons peut-être par comprendre avec quoi notre enfant se débat.

Quand un enfant est malheureux, déséquilibré, en régression, il peut être très difficile à vivre. Mais, si nous prenons cette attitude comme une agression personnelle, si nous revêtons notre armure, prisonniers de nos craintes et de nos contrariétés, les murs entre notre enfant et nous ne font que s'épaissir. C'est le moment d'envisager la situation dans son intégralité, de voir ce qui se passe dans le contexte le plus large possible, avec l'intention d'observer, d'être pleinement présent et de regarder les choses en associant, de façon paradoxale, distance et compassion. Une fois la crise passée, si nous oublions le chagrin, le ressentiment ou la colère que nous éprouvons, nous pourrons aborder un moment réellement nouveau avec nos enfants.

À la fin d'une journée qui m'a semblé remplie de critiques et de remarques négatives à mon égard (mkz), une de mes filles, âgée de dix ans, vient se blottir contre moi et me déclare très sincèrement qu'elle m'adore. En grandissant, les enfants perdent cette merveilleuse fluidité, cette capacité à oublier la colère. Ils ont besoin de nous pour leur rappeler, par notre propre comportement, qu'on peut être conscient des problèmes tout en vivant chaque instant avec la volonté de repartir de zéro.

En somme, ce ne sont pas nos idées qui comptent le plus. Ce qui compte, c'est l'authenticité de notre être et la façon dont nous incarnons l'affection que nous apportons aux moments déchirants que connaissent tous les parents et qui nous font douter de tout. C'est une « dure formation », pour parler comme les maîtres zen.

Tu n'as pas à être bon.
Tu n'as pas à parcourir à genoux
Cent kilomètres dans le désert pour te repentir.
Tu n'as qu'à laisser ce doux animal qu'est ton corps aimer ce qu'il aime.
Parle-moi du désespoir, le tien, et je te parlerai du mien.
Pendant ce temps, le monde continue.
Pendant ce temps, le soleil et les clairs galets de la pluie
Se déplacent à travers les paysages,
Dans les prairies et les arbres profonds,
Les montagnes et les rivières.
Pendant ce temps, les oies sauvages, très haut dans l'air bleu et pur,
Rentrent chez elles.
Quel que tu sois, si seul que tu sois,
Le monde s'offre à ton imagination,
T'appelle comme les oies sauvages, dur et enthousiasmant,
Il t'annonce et t'annonce encore ta place
Dans la famille des choses.

Mary OLIVER, « Les Oies sauvages », *Dream Work.*

LA CRISE

CELA ARRIVE À TOUS LES PARENTS. Nous perdons notre calme, nous perdons l'esprit. Nous pouvons perdre notre équilibre, notre dignité, notre amour-propre. Quand cela se produit, c'est très douloureux, quelle qu'en soit la cause.

Cela survient en général quand nous sommes épuisés, poussés au-delà de nos limites. Des sentiments de frustration intense apparaissent, que nous ne reconnaissons pas toujours à temps, à moins que nous ne sachions tout simplement pas changer de vitesse. La crise peut prendre la forme de hurlements ou d'un discours méchant, d'une gifle ou d'une fessée. Aussitôt après, nous nous sentons très mal, nous éprouvons de la colère contre nous-mêmes, de la tristesse pour nos enfants. Nous sommes soudain au milieu d'un cauchemar. Je (mkz) vais vous en donner un exemple.

Je couche une de mes filles. Elle a toujours eu du mal à s'endormir, et, à huit ans, c'est encore un oiseau de nuit qui reste éveillé jusqu'à des heures indues. Pour ma part, je ne vaux plus rien après 22 heures. Je ne fonctionne plus très bien, je perds patience. À l'heure du coucher, ma fille devient particulièrement sensible à toutes sortes de choses. C'est souvent à ce moment-là qu'elle demande à boire, qu'elle refuse de rester seule, qu'elle veut laisser la lumière allumée parce que la veilleuse ne suffit pas.

Quand il est l'heure d'aller au lit, je passe un moment avec elle. Quand je vois que cela va être interminable et que je suis trop fatiguée, je lui dis : « Viens dormir dans mon lit, cette nuit. » Et elle accepte. Mais je précise : « Dans mon lit, tu dois porter un tee-shirt, c'est la règle, parce que je ne veux pas passer la nuit à te couvrir pour que tu n'aies pas froid ! » Elle le sait, elle proteste quand même, mais elle enfile un tee-shirt. Puis elle commence aussitôt à ronchonner, à donner des coups de pied et des coups de poing dans le lit. Je vais lui chercher un vêtement plus doux, plus confortable. Mais elle se met encore plus en colère et m'insulte. *Elle* veut laisser la lumière, *je* veux l'éteindre. C'est un conflit de volontés. J'ai peur qu'elle ne réveille sa sœur. Je me sens prise au piège, dominée, impuissante. La situation évolue dans un sens, et je ne peux rien y changer.

Puis j'entends sa sœur nous crier de nous taire. Nous l'avons réveillée. Je suis plus furieuse encore. J'ordonne à ma fille de se calmer. Elle continue à faire du bruit, à taper sur le lit. Je finis par me sentir tellement contrariée, en colère et impuissante que je la gifle. Elle se met à pleurer et à hurler plus fort encore. Sa sœur nous crie de nouveau de nous taire. Je suis écœurée à l'idée de l'avoir giflée. Elle hurle que je suis un bourreau d'enfants et qu'elle va prévenir la police. Je suis paralysée par la honte et le remords. Je suis au milieu d'un immense cauchemar. Au bout de vingt minutes de cris et de larmes (tout le quartier doit nous entendre), elle demande son père. Son père n'est pas là. Finalement, elle se met à sangloter « Maman ».

Je lui apporte de la glace et un gant de toilette, je reste avec elle, je pleure avec elle, je lui dis que j'ai très mal agi, que je regrette énormément de lui avoir fait du mal. Finalement, au bout d'une heure, elle dort dans mon lit, blottie contre moi. Je suis allongée, tout à fait réveillée, je me sens très mal. Quelle séance de coucher !

Chaque enfant est tellement différent. Certains résistent chaque soir à la transition vers le sommeil, et, chaque matin, la transition vers la veille se révèle aussi difficile. Avec d'autres, il suffit de lire une histoire et de chanter une chanson. Mais, parfois, on a beau faire, on s'achemine vers la catastrophe. Ce soir-là, j'avais commencé par lire des histoires au coin du feu, puis nous avions fait des dessins, assises sur son lit ; charmant début, qui a débouché sur la souffrance de tout le monde.

Plus tard, je lui demande comment j'aurais dû agir. Parfois, la réponse est très claire. En l'occurrence, ce n'était pas clair du tout. Si je n'avais pas exigé qu'elle mette un tee-shirt, nous aurions peut-être évité le conflit, ou bien elle aurait protesté contre autre chose. Ces tempêtes semblent parfois inévitables, comme si elles devaient éclater. Mais fallait-il vraiment que cela se déroule de cette manière ? Qu'aurions-nous pu faire pour rendre la transition vers le sommeil moins difficile pour elle ? Quel travail dois-je accomplir sur ma colère et sur ma frustration pour ne pas aggraver les choses ? Quand aurais-je dû faire des concessions ? Quand en ai-je trop fait ? Aurais-je pu modifier l'orientation que nous avons prise ? Nous devons parfois adopter une perspective plus large. Il faut peut-être transformer notre rituel du coucher, le rendre, dès le plus jeune âge, beaucoup plus cohérent et plus simple.

Au milieu de l'orage, j'aurais dû m'arrêter un instant, appliquer la conscience à ma respiration, et j'aurais compris que je n'avais pas à résoudre quoi que ce soit. J'aurais ainsi pu éviter de réagir par une colère incontrôlée, qui n'a fait qu'aggraver la situation.

Exprimer du remords, m'inquiéter de ses sentiments, au lieu de laisser l'incident en suspens, voilà qui est essentiel pour la guérison et pour tirer les leçons de l'événement. Je devais admettre la gravité de l'incident, sans tenter de le minimiser et de la rendre responsable. Le lendemain, une fois la tempête dissipée, nous avons pu parler de ce qui était arrivé et de ce que nous ressentions. Selon leur âge, nous pouvons tenter d'aider nos enfants à voir le rôle qu'ils ont joué, et réfléchir avec eux pour trouver un moyen plus efficace d'exprimer leurs sentiments et de voir les choix qui s'offrent à eux dans les situations difficiles.

Après cet épisode, nous nous sommes mises d'accord sur un signal qui nous permettrait de savoir qu'une chose grave était en train de se produire, afin de pouvoir en changer le cours. Chaque fois qu'un incident similaire se produit, nous pouvons en tirer des enseignements qui en rendent la répétition moins probable.

Faire mal à ses enfants parce que l'on perd son calme est horrible. Cela peut néanmoins nous aider à apprendre et à grandir si nous n'avons pas peur d'accepter que cela a eu lieu, au lieu de nier ou de minimiser. Il ne sert à rien de s'accuser ou d'accuser ses enfants, de regretter que telle chose se soit passée. Dans ces cas-là, la pleine conscience nous fournit un processus grâce auquel nous nous rendons compte qu'une crise approche : nous pouvons alors marquer une pause et nous enraciner de notre mieux dans notre corps et dans notre respiration, afin de trouver un moyen plus imaginatif de répondre à la situation, avec plus de sagesse, le cœur ouvert.

PAS DE GARANTIES

LES PARENTS NE SAVENT QUE TROP BIEN qu'il est impossible de tout contrôler et qu'il n'existe pas de garanties. Une partie du travail de parent en pleine conscience consiste à faire face à ses attentes, à ses limites, et à travailler de son mieux sur chaque situation, sans vouloir imposer telle ou telle issue.

Dès qu'une femme est enceinte, jusqu'à la naissance de son enfant, et dans les années qui suivent, une myriade de facteurs affectent la trajectoire et le développement de chaque enfant. Il y en a que nous connaissons et d'autres que nous ignorons. Les uns sont clairs, les autres mystérieux. Même si nous faisons tout «comme il faut» – ce qui n'est d'ailleurs pas forcément l'idéal –, nous comprenons plus tard qu'il y avait d'autres facteurs dont nous n'avions pas connaissance, dont personne n'avait peut-être alors connaissance. En réalité, nous devons nous fier à un mélange d'intuition, de bon sens, de conscience, d'information et surtout d'amour. Malgré tous nos efforts pour satisfaire les besoins de nos enfants, il est important de voir que nous ne pouvons ni contrôler ni empêcher quantité de choses qui auront un impact sur eux.

Les exemples les plus évidents sont ces accidents tragiques qui peuvent transformer un enfant à tout jamais, alors que la famille doit s'adapter aux besoins de l'enfant, ou la mort d'un enfant, qui laisse un trou béant dans l'existence des survivants.

La santé d'un enfant peut aussi pâtir d'être exposée à différentes toxines environnementales. De nouvelles données sont constamment publiées sur ces risques, parfois contradictoires. Dans l'environnement, de nombreux facteurs sont connus pour causer des cancers et des malformations à la naissance. Certains sont soupçonnés d'être dangereux, et d'autres restent à identifier.

L'alcool, le tabac, la drogue, l'amiante, le plomb, le radon, les pesticides et bien d'autres produits chimiques ont un effet négatif sur la santé, on le sait, et leurs effets les plus virulents affectent les enfants. Les conséquences des autres facteurs omniprésents font actuellement l'objet de recherches.

En tant que parents, nous devons trouver un équilibre entre, d'une part, la connaissance et l'acceptation des limites de ce que nous pouvons faire pour protéger nos enfants et, d'autre part, notre désir raisonnable d'information afin de les protéger de notre mieux.

Il faut faire preuve d'énergie et d'attention pour être pleinement conscient de l'environnement auquel un enfant est exposé, que ce soit pendant la grossesse, à la maison ou dans le monde extérieur. Cette question intimidante peut être source d'angoisse parce que nous nous sentons souvent impuissants et parce que les enjeux sont élevés. Il peut aussi être difficile de savoir ce qui est vraiment établi et, ensuite, d'évaluer les risques pour les membres de notre famille. Il est parfois plus simple d'oublier purement et simplement tout ce qui concerne ces dangers.

Les risques liés à l'environnement sont parfois sous nos yeux chez nous : l'amiante qui se désintègre sur les tuyaux de chauffage, ou la peinture au plomb qui s'écaille. Parfois, notre odorat nous signale la présence de formol ou d'autres produits volatils, dont ceux qui se dégagent de moquettes récemment posées. Certains ne peuvent être détectés par nos sens, comme le plomb et les différents produits inclus dans notre eau. Les dangers comme la pollution chimique des puits, les pesticides dans l'alimentation, la qualité de l'air dans les écoles, tout cela peut nous pousser à nous organiser en groupes pour préserver ou restaurer la sécurité environnementale de nos enfants.

S'il est extrêmement important pour nos enfants de connaître la sécurité affective, notre responsabilité en tant que parents est aussi d'assurer la sécurité de leur environnement matériel.

D'AUTRES FACTEURS que nous ne pouvons pas contrôler mais avec lesquels nous devons travailler sont les qualités physiques et émotionnelles propres à nos enfants. Par exemple, tous les parents savent que chaque enfant naît avec des caractéristiques uniques qui se déploient et évoluent avec le temps. L'une d'elles est ce que nous pourrions appeler leur tempérament. Le philosophe et éducateur allemand Rudolf Steiner a identifié quatre catégories majeures : le *bilieux* (enflammé, énergique, souvent athlétique, intense, volontaire), l'*atrabilaire* (réservé, solitaire, pessimiste, sensible, aimant les jours de pluie et les histoires tristes), le *sanguin* (détendu, oublieux, changeant, sociable, rêveur) et le *flegmatique* (qui aime manger et être à l'aise, tourné vers l'intérieur, prudent, observateur, réfléchi).

Nous avons tous un mélange de ces différents tempéraments, et différents aspects dominent à différents moments. Un nourrisson bilieux, exigeant, intense, peut devenir un enfant parfois plus sanguin, avec une tendance atrabilaire. Un bébé sanguin peut devenir un adolescent doté d'une forte volonté et d'un tempérament fougueux.

Ce tempérament propre à l'enfant peut avoir des caractéristiques très éprouvantes pour les parents, et plus difficiles encore du fait de nos attentes inconscientes et de notre propre tempérament. Dans les familles, les différents tempéraments en présence peuvent déboucher sur de terribles frictions, des attentes déçues et de la colère. Un parent sportif et très actif peut avoir du mal à entrer en relation avec un enfant plus flegmatique, qui préfère se nicher dans un fauteuil avec un livre. Un parent qui maîtrise l'expression orale peut se sentir perdu face à un enfant très sensible, artistique, qui verbalise peu. Être conscients de ces caractéristiques chez nos enfants et en nous-mêmes peut nous aider à être plus compréhensifs, à mieux les accepter et à mieux travailler sur les situations.

Nous pouvons avoir eu un bébé facile, très sociable, qui a créé en nous certaines attentes, puis un autre avec lequel il était plus difficile d'établir une connexion, un bébé atteint de coliques ou d'allergies. Un enfant souple et insouciant peut être suivi par un enfant qui trouve chaque transition difficile, qui teste constamment les limites, quelles qu'elles soient. Un élève discipliné et studieux peut être suivi par un enfant qui a du mal à s'organiser et à qui la lecture pose des problèmes.

Certains enfants semblent avoir la vie plus dure que d'autres, dans toutes sortes de domaines. Ils sont nés avec ces problèmes ou les ont acquis par la suite, ils sont attirés par des chemins inquiétants, voire dangereux ou autodestructeurs. Être un parent consciencieux ne signifie pas que nos enfants ne rencontreront jamais aucun problème. Mais imaginez ce qu'aurait pu être leur vie s'ils étaient nés dans une famille où on ne les voyait pas tels qu'ils étaient, une famille où les parents n'étaient pas à l'écoute et ne travaillaient pas en pleine conscience sur la réalité des situations, où ils étaient ignorés, rejetés ou ridiculisés parce que leur être présentait des aspects différents, uniques et peut-être éprouvants.

Être parent en pleine conscience exige beaucoup de nous. Il y a un profond travail intérieur et extérieur à accomplir. Notre conscience doit englober le tout. Nous faisons cela pour nos enfants, en sachant qu'il n'y a pas de garantie.

PERDU

Dante s'adresse à quelque chose de très profond en nous lorsqu'il ouvre ainsi sa *Divine Comédie* : « Au milieu de ce chemin qu'on appelle la vie, je me suis trouvé dans une forêt sombre, que ne traversait aucun chemin tracé. » Autrement dit, il était perdu. Pour vraiment savoir où l'on est, nous dit ce poème, au moins de façon allégorique, il faut d'abord descendre sous terre, dans les ténèbres de l'enfer. Après, seulement, on peut remonter vers le ciel.

Quand nous sentons que nous nous sommes égarés, pendant une période de ténèbres, de désespoir, de confusion, nous pouvons nous demander : « Comment suis-je arrivé là ? », « Où suis-je ? », « Quel est cet endroit où je me trouve ? ».

Dès que nous commençons à y prêter attention, nous ne sommes plus perdus. Nous sommes simplement où nous sommes. C'est un bon point de départ, physiquement, quand nous avons perdu nos repères, et métaphoriquement, quand nous avons l'impression de ne plus savoir ce que nous faisons en tant que parents, dans notre activité professionnelle ou dans la vie en général.

En un sens, peut-être sommes-nous toujours perdus, quand nous ne sommes pas pleinement éveillés. Le plus important est peut-être notre volonté d'être là où nous sommes et d'y habiter pleinement, dans les ténèbres ou dans la lumière, sans devoir aller ailleurs. C'est seulement alors que nous savons où poser le pied quand il est temps de se déplacer.

Un poème de David Wagoner, inspiré de la tradition des Indiens d'Amérique, traduit cet esprit. C'est ce qu'un ancien pourrait répondre à un jeune homme qui vient lui demander : « Que faire quand je suis perdu dans la forêt ? »

> Sois tranquille. Les arbres devant toi et les buissons de part et d'autre
> Ne sont pas perdus. Tout endroit où tu es s'appelle Ici,
> Tu dois le traiter comme un puissant étranger,
> Lui demander la permission de le connaître et d'être connu de lui.
> La forêt respire. Écoute. Elle répond :
> J'ai fabriqué cet endroit qui t'entoure,
> Si tu pars, tu peux y revenir, en disant Ici.
>
> Pour le corbeau, chaque arbre est différent.
> Pour le troglodyte, chaque branche est différente.
> Si ce que fait l'arbre ou le buisson est perdu pour toi,
> Tu es sûrement perdu. Sois tranquille. La forêt sait
> Où tu es. Laisse-la te trouver.

Le poète nous rappelle que notre vie dépend de notre sensibilité aux détails ; si nous ne percevons pas ce que fait la forêt, l'arbre ou le regard d'un enfant, alors nous sommes sûrement perdus, profondément. Il faut prêter attention, s'éveiller à l'endroit où nous sommes, à ce que nous avons devant nous et tout autour de nous, ici et maintenant. Pouvons-nous apprendre à rester immobiles ? Pouvons-nous entendre respirer la forêt de la vie et du monde, l'entendre nous inviter à rester un moment immobiles, à nous éveiller, à sentir l'interconnexion des choses, à comprendre que chaque instant est différent ? Pouvons-nous écouter nos enfants de cette manière ?

Tel est le défi de la pleine conscience appliquée à notre travail de parents, surtout dans ces moments qui semblent les plus sombres, et où nous nous sentons à la dérive, sans repères, perdus. Pouvons-nous rester tranquilles, sans sortir de l'*ici* et du *maintenant*, et nous laisser guider par ce qui est le plus fondamental, par le biais de notre propre attention ?

IL N'EST JAMAIS TROP TARD

Nous sommes tous le produit de notre temps, jusqu'à un certain point. Les choix que nous faisons en tant que parents sont influencés par l'époque et ses valeurs, par les gens qui nous entourent, nos propres parents, nos amis, et bien sûr les « experts ». Nous avons tendance à accepter les déclarations catégoriques, sans voir au-delà du contexte social, qu'il s'agisse de la façon dont nos parents nous ont élevés ou des conseils bien intentionnés du pédiatre. Il est très difficile d'allaiter un bébé quand tout le monde donne le biberon, dans un environnement qui n'offre ni soutien ni modèles. Nous pouvons avoir grandi dans une famille où l'on ne faisait pas de câlins, où les sentiments n'étaient pas exprimés, où l'amour était toujours lié à des conditions et à des attentes. Nous avons ensuite reproduit cette manière d'être parents, nous appuyant sur ce qui nous semblait familier et commode, sans y réfléchir beaucoup, ou sans trouver la volonté ou le courage d'aller à contre-courant.

Nous ne sommes pas toujours très satisfaits de ce que nous faisons en tant que parents, notre intuition exprimait cet inconfort, aspirait à autre chose, mais nous pensions ne pas avoir d'autre choix. Nous avons fait taire nos sentiments, nos instincts, nos intuitions, et c'est plus tard que nous éprouvons des regrets, de la tristesse, de la douleur.

Nous faisons de notre mieux, et, comme nous sommes des êtres humains, notre vision des choses est toujours partielle, elle change inévitablement. Nous avons tous des remords, nous voyons toujours après coup des choses que nous n'avions pas vues, nous regrettons de ne pas avoir agi autrement.

Une mère, dont les enfants sont désormais de grands adultes, nous a envoyé ces réflexions, écrites plusieurs années avant de nous avoir rencontrés :

> Je ne suis moi-même qu'un bébé quand je donne naissance à mon premier enfant. À vingt-trois ans, on a envie de partir se balader en Europe, d'aller à la fac ou de sortir avec plusieurs garçons la même semaine. À vingt-trois ans, on n'a pas envie de changer des couches et de stériliser des biberons. Mais on est au début des années 1960, et que peut faire une bonne fille juive à vingt ans, sinon épouser un bon garçon juif et engendrer un petit-fils ?...
>
> On est au début des années 1960, et mon mari me dépose simplement à l'hôpital quand les contractions démarrent. Le docteur dit qu'il lui téléphonera... Pas de souci, il faut dormir un peu. « Au revoir, ma chérie », dit-il. L'infirmière m'emmène dans un fauteuil roulant et regarde ma chétive personne. « Vous venez pour quoi ? – Pour accoucher, dis-je. – Vous l'avez caché où, ce bébé ? », demande-t-elle en regardant mon ventre. On est au début des années 1960, et moins on grossit, mieux c'est. J'ai pris 7 kilos. On est au début des années

1960, et la mode veut qu'on cache sa grossesse. Enfler, s'épanouir, c'est démodé.
On me transporte jusqu'à la salle de travail. On est au début des années 1960, être conscient, c'est démodé. La mode veut qu'on soit inconsciente, et on me fait une piqûre pour m'endormir. Dans la salle de travail, je ne sens rien, je ne vois rien. Mon seul souvenir, c'est qu'on me secoue le bras et que j'entends vaguement : « C'est un garçon. » On est au début des années 1960, et je ne verrai mon fils que plusieurs heures après la naissance. On est au début des années 1960, et on ne laisse pas les bébés dans la même chambre que leur mère. Les pères ne viennent qu'aux heures de visite. L'allaitement est démodé, le lait artificiel est à la mode, prendre une nourrice pour les quatre premières semaines est à la mode, établir un lien avec son bébé est… Oh, personne ne parle même de lien à établir.
Nous sommes parents, mon mari et moi, mais nous sommes encore des gamins. Nous n'avons ni l'un ni l'autre résolu nos problèmes profonds, et, quand la nourrice part au bout de quatre semaines, je me mets à pleurer. Le contrecoup est très fort. À vingt-trois ans, je suis pieds et poings liés. J'ai un programme : biberon, change, bain, sommeil. Je suis mûre pour les conseils que j'entends. « Ne le gâte pas, ne le prends pas dans tes bras, laisse-le pleurer. C'est ce que nous avons fait avec toi. Écoute-nous, nous sommes tes parents et, après avoir élevé deux enfants, nous savons ce qui est bien. Le pire, c'est de céder quand il pleure. Tu vois s'il a besoin d'être changé ou nourri, mais sinon tu le laisses pleurer, et il finira par s'endormir. »
Je suis leurs conseils, je veux être une bonne mère, je ne veux pas avoir un enfant gâté, alors je nourris, je change

les couches, je donne le bain et j'écoute pleurer, je le laisse pleurer.
Le mot « gâté » est très dur, il me rappelle des souvenirs désagréables, quand mes parents me traitaient d'enfant gâtée.
« Tu devrais nous remercier pour ce que tu as, pour ce que nous faisons pour toi, les autres enfants n'ont pas la vie aussi belle, nous t'avons gâtée. »
Je regarde mon bébé. Non, je ne céderai pas à ses pleurs.
On est au début des années 1960, les bonnes sont à la mode, les country-clubs sont à la mode, le tennis est à la mode. Je ne fais rien de tout ça, mais je ne satisfais pas non plus le besoin essentiel de proximité et de contact qu'éprouve mon fils. Je n'entendrai parler de lien mère-enfant que vingt-cinq années plus tard.
Au début des années 1980, je commence à voir des femmes qui allaitent en public ou chez elles. À la télévision, j'apprends qu'on a le droit d'avoir des envies et des besoins. J'entends des mots et des expressions comme contact, chaleur humaine, lien mère-enfant. J'éprouve une tristesse douloureuse. J'ai envie de pleurer. J'ai envie de prendre mon bébé dans mes bras et d'embrasser ses larmes ; j'ai envie de le câliner, de gazouiller pour l'endormir, mais les secondes chances, c'est démodé.
On est dans les années 1990, mon fils est un adulte, et, pour moi, la douleur et les sentiments sont à la mode.

LE REGRET DES OCCASIONS MANQUÉES, de ce que nous avons fait ou pas fait à une autre époque, est au cœur de la psyché humaine. Cela peut nous pousser à chercher un moyen d'apaiser la souffrance de nos enfants et la nôtre, un moyen de nous rapprocher. Nous sommes obligés d'admettre qu'on ne peut défaire le passé. On ne peut que le connaître, profondément, le ressentir, profondément ; étincelle d'espoir, on peut alors peut-être le transformer en le reconnaissant et en l'acceptant. C'est seulement dans le présent que les nouvelles possibilités existent. Reconnaître notre angoisse, notre douleur et la souffrance que nous avons causée, c'est forger ces possibilités, donner naissance à quelque chose de neuf en nous-mêmes, ce qui exige parfois de renoncer à quelque chose d'ancien, même si nous nous y accrochons avec ténacité.

À nos yeux, il n'est jamais trop tard pour essayer de réparer une relation avec des enfants devenus adultes que nous avons pu blesser jadis par notre ignorance, si innocente ou si compréhensible qu'elle soit, par notre manque d'attention, notre négligence, nos jugements ou nos insultes. Il n'est jamais trop tard pour essayer de créer une nouvelle connexion saine, même si nos enfants se méfient de nous, même s'ils nous en veulent pour notre attitude ou nos actes d'autrefois, pour nos erreurs qui leur ont fait du mal.

Un moyen de commencer à panser les plaies est d'exprimer, par une lettre ou de vive voix, nos regrets et notre conscience d'avoir blessé ou négligé nos enfants. Une lettre peut être un moyen plus délicat de communiquer, surtout si l'enfant a le sentiment que nous avons empiété sur sa vie privée. Pour avoir une vraie valeur, ce geste doit être une authentique ouverture, accomplie avec le bien-être de nos enfants en tête, et en acceptant la possibilité que des dégâts irréparables aient été commis, sans possibilité de réconciliation. Nous devons dépasser le désir de sympathie, de compréhension, d'affection, nous devons dépasser le désir d'être rassurés ou absous. Nous pouvons identifier ces sentiments quand ils surgissent, mais ramener notre attention à la question : « Qu'est-ce qui est dans l'intérêt de mon enfant ? », même si c'est un adulte.

SI L'ON VEUT UNE RELATION construite sur la pleine conscience avec des enfants devenus grands, il est important d'être conscient de la façon dont nos attentes peuvent les limiter ou leur manquer de respect. Il est aussi essentiel d'essayer d'être plus empathique, de reconnaître les exigences et les tensions qu'ils subissent dans leur vie.

Cela ne signifie pas que, dans nos interactions avec eux, nous ne pouvons pas exprimer nos sentiments ou nos besoins. Quand un événement nous déplaît, nous pouvons remarquer notre malaise et essayer d'en parler plutôt que de laisser la situation s'envenimer. Quand nous leur demandons une chose, il est bon de se rappeler que ce sont des adultes, qu'ils sont libres de refuser et d'exprimer leurs propres sentiments en réponse.

Il est bon d'envisager nos enfants adultes comme si nous les voyions pour la première fois, en considérant chacun non comme un nouveau-né, mais comme un être nouveau. Tout moment passé ensemble, même par téléphone, est une nouvelle occasion d'être présent, de bâtir la confiance, de nous accorder avec eux, de nous montrer sensibles, empathiques, de les accepter tels qu'ils sont et d'honorer leur souveraineté.

S'il nous arrive de retomber dans les schémas anciens, si nous sommes critiques, injustes, si nous jugeons, exigeons, si nous adoptons l'une des mille manières d'être négatif, prenons un moment pour examiner ce qui se passe. Nous pouvons identifier notre comportement, en tirer les leçons et présenter nos excuses. Et puis… nous recommençons.

DEPUIS HIPPOCRATE, la médecine occidentale est fondée sur un principe cardinal : avant tout, ne pas nuire. Nous devrions peut-être prêter collectivement le serment d'Hippocrate des parents : nous tenons avant tout à ne pas nuire à nos enfants. Cela serait une pratique en soi.

La pleine conscience consiste à vivre la vie qui est la nôtre. Cela ne peut se produire que si nous laissons à notre vraie nature – ce que nous avons de meilleur et de plus profond – la place nécessaire pour émerger. Même si nous sommes tous des êtres miraculeux à la naissance, sans les soins appropriés, notre génie risque d'être étouffé par manque d'oxygène. L'oxygène qui nourrit notre vraie nature se trouve dans le calme, l'attention, l'amour, la souveraineté et la communauté. Le défi du métier de parents en pleine conscience est de trouver le moyen de nourrir spirituellement nos enfants et nous-mêmes, de rester fidèles à cette quête héroïque qu'est une vie humaine vécue en conscience, d'un bout à l'autre, et ainsi de devenir ceux que nous sommes, pour chacun, pour nous-mêmes et pour le monde.

ÉPILOGUE

Quatre pratiques, sept intentions et douze exercices pour être parent en pleine conscience

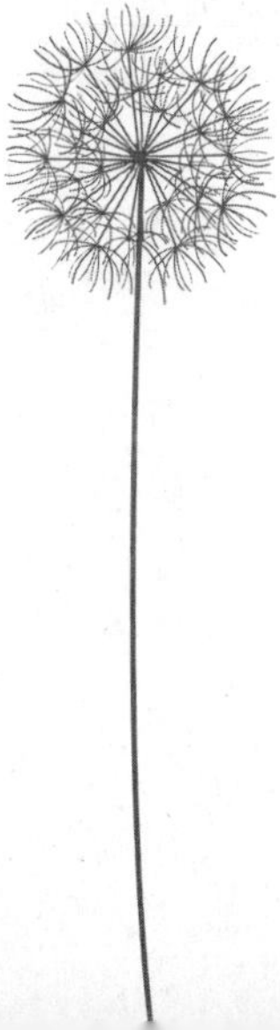

QUATRE PRATIQUES DE PLEINE CONSCIENCE AU QUOTIDIEN

S'ABANDONNER À L'INSTANT PRÉSENT

Chaque fois que vous en avez envie, ou que vous y pensez, vous pouvez vous reconnecter à vous-même dans l'instant présent, quoi qu'il arrive autour de vous. Pouvez-vous rester immobile pendant un moment et prendre conscience de ce qui se déroule à l'intérieur et à l'extérieur ? Même pendant quelques secondes, le temps d'une inspiration, d'une expiration. Vous pouvez toujours prolonger ce moment en continuant à respirer.

Cela signifie appliquer la pleine conscience à la *sensation* du souffle qui entre et sort du corps, et pas seulement penser à votre respiration.

Vous pouvez aussi faire l'expérience d'élargir votre conscience pour inclure le sentiment de votre corps comme un tout, comme un tout qui respire… en remarquant toutes les sensations corporelles saillantes… toutes les tensions, tous les nœuds…

L'élargissement du champ de conscience permet aussi d'inclure toutes les pensées qui surgissent… de les reconnaître *en tant que pensées*, en tant qu'événements survenus dans le paysage de la conscience, comme des nuages qui se forment, qui vont et viennent dans le ciel.

Il s'agit aussi de remarquer toutes les humeurs ou émotions qui peuvent être présentes, qu'elles soient agréables, désagréables ou neutres… Et de les identifier… de dérouler pour elles un tapis de bienvenue, de votre mieux, sans les juger. Où les situez-vous dans votre corps, si vous parvenez à les localiser ?

De votre mieux, reposez-vous doucement dans la conscience de chaque instant…

Quand vous remarquez que votre esprit se laisse entraîner à penser à autre chose, ce qui peut arriver souvent, bien sûr, remarquez simplement ce que vous avez en tête, prenez-en conscience, puis redirigez en douceur votre attention vers votre expérience du souffle et du corps dans l'instant…

Conscience et présence avec un ou des enfants

Choisissez un moment de la journée où vous êtes avec un ou plusieurs enfants, où vous voudriez prêter particulièrement attention à ce qui se présente à vous. Cela peut être le matin, quand vous réveillez vos enfants, ou quand vous les aidez à se préparer pour l'école, ou lors de la transition qui marque le retour à la maison, ou à l'heure du coucher, quand vous changez les couches ou quand vous les bercez, n'importe quand. Vous pouvez alors essayer d'utiliser tous vos sens pour faire pleinement l'expérience de vos enfants dans l'instant présent.

L'essentiel est de simplement vivre ce qui se passe alors dans cet instant avec votre enfant, en étant pleinement présent, sans vouloir qu'autre chose se produise ensuite… rien que ce moment atemporel, tel qu'il est.

Si vous vous perdez dans vos pensées, comme cela nous arrive à tous, parfois, vous pouvez toujours revenir aux sensations du souffle et du corps comme un tout pour vous enraciner dans l'instant présent, et ramener votre attention à votre enfant ou à vos enfants. Si vous remarquez que votre esprit est parti dans telle ou telle direction, qu'il est distrait ou préoccupé, ramenez-le en douceur à l'instant présent. Exercez-vous aussi fréquemment que vous êtes prêt à le faire.

Pratiquer l'acceptation

Vous trouverez peut-être utile de prêter une attention particulière au paysage interne de « l'esprit qui juge » chaque fois que se manifeste cet esprit attaché à ses idées et opinions, à la pensée en noir et blanc, à la volonté de vous accrocher à ce qui vous plaît en écartant ce qui vous déplaît. Chaque fois que vous remarquez que votre esprit est en train de juger, prenez note du contenu de cette pensée et ramenez doucement votre attention sur votre souffle, sur l'instant présent, dans toute sa plénitude, et sur ce qui se passe à cet instant, avec votre enfant, votre conjoint, au travail, où que ce soit.

Rappelez-vous que la pleine conscience peut être décrite simplement comme la conscience qui naît quand nous prêtons délibérément attention à l'instant présent, sans juger. Cela ne signifie pas que vous ne formerez pas de jugements. Vous en formerez évidemment, et en quantité, comme tout le monde ! Mais, pour une fois, vous ne les jugerez pas, au lieu de quoi vous vous engagerez de votre mieux à voir ces jugements simplement comme des pensées, souvent couplées à de puissantes émotions d'un type ou d'un autre, là encore comme des nuages qui se déplacent dans le ciel, qui vont et viennent ou parfois s'attardent, mais comme rien qui mérite qu'on s'y oppose, qu'on le combatte ou qu'on le juge à cet instant.

Vous pouvez commencer à cultiver une plus grande acceptation en essayant de choisir chaque jour un moment où vous travaillez délibérément à accepter les choses telles qu'elles sont (vos enfants, vous-même, ce qui se passe à cet instant), où vous vous efforcez de ne plus vouloir que les choses changent ou soient différentes. Pendant ce temps d'acceptation, essayez d'être présent, le cœur ouvert.

RÉAGIR VERSUS *RÉPONDRE À NOS ENFANTS*

Il est bon de prêter une attention particulière à ce qui se passe dans les instants où vous réagissez de manière automatique, quand vous jugez déplaisantes les paroles ou les actions d'un enfant. Les réactions automatiques et habituelles peuvent impliquer toute une gamme de pensées et de sentiments, depuis l'agacement ou la légère irritation jusqu'aux formes violentes de contrariété, de colère, de peur, etc., qui vous prennent affectivement en otage.

À ces moments-là, vous pouvez appliquer la pleine conscience à votre corps et à votre souffle. Vous pouvez aussi porter une attention curieuse, ouverte, « affectueuse » aux pensées et aux sentiments qui colorent l'instant. Vous remarquez tout ce qui apparaît, puis vous travaillez avec le souffle sur ces pensées et sentiments, sans vous y accrocher ni les chasser, sans y penser davantage, mais simplement en les acceptant en pleine conscience, et avec bienveillance. Cela peut être difficile dans les moments chargés en émotion, mais, avec le temps, cette pratique peut vous donner accès à une perspicacité et à des possibilités nouvelles.

Il peut être particulièrement utile et même éclairant de ne pas vous précipiter pour améliorer ou transformer la situation, même si vous en éprouvez le vif désir. À cet instant précis, vous pouvez essayer de voir les choses avec les yeux de votre enfant. Quels peuvent être ses sentiments et ses besoins ? Qu'attend-il de vous ?

En acceptant l'intensité de cet instant, pouvez-vous envisager une réponse moins automatique, plus adéquate et plus apte à construire la confiance ?

Si vous êtes perplexe, si vous ne savez ni que faire ni comment répondre face à un moment difficile, envisagez plutôt de ne *rien faire*, du moins dans l'immédiat.

Si vous vous laissez entraîner par vos émotions, sans pouvoir changer d'orientation, essayez donc ensuite de prendre le temps de réfléchir à ce qui s'est passé. En tant que parent, vous aurez beaucoup d'occasions de vous entraîner à rompre avec les schémas habituels.

SEPT INTENTIONS POUR ÊTRE PARENT EN PLEINE CONSCIENCE

INTENTION : OBJECTIF QUI GUIDE L'ACTION

Les intentions que nous nous fixons nous rappellent ce qui est important. Quand nous formons l'intention de faire quelque chose, et que cette intention informe à son tour nos choix et nos actes, les chances d'être sensibles à ce qui compte dans notre vie augmentent fortement, et nous sommes plus susceptibles d'envisager l'ensemble du tableau. Nos intentions sont des lignes directrices qui orientent nos efforts et nous permettent d'évaluer notre travail quand nous tentons de devenir dignes de nous-mêmes et de notre vie. À un moment donné, quel qu'il soit, nous devons donc décider ce qui compte vraiment pour nous, puis travailler pour garder à l'esprit ce cadre.

Si nous voulons être des parents en pleine conscience, certains principes doivent être affirmés dès le départ. Cela ne signifie pas que, si nous avons déjà des enfants, il soit trop tard pour appliquer la pleine conscience à notre travail de parents ; cela signifie que nous commençons quand nous sommes prêts, à quelque moment que nous soyons de notre vie, et que nous travaillons avec l'ici et le maintenant, en formulant des intentions réalistes et importantes. Non seulement il n'est jamais trop tard pour introduire la pleine conscience dans notre vie, mais l'instant où nous nous y engageons consciemment devient le moment idéal pour commencer.

Voici quelques intentions qui pourront vous être utiles. Bien sûr, le plus important reste de créer les vôtres.

Intention n° 1

Je verrai le métier de parent comme une discipline spirituelle, une façon d'être en relation avec l'expérience qui me donne toutes les occasions nécessaires pour cultiver la conscience de soi, la sagesse et l'ouverture du cœur. Je pourrai ainsi parvenir à connaître et à incarner ce qu'il y a en moi de plus profond et de meilleur, et l'exprimer avec mes enfants et avec le monde.

Intention n° 2

J'appliquerai tout mon génie créatif au travail de parent en pleine conscience.

Intention n° 3

Je cultiverai la pleine conscience et un discernement accru dans mon quotidien, surtout avec mes enfants, en utilisant la conscience de mon corps et de ma respiration pour m'enraciner dans l'instant présent.

Intention n° 4

Je ferai tous les efforts pour voir mes enfants clairement tels qu'ils sont et pour me rappeler de les accepter à chaque âge pour ce qu'ils sont, au lieu de me laisser aveugler par mes attentes et mes craintes. En m'engageant à vivre pleinement ma propre vie et à travailler pour me voir et m'accepter tel que je suis, je serai mieux à même d'accorder une semblable acceptation à mes enfants et de les aider à grandir, à réaliser tout leur potentiel d'êtres uniques.

Intention n° 5

Je ferai tous les efforts pour voir les choses du point de vue de chaque enfant et pour comprendre quels sont les besoins de mes enfants, pour les satisfaire de mon mieux, sans oublier leur besoin d'apprendre les choses par eux-mêmes.

Intention n° 6

J'utiliserai tout ce qui se présente dans ma vie et dans celle de mes enfants, même les temps les plus sombres et les plus difficiles, en faisant flèche de tout bois pour grandir en tant qu'être humain, afin de mieux comprendre mes enfants et ce que je dois accomplir en tant que parent.

Intention n° 7

Je garderai ces intentions dans mon cœur et m'engagerai à les mettre en pratique de mon mieux, chaque jour, de manière appropriée, qui me paraisse bonne, qui honore la souveraineté de mes enfants et la mienne.

DOUZE EXERCICES POUR ÊTRE PARENT EN PLEINE CONSCIENCE

1. Tentez d'imaginer le monde du point de vue de votre enfant, en renonçant délibérément à votre point de vue. Faites-le chaque jour, au moins pendant quelques instants, pour vous rappeler qui est cet enfant et ce qu'il éprouve dans le monde.

2. Imaginez à quoi vous ressemblez du point de vue de votre enfant. Comment pourriez-vous ressentir le fait de vous avoir comme parent à cet instant même ? Comment cela modifierait-il votre façon de vous mouvoir dans votre corps et dans l'espace, votre façon de parler, les choses que vous dites ? Quelle relation voulez-vous avoir avec votre enfant en cet instant présent ?

3. Entraînez-vous à voir vos enfants comme parfaits tels qu'ils sont. Voyez si vous pouvez garder la conscience de leur souveraineté d'instant en instant, et travaillez à les accepter avec gentillesse, surtout lorsque cela vous paraît le plus difficile.

Gardez en tête que cela n'a rien à voir avec aimer ou approuver leur comportement.

4. Ayez conscience de vos attentes face à vos enfants et demandez-vous si elles sont vraiment dans leur intérêt. C'est un processus constant qui suppose que vous remettiez en cause vos présupposés et que vous tentiez de voir ce que vous manquez. Entraînez-vous à appliquer la conscience à votre façon de communiquer ces attentes et à leurs conséquences sur vos enfants. Quand vous devez fixer des limites strictes et appropriées, veillez à ce qu'elles soient cohérentes et conformes à votre compréhension des besoins de votre enfant.

5. Pratiquez l'altruisme, défini comme le souci désintéressé du bien-être d'autrui. Quand les enfants sont petits, cela signifie nécessairement faire passer leurs besoins avant les vôtres. Quand ils grandissent, l'altruisme peut signifier leur accorder plus de responsabilités et de liberté d'action pour satisfaire leurs propres besoins. Vous serez surpris de découvrir à quel point les besoins de vos enfants et les vôtres se superposent, surtout si vous êtes imaginatif et patient. Rappelez-vous : connaître vos propres besoins et les communiquer à vos enfants de manière adéquate est une partie essentielle du travail de parent en pleine conscience.

6. Quand vous vous sentez perdu, n'oubliez pas de rester tranquille, comme dans le poème de David Wagoner : « La forêt respire. » Écoutez ce qu'elle dit : « La forêt sait où tu es. Laisse-la te trouver. »

Méditez ces mots, en appliquant toute votre attention à la situation, à votre enfant, à vous-même, à la famille. Vous pourrez ainsi dépasser la pensée, même la pensée positive, et percevoir intuitivement, avec tout votre être (votre corps, votre esprit, votre cœur), ce qu'il faut vraiment faire. Si ce n'est pas clair, le mieux est peut-être de ne rien faire tant que ce n'est pas devenu clair.

7. Essayez d'incarner la présence silencieuse. Elle naîtra peu à peu, de la pratique formelle et informelle de la pleine conscience, à mesure que vous développerez une plus grande conscience de soi et que vous acquerrez une sensation de confort et de facilité à l'intérieur de vous-même.

8. Apprenez à vivre avec les tensions sans perdre votre équilibre. Pour cela, entraînez-vous à entrer dans l'instant, quelle que soit la difficulté, sans vouloir y changer quoi que ce soit, et sans aspirer à une issue particulière. Appliquez simplement votre pleine conscience et votre présence à cet instant. Entraînez-vous à voir que vous pouvez travailler sur tout ce qui arrive, si vous avez le désir de vous tourner vers ce qui se présente, en vous fiant de votre mieux à votre intuition et à vos instincts. Votre enfant, surtout lorsqu'il est jeune, a besoin de vous comme centre d'équilibre et de confiance, comme repère fiable qui lui permette de s'orienter dans son propre paysage.

9. Présentez des excuses à votre enfant quand vous trahissez sa confiance. Les excuses apportent la

guérison. Cela montre que vous avez réfléchi à la situation et que vous la voyez désormais plus clairement, ou peut-être que vous avez su adopter le point de vue de votre enfant. Mais veillez à ne pas être trop souvent « désolé ». Ce mot perd son sens si on le répète sans cesse, ou si les regrets se font habitude. Cela devient alors un moyen de ne pas assumer la responsabilité de vos actes. Il est bon d'en être conscient. Le remords peut être une bonne occasion de méditer.

10. Gardez dans votre cœur une image de chacun de vos enfants, en voulant leur bien.

11. Souvent, nous devons nous entraîner à être clair, solide et sans équivoque avec nos enfants. Cela doit venir autant que possible de la conscience, du discernement et de l'ouverture du cœur, plutôt que de la crainte, de la suffisance ou du désir de tout contrôler.

12. Le plus grand cadeau que vous puissiez faire à votre enfant, c'est vous-même. Cela signifie que votre travail en tant que parent consiste en partie à continuer de grandir dans la conscience et dans la connaissance de soi. Nous devons nous enraciner dans l'instant présent pour partager ce qu'il y a de meilleur et de plus profond en nous-mêmes. C'est la pratique d'une vie entière, que nous pouvons favoriser en ménageant un moment de contemplation silencieuse de la manière qui nous est la plus commode. Nous n'avons que l'instant présent, alors essayons d'en faire le meilleur usage, pour nos enfants comme pour nous-mêmes.

TABLE

TROISIÈME PARTIE

Les bases de la pleine conscience parentale

QUATRIÈME PARTIE

La pleine conscience : une façon de voir

CINQUIÈME PARTIE

Une façon d'être

SIXIÈME PARTIE

Résonances, harmonisation et présence

SEPTIÈME PARTIE

Les choix

HUITIÈME PARTIE

Réalités

NEUVIÈME PARTIE

Limites et ouvertures

DIXIÈME PARTIE

Ombre et lumière

ÉPILOGUE

Quatre pratiques, sept intentions et douze exercices pour être parent en pleine conscience

La photocomposition de cet ouvrage
a été réalisée par
GRAPHIC HAINAUT
59410 Anzin

Imprimé en France par

MAURY IMPRIMEUR
à Malesherbes (Loiret)
en février 2015

POCKET – 12, avenue d'Italie – 75627 Paris Cedex 13

N° d'impression : 195564
Dépôt légal : février 2015
S25490/01